U0457716

本书是江西高校人文社科基金项目《新时代人民法庭参与乡村矛盾纠纷化解的实践机制与路径优化研究》（FX20201）的最终成果

江西高校人文社科基金项目《新时代人民法庭参与乡村矛盾纠纷化解的实践机制与路径优化研究》（FX20201）最终成果

SIFA ZHILI
LINIAN QUANSHI YU
SHIJIAN TANJIU

王裕根　胡娴◎著

司法之理

理念诠释与实践探究

中国政法大学出版社

2024·北京

声 明 1. 版权所有，侵权必究。

2. 如有缺页、倒装问题，由出版社负责退换。

图书在版编目（CIP）数据

司法之理：理念诠释与实践探究/王裕根，胡娴著.—北京：中国政法大学出版社，2024.4

ISBN 978-7-5764-1462-2

Ⅰ.①司… Ⅱ.①王… ②胡… Ⅲ.①司法－研究－中国 Ⅳ.①D926.04

中国版本图书馆CIP数据核字(2024)第081530号

出版者	中国政法大学出版社
地　址	北京市海淀区西土城路 25 号
邮　箱	fadapress@163.com
网　址	http://www.cuplpress.com (网络实名：中国政法大学出版社)
电　话	010-58908435(第一编辑部) 58908334(邮购部)
承　印	北京鑫海金澳胶印有限公司
开　本	880mm×1230mm　1/32
印　张	8.75
字　数	197 千字
版　次	2024 年 4 月第 1 版
印　次	2024 年 4 月第 1 次印刷
定　价	59.00 元

作者简介

王裕根 男，中共党员，法学博士，现为江西师范大学特聘副教授，硕士研究生导师，江西师范大学"青年英才计划"入选者（2020），江西省教育厅、江西省司法厅联合表彰的第二批校所合作"优秀教师"，从事基层治理与法社会学研究。曾在《求是学刊》《求实》《华中科技大学学报（社会科学版）》《中国社会科学报》《河北法学》等核心期刊报纸发表文章 50 余篇，多篇文章被《中国社会科学文摘》、人大复印资料、光明网、求是网、法制网、中国法学创新网等权威媒体转载，多篇智库成果被省级领导批示，主持完成省部级项目 3 项，并主研国家社科基金多项，在中国社会科学出版社出版专著 1 部，分别在中国法制出版社、知识产权出版社出版合著 2 部。

胡娴 女，中共党员，法学硕士，现为赣东学院教师，主要从事法社会学研究，在《人民法院报》发表文章 7 篇，多篇文章被光明网转载，参与省部级课题多项。

序　言

卡多佐在《司法过程的性质》中把司法过程比喻为法官酿造一种化合物的过程，而形成这种化合物需要考量不同比例的成分构成。[1]在卡多佐看来，要正确决定案件结果，需要考虑运用哲学、历史、传统以及社会学的方法。无疑，卡多佐对司法过程的分析，反映出司法判决的生成是一个多种因素综合而成的复杂过程。因此，司法的过程是复杂的，做出公正性的司法决定无论对于法官还是对于社会都是一个经验性层面的问题。

党的二十大报告指出，公正司法是维护社会公平正义的最后一道防线。显然，推进公正司法对于维护法律权威、实现社会公平正义具有十分重要的意义。从学理层面看，实现公正司法，不仅要求司法机关在坚持正确的政治方向的基础上积极履行自身的审判职能，也要求司法机关有效履行自身的延伸职能，为推进经济社会高质量发展提供司法保障。因此，阐释中国特色社会主义司法之理，离不开在经验层面理解公正司法，这就要求在司法的理念维度与实践探索之间来回穿梭并进行反思型观察。特别是进入新时代以来，随着社会主要矛盾发生变化，

---

〔1〕　参见［美］卡多佐：《司法过程的性质》，苏力译，商务印书馆2000年版，第2~4页。

人民群众对美好生活的期待越来越高，对公正高效司法的需求也越来越高，与此同时，司法回应人民群众需求的方式和能力也在不断创新发展。司法在保障国家发展战略落实、参与基层社会治理、促进社会公平正义方面发挥着越来越重要的作用。在全面依法治国伟大实践中，围绕司法职能履行实践进行深入的观察与思考，既可以分析新时代公正司法的具体指向和实践目标，也能通过司法实践深入探寻中国特色社会主义法治建设的方向与坐标。

应当看到，今日之司法制度并非完全能够通过理论构造出来，而是在实践经验中不断探索形成。因此，要深刻理解中国特色社会主义司法理念，还应结合实践进行深入阐释，整体理解变革社会中的中国特色社会主义司法理念与实践。一方面，中国特色社会主义司法理念融合了国外一般意义上的司法理念与中国传统法文化的精髓，他们相互促进、相互塑造，共同影响着当前中国一些司法理念的形成。另一方面，进入新时代以来，人民法院所要承担的保障经济社会发展与稳定的任务越来越重，面临的社会治理形势也越来越繁杂，许多司法实践出现了一些新变化。深入观察与思考新时代的司法实践，可以将抽象的司法理念与生动的实践进一步对接，从而深刻认识新时代背景下人民法院如何促进司法公正。这个过程，也是链接司法理论与实践的生动体现，只有将二者有机统一结合起来，才能准确认识和定位中国特色社会主义司法理念与实践。

是故，本书主要围绕中国特色社会主义司法之理的一般理念与实践面相，回到法律经典中阐释司法理念，并面向司法实践具体分析司法政策、司法判决、司法治理，以及回应新时代司法治理改革动态，借此试图全景扫描和探究司法权运行过程中的多重面相，展现司法权力在实践运行过程中的使命、任务与处境，以期深入分析中国特色社会主义法治理论在基层司法中的具体实践，进而深入阐释中国特色社会主义司法理论的创新。

第一章主要阐释司法的一般理念。本章试图回到经典中，探寻并阐释司法的理念。从表述结构上看，既回到经典著作中深入解读法思想与司法理念，又结合司法实践深入思考司法理念对实践的指导意义。从内容上看，既包括司法当中的习惯法适用、疑难案件的处理、司法的社会整合功能以及司法对道德的回应等问题，也包括回到经典著作探寻中国传统法文化和理念对司法实践的积极意义，从而在理念层面勾勒中国特色社会主义司法理念的文化底色和内涵。

第二章主要论述司法理念的政策承载，也即通过分析司法政策的实践定位与功能，具体分析司法政策如何体现并贯彻司法的一般理念。在此过程中，深入分析作为裁判依据的政策与法律之间的关系，以及理性看待司法政策在司法实践中的功能。最后，以婚姻家事案件调解的司法政策的历史演变与适用作为具体领域，深入展现司法政策的功能是如何实践。

第三章主要分析司法政策如何指引司法裁判，以此具体阐释司法裁判的主要维度。司法裁判不仅是一纸书面判决书，还具有一定的社会属性，具体表现为它的形成受社会结构的影响，发生法律效力后将传播法律的公共精神与价值，并带来社会治理效能。由此，司法判决的生成与影响并非在真空中进行，必须加以经验审视。司法判决的生成过程必须加强说理，将社会主义核心价值观融入裁判文书说理中是强化司法裁判说理的重要途径。与此同时，还需要加强指导性案例的运用，尽可能避免同案不同判。司法判决生效后，具有强制执行力。类似于法律，司法判决的生命力在于执行，只用通过强制执行生效的司法判决，才能维护司法权威和司法公正。当然，针对当前人民法院面临的执行难问题，也需要用辩证的眼光看待。

第四章探讨司法的社会治理之维，具体以乡村社会的司法治理阐释司法的社会治理功能及其实践方向。在理论层面上，司法的社会治理之维，源于法律的社会治理功能。在乡村社会治理过程，充分发挥人民法庭在乡村社会治理中的职能作用，才能有效实现乡村司法治理的目标。在法治乡村建设背景下，通过司法推进乡村矛盾纠纷多元化解决是乡村司法的重要实践。结合当前中央政策文件要求和乡村司法实践目标，乡村司法治理的总体实践方向是，通过激活乡村内生性治理资源推进法治乡村建设，同时通过司法保障乡村社会构建自治、法治与德治相结合的治理体系。

第五章则回应新时代背景下司法治理改革的热点问题。具体以人民法院的诉源治理改革为切入口，深入探讨人民法院诉源治理的本体性内涵、法治意蕴及其路径。尤其是结合数字社会背景，重点分析当前人民法院诉源治理数字化改革面临的机遇与挑战，并针对人民法院诉源治理数字化转型面临的困境，从法院整体层面和法官个体层面提出相应的对策路径。

是为序。

王裕根

2024 年 1 月

目　录

第一章　司法的一般理念

　　坚持什么样的理念开展司法活动，不仅体现了司法的基本原则，更回映了司法到底该如何开展的法理追问。司法之理，是法之理在司法环节中的具体展现，蕴含了法之基本理念与实践。司法的一般理念，试图在理论层面深入探讨法之理如何运用和体现于司法环节。而通过回到著名的法律经典和案例中，勾勒和揭示其中的法理念与法思想，可为深入探讨司法之理提供思想载体。

　　回归司法的本体属性来看，司法中的"法"应该是什么？关于这个问题的回答，则涉及司法理念的解读，而有关司法理念的解读，总是蕴含着一定的法思想。因此，探讨司法的经典理念总是绕不开一些基本的法理念与法思想的解读。通过回到经典著作中的法理念与法思想，有助于认识司法实践中"法"的多元性和复杂性，进而准确考量司法的一般理念。而在中国语境中分析司法理念，则需要融合中国传统法文化，这可以通过回归法文化经典著作，并在特定思想语境中进行细致爬梳。这一方面，对于深入认识中国传统法文化具有重要意义，另外一方面，也为全方位把握和理解中国特色社会主义司法制度实践奠定基础。

　　本章梳理了经典著作中的法理念以及中国法文化当中的司

法理念，并试图通过客观呈现中外法理念之间的差异，揭示中国法文化中的深层观念结构，为后续章节深入理解和探讨中国特色社会主义司法制度及其实践逻辑奠定理论基础。

第一节 经典中的司法理念解读

谈及司法理念，无论国内还是国外，不可避免要处理国家法与习惯法之间的关系问题。《中华人民共和国民法典》第10条明确规定："处理民事纠纷，应当依照法律；法律没有规定的，可以适用习惯，但是不得违背公序良俗。"这表明在国内司法实践中，习惯仍然有一定的适用空间。当国家法没有明确规定，法官适用习惯判案可以增强裁判文书的说理性和可接受性。而关于什么是习惯以及习惯法，一直以来众说纷纭，因此也给司法实践造成了难以认定的困惑。不过，这恰好说明了，司法总是绕不开回应习惯及习惯法的问题。本节选取了法律人类学经典著作《原始社会的犯罪和习俗》进行司法理念解读，试图在经典著作中还原习惯到底是什么、为什么需要关注习惯等问题，以此勾勒习惯法的司法适用理念。司法不仅要关注习惯法的司法适用问题，更要关注正式意义上的国家法律如何发挥其社会整合功能。从国家法律与社会生活之间的关系来看，法律的目的在于实现它所应有的社会整合功能。从司法的本质属性看，司法亦最终是要指向社会团结，也即通过司法来凝聚社会共识，充分发挥出法律的社会整合功能。这些司法理念可以通过回归法社会学家埃米尔·涂尔干《社会分工论》的分析语境中进行呈现。因此，在探讨司法实践中的习惯法适用问题之后，本节将以《社会分工论》为线索，探讨正式意义上的国家法律

（尤其是刑罚）的社会整合功能。与此同时，司法实践又是非常复杂的，总是面临各种疑难复杂案件，如著名的洞穴奇案，其作为探讨法理学问题的经典案例，亦是考察司法中的法律与道德的著名案例。在彼得·萨伯所著的《洞穴奇案》设置的场景中，不仅反映了司法的多元主义立场，背后亦涉及法律与道德的抉择、多元利益分析、特定情境下的人性考量等多方面因素。当考量这些因素之后，司法实践中疑难复杂案件的处理则考验着法官的价值判断和审判智慧，并体现深层次上的人性思考与道德考量。是故，本节接下来主要以上述法律经典著作或案例为线索，在解读其蕴含的法理念基础上，深入探讨其中蕴含的司法之经典理念，以勾勒和描述司法的复杂性及其理念的多重性。

一、司法应尊重习惯法

日常生活中，发生了矛盾纠纷，人们除了依靠法律方式解决之外，还有什么方式？经验表明，法律只是纠纷解决方式之一，日常生活中还存在大量的法律以外的非诉讼纠纷解决方式，例如调解、和解、非正式化传统仪式等。而对于后者，风俗、习俗、禁忌等许多非正式的纠纷解决规则仍然内生于特定社会中。这是法人类学家关注的重要问题。二十世纪初的人类学界普遍认为，原始社会并没有法律，而是通过遵守部落的命令来约束自己的行为，包括纠纷解决与惩罚犯罪在内，总是有一套固定的仪式。原始社会的人们遵守部落的命令是出于对传统的敬意和对超自然惩罚的畏惧，是一种本能的群体情感。1915 年，英国人类学家马林诺夫斯基来到了大西洋新几内亚东部一个名叫特罗布里安德的群岛上，他用敏锐的观察和科学的论证，为人们呈现了一套新的原始人生活图景，并从当地美拉尼西亚人的日常行为中探索出他们独特的法律秩序，[1]凝结为《原始社会的犯罪与习俗》这本经典著作。

马林诺夫斯基的《原始社会的犯罪与习俗》是法律人类学的标志性著作。在书中，他通过对特罗布里安德群岛上土著居民的互易制度、习俗礼仪、婚姻制度、遗产继承、宗教信仰、犯罪与惩罚、秩序与巫术等方面情况的真实记录，生动诠释了原始社会是否存在法律、居民是否因为集体感情而盲目遵守一系列或合理或不合理的规则，以及原始社会的制度运转和秩序维护问题。马林诺夫斯基认为，原始社会虽没有国家制定并保证实施的法律，但存在约束每一个部落成员的实质上的法律，即部落的习俗。而保证其实施的动力是部落成员建立在互赖基础和互惠服务的同等安排认同上的复杂心理机制与社会动机，由此产生了一种无需法律的内在秩序。这种无需法律的内在秩序，类似于美国学者埃里克森在分析邻人为什么不采取法律手段解决纠纷时的心理和社会原因，[2]至今仍然存在于世界上大多数国家。

循着马林诺夫斯基的分析进路，可以看到，原始社会并不存在国家，故不存在保证法律实施的国家强制力，从而也就没有严格意义上的法律和司法机构。原始社会中，人们以氏族部落为单元共同生产生活，于是各部落内部、部落与部落之间便逐渐地形成了相应的一套以权利和义务为主要内容的行为准则，

---

〔1〕 参见陈佩瑶、王裕根：《无需法律的内在秩序——读〈原始社会的犯罪与习俗〉》，载《人民法院报》2021年6月18日，第7版。

〔2〕 ［美］埃里克森：《无需法律的秩序：邻人如何解决纠纷》，苏力译，中国政法大学出版社2003年版，第1～13页。

部落中的每一个成员都自觉服从特定的规则，部落才能够正常运转。以捕鱼为例，特罗布里安德群岛渔业资源丰富，捕鱼成为岛民最主要的生存手段和经济活动。要捕鱼就需要有船，通常一个家族分支共享一艘独木舟，他们集体捕鱼的状态很容易被误解为共产主义，实际上岛民们不仅有明确的捕鱼技术步骤和复杂的经济协作，分工过程也包含严密的组织和社会功能划分。他们通常把首领看作是独木舟唯一的合法拥有者，因为是由他来筹资建船，安排独木舟的修缮事宜，但他在其他船员都要求出动捕鱼时，不能拒绝。而其他船员则是独木舟的共同拥有者，但只享有特定的使用权。这些船员会根据地位、年龄和能力占据对应的岗位，每个人只有恪尽职守才能在分配渔产时按劳所得，并且对独木舟的相关特权可以基于一份报酬而转让给任何一位亲属和朋友。所以，他们之间的关系，更像是股份公司的股东们之间的关系，维系他们关系的基础是有秩序的交换原则，"完全没有不履行义务而只享受特权的情况，也不存在对刻签计数和标识着'共产主义'的方式的蔑视"[1]。可见，原始社会并不像大多数人想象的那样，只有残忍怪异的"刑法"，他们也有与其所处社会相适应的"民法"。不同于现代社会的地方在于，他们并没有要明确地划分这两种"法律"的意识，对他们来说，这只是必须要遵从的习俗。在特罗布里安德群岛，同一家族的人们有意识地形成了具有功能划分的经济协作组织，大家各司其职，并公平分配渔猎所得；成年男子每年在丰收季节为姐妹家送去大量的优质食材，并精心为食物展示

---

〔1〕〔英〕马林诺夫斯基：《原始社会的犯罪与习俗》，原江译，云南人民出版社2002年版，第15页。

仪式做准备；当人们触犯部落的规则被人发现后，会从椰子树上纵身跃下以示自己的悔恨之情或挑战对方……书中所记录的这些景象无一不打破了人们对原始人野蛮愚昧的刻板印象，他们表现出了与文明社会中的人类似的心理活动。他们既不是极端的"集体主义者"，也不是毫不妥协的"个人主义者"——像普通人一样，他们是两者的混合体。[1]每一个部落成员都明确地知道自己的角色与肩负的职责，他们恪尽职守，自觉履行义务并享受其应有的权利，共同维护了所在部落的井然秩序。由此看来，原始人对待社会规范的态度和理由与现代社会没有太大的差别，他们遵循那时候的"法律"和我们遵循当代社会的法律是一样的，都是基于理性的选择。

在这种没有用以保证法律实施的国家机器的原始部落中，促使这一系列的习俗得到普遍遵守与实施的动力不是对诸如惩罚的恐惧或对所有传统盲目遵从的笼统动机，而是一种建立在互赖基础与互惠服务的同等安排认同上的复杂心理机制和社会动机。例如，互惠带来的稳定、长远的利益维系了原始的渔猎过程存在明确的分工与严格的双向义务关系。美拉尼西亚人对充裕的食物及财产方面的抱负与虚荣心促使他们严格遵守交换制度，定期定量将剩余食物赠予对方；葬礼上丰厚的礼仪性补偿使寡妇自觉在葬礼上实行悲痛洒泪的哀悼行为；人们对违反部落规则所招致的冷眼与厌恶羞愧不已，只能通过从椰子树上跳下的方式来赎罪；肩负荣誉与公正的巫师对部落中实施非法行为的成员进行惩罚，等等。可见，促使人们遵循这些习俗的

---

〔1〕［英］马林诺夫斯基：《原始社会的犯罪与习俗》，原江译，云南人民出版社2002年版，第35页。

心理因素主要有自利心、远大的抱负、虚荣心、根深蒂固的氏族观念、对传统的敬畏、满足公共舆论的需要，而在社会层面表现为巫术、首领权力对人的行为约束。

诚然，对于部落中符合人们心理期待的习俗，人们往往会自觉遵守与维护。但是，对于一些违背人类天性与伦常的规定，上述规则的约束力也许并不足以保证其得到履行。以原始部落的继承制度为例，母权和父爱这两项原则最敏感地体现在一个男人与他姐妹的儿子及其亲生的儿子各自的关系上。他母系的外甥是他亲等最近的亲属，是他荣誉和职务的合法继承人；他亲生的儿子与他在法律上没有关系，与他儿子的母亲的婚姻关系所产生的社会地位是他们之间唯一的纽带。儿子在成年之后，就要被迫离开父亲去接受舅舅的教导，成为舅舅的继承人，父亲也要接受自己的外甥作为自己的法定继承人。这种制度显然不符合人的天性，可它依然被部落世代传承。这项制度的源起可能是母系氏族社会架构下的必然产物，儿子必须与其母系部落捆绑在一起才能够达到维护母权的目的。而它之所以被世代传承，则是因为部落文化对人们产生了潜移默化的影响。自母系社会建立之始，母权至上的理念就被部落成员所接受，并随着部落的发展延续越发根深蒂固，人们不再质疑这不合理的规定，只是习惯地加以履行，也许当中会出现许多不愿违背自己情感与天性的人，但他们也只是发展出了表亲互婚制度来确保儿子享有在父亲的社区里继续生活的权利，并没有去打破这项根本原则。这进一步反映出，部落成员的某些特定思想和行为虽然不受法律控制，但受其所处的部落文化、家庭和社会结构制约。

马林诺夫斯基认为，人类集体生活尽管形式上多样化，但根本上存在着一致的共性。由于地理和历史条件的差异，地球村居民的经济文化发展秩序各不相同，生活方式也较为悬殊，但是他们同样都具有人所共有的发明创造的才能和发展进步的资质。[1]总体上看，马林诺夫斯基通过对特罗布里安德群岛上土著居民的生活情况考察，反映出特定地区的风俗习惯对人的行为具有重要约束作用，构成一种无需法律的内在秩序。这种内在秩序与作为国家法律的外在秩序是不一样的，它具有自发性和天然性。自发性体现在其形成过程中是逐步演变的，反映出生活在特定社区的人们所坚持的理念、观念及价值信仰，而天然性指的是其形成的治理秩序不是人工促使形成的，而是由一套内部的规约机制促使形成的。

　　虽然《原始社会的犯罪与习俗》探讨的是"原始社会"，但回到马林诺夫斯基的语境具体分析原始社会所形成的无需法律的内在秩序，还具有一定的象征意义。一方面，它体现出社会生活的秩序并非都由法律调整形成，法律只是调整社会生活中的一部分，其所生成的法律秩序只是社会秩序当中的一种类型。另一方面，社会生活当中的内在秩序与作为法律的外在秩序在本质上是不冲突的，法律可以引导内在秩序的生成更加具有法治意义，内在秩序可以弥补国家法律调控外在社会生活的不足。可以说，这种象征意义为认识司法之"法"提供了丰富的理论资源。毫无疑问，国家法律是司法之重要法源。但是，现实社会生活是复杂的，各种矛盾纠纷所牵涉的利益关系是复杂的，有时个别矛盾争议不仅涉及利益关系，还更多涉及文化

---

　　[1] [英]马林诺夫斯基：《原始社会的犯罪与习俗》，原江译，云南人民出版社2002年版，序言第2页。

观念冲突、政治立场、信仰等方面，此时国家法律显然无法完全提供司法所需之实践依据。为了实质有效地化解矛盾纠纷，司法者则需要考虑个案中国家法律以外的习惯、文化观念、信仰等层面的东西。很多时候，司法所要处理的个案是复杂的，而个案很可能牵涉到社会生活当中的内在秩序，因此，作为国家法律的适用者，法官要充分认识到这种内在秩序的生成逻辑，只有充分认识这种内在秩序的生成过程及其文化内涵，才能不断提高司法裁判的可接受性。

当前，在中国社会转型过程中，传统的道德、习惯依然在部分群众心底根植，并影响着人的思维模式与行为方式，尤其是广大乡村社会中还存在相对稳定的地方风俗习惯。此外，一些少数民族地区、边疆地区、侨乡、外国人常住地等地区还存有大量的习惯法，因此在司法过程中必然涉及对少数民族信仰、习惯、文化习俗的尊重与保护。虽然，这些地区并不是马林诺夫斯基所述的"原始社会"，但在司法实践中，尊重和保护特定社会中的风俗习惯并将其引入到司法裁判的司法理念中却是客观存在的，也是值得提倡的。因为，其不仅提醒司法者法律实施对象的特定性，也进一步揭示了社会生活的复杂性以及司法之法的多元性。有学者认为，司法中的"法"的渊源与立法中的法源不一样，司法中的法源是法律的发现，其不仅包括国家层面的制定法，还包括能够为司法判决提供说理和论证的其他法源，[1]当然也就包括习惯、风俗等。因此，司法中的"法"在本质上是一种多元主义的"法"。

从某种意义上讲，《中华人民共和国民法典》第 10 条的规

---

〔1〕　参见彭中礼：《法律渊源论》，山东大学 2012 年博士学位论文。

定为司法引入习惯判案提供了一个合法性依据。这种规定，为处理多样化的文化风俗、习惯的问题提供司法指引，即在法律规定不明确甚至是出现法律空白的情况下，法官可以依据相关的风俗习惯进行审判，但不能违背法律的强制性规定和公序良俗。与此同时，该条规定为司法裁判援引风俗习惯并充实司法判决的说理性指引了方向。一方面，涉及特定社区（村落）的纠纷时，法官通常要将风俗习惯引入司法裁判说理中。将地方风俗习惯引入司法裁判说理，其意义至少体现在以下三个方面：首先，在法律规定不明确甚至是出现法律空白时，恰当地引风俗习惯对案件进行裁判说理，可以进一步弥补我国法律的立法空白；其次，恰当地引入风俗习惯对案件进行裁判说理，能够使法官作出对当事人来说都更加公正、有说服力的判决；最后，司法的社区认同度能够得到一定程度的提高，从而不断提高司法公信力。另一方面，将风俗习惯引入司法裁判中要坚持公序良俗原则。适用于司法裁判说理中的风俗习惯必须符合公序良俗，这样才能保证裁判结果的公正性、道德性。风俗习惯作为地方长期积累下来的一种经验、文化，其中不免存在一些不合时宜的内容。法官要以社会主义核心价值观为引领，对形形色色的风俗习惯进行甄别，如若不加以甄别地将风俗习惯适用于司法裁判说理当中，必然会导致腐朽、落后文化的滋长与延续，甚至衍生出更多的社会问题。总体而言，法官引用的特定风俗习惯只有符合社会的一般利益与道德观念，才能引导社会风气向善、向好。

二、司法应维护社会团结

在国内外法律经典当中，除了探讨作为非正式意义上的习惯法之外，也关注作为正式意义的国家法律的功能阐释，尤其是在探讨正式法律制度实施的社会功能时，会考虑国家法律实施与社会整合的关系。接下来，主要就著名法社会学家埃米尔·涂尔干所著的《社会分工论》中的刑罚思想做些探讨。

　　一个国家的刑罚往往事先由国家法律规定，但怎么去实施国家法律规定的刑罚，往往涉及犯罪与刑罚的本质。一般而言，刑罚是建立在国家惩罚权的基础上，并且主要由国家法律予以明确规定，因此探讨国家刑罚思想可以指导国家法律正确实施。而国家法律如何正确实施，又必须关注国家法律与社会的关系，也绕不开法律之于社会的功能探讨。因此，从犯罪（法律）社会学角度看，埃米尔·涂尔干在阐述相关社会理论时也蕴含着丰富的刑罚思想。

　　法律之于社会的功能，主要体现在法律对社会关系的维护上。而对社会关系的维护具体体现为司法层面如何践行和维护社会主流价值观。在一个社会中，犯罪犹如矛盾纠纷一样，都是客观存在的。犯罪活动的发生，往往会造成社会秩序的破坏，甚至造成社会分裂。于是，如何利用司法手段修复被破坏的社会秩序就显得尤为重要。充分发挥司法手段修复被破坏的秩序，有助于巩固社会团结，维护社会机体稳定。从社会学的角度看，巩固社会团结、维护社会稳定也是法律发挥其社会功能的体现，而如何实现法律的社会功能，需要深刻理解犯罪与刑罚的本质。尽管就对犯罪的预防与惩治而言，罪刑法定、罪刑相适应等原则已成为世界各国法律的通例，但在司法实践中，怎么去贯彻这些刑罚思想以及如何考虑刑罚的社会功能依然考验着司法者的智慧。

　　区别于贝卡里亚在《论犯罪与刑罚》中从功利主义的角度

思考犯罪与刑罚的本质，埃米尔·涂尔干从社会学的角度分析犯罪的本质。在《社会分工论》第二章中，埃米尔·涂尔干的刑罚思想正是建立在对犯罪的社会本质的理解基础之上，[1]这种视角会为司法者深入思考刑罚的本质乃至准确定位司法的社会属性提供新的进路。犯罪的本质是什么？在埃米尔·涂尔干看来，对犯罪行为的认识不应从其与主要社会利益的冲突以及给社会带来的危害来认识，因为冲突和危害在每个历史阶段都是相对的，并随着历史的发展而不断变化。他认为，对犯罪的定义也不能仅仅因为刑法规定某种行为是犯罪就被认为是犯罪，还应该从犯罪所发生的古今社会土壤中分析、解释犯罪和刑罚的本质。埃米尔·涂尔干比较分析了历史和现实中犯罪发生的社会条件，并以《摩西五经》和《十二铜表法》为史实，他认为如果一种行为触犯了强烈而又明确的集体意识，那么这种行为就是犯罪。作为现代社会学的奠基人之一，埃米尔·涂尔干从社会事实的角度分析了犯罪和刑罚存在的社会根源，这对理解犯罪的社会学意涵以及认清刑事司法的目标定位具有重要启发意义。

就犯罪的本质而言，埃米尔·涂尔干在该书第二章从以下几方面进行了分析。

首先，犯罪行为触犯了一种集体意识。何谓集体意识？其散布于整个社会场域中，无形亦有形，将众多独立个体与社会群体联结起来，联结着社会整体的共同价值，促使各阶层的意识趋向一致。基于此，在《社会分工论》中，埃米尔·涂尔干

---

〔1〕 参见王裕根：《埃米尔·涂尔干的刑罚思想——读〈社会分工论〉》，载《人民法院报》2018 年 11 月 30 日，第 6 版。

给"集体意识"下了一个明确定义，即"社会成员平均具有的信仰和感情的总和，构成了他们自身明确的生活体系，我们可以称之为集体意识或共同意识。"[1]可见，在埃米尔·涂尔干看来，集体意识与公众意识、共同意识等概念含义类似，这种集体意识具体表现为社会成员平均具有的信仰和感情的总和，并构成了他们自身明确的生活体系。每一个社会里即使是最普通的人都有一定的情感，这种集体情感不仅铭刻在每个人的意识里，而且刻得很深，对这种集体情感的侵害将受到每一个社会成员的共同谴责。

其次，每个社会成员的共同谴责表现为一种强烈的集体抗拒。正如埃米尔·涂尔干关于到底何为犯罪的经典所述："如果一种行为触犯了强烈而又明确的集体意识，那么这种行为就是犯罪"[2]，从此定义可见，犯罪所侵害的集体意识是强烈的，每个社会成员的共同谴责则表现为一种较为强烈的集体抗拒。这就意味着并非所有触犯集体情感的行为都是犯罪。在现实生活中，许多集体感情被触犯了，但并没有确定为犯罪，例如乱伦行为、通奸行为等属于不道德的行为，虽然人们的内心里还不能接受，但却没有强烈触犯到社会的集体意识，因而一般只会招致社会舆论的谴责，难以在法律规范层面上认定为犯罪。但是，触犯的集体感情也不以社会中的成员感受为限，例如有些贪污犯罪、徇私枉法以及渎职侵权等公罪与个人意识中产生的愤恨是不对称的，但对这些犯罪的惩罚却是相当严厉和必要

---

〔1〕［法］涂尔干：《社会分工论》，渠东译，生活·读书·新知三联书店2013年版，第42页。

〔2〕［法］涂尔干：《社会分工论》，渠东译，生活·读书·新知三联书店2013年版，第43页。

的。这种犯罪的外在标准与私罪在本性上是一致的，都将受到代表集体意识的统治机关的惩罚。

最后，被触犯的集体意识在刑法规范上有明确的评价。埃米尔·涂尔干对犯罪的经典定义最明显的特质是一个行为触犯了强烈而又明确的集体意识。这里的"明确"，即被触犯的集体意识在刑法规范上有着明确的评价。一旦被触犯的集体意识仅用纯粹而又分散的道德制裁来维护的话，其惩罚的手段要弱一些，并且有些不被刑法调整的道德领域的问题可能被集体意识误认为是犯罪。因此，问题的关键在于刑法要规定可以做和不可以做的事情，使其明确化、条文化，且能够细化为人们日常生活所遵循的行为规则。可见，由于平常道德化事情显得模糊不清、过于笼统而难以在刑法上做出明确规定，进而难以转化为具体的行为模式和准则，因而如果被触犯的集体意识不明确，也就难以认定为犯罪。

在讨论犯罪的本质之时，在埃米尔·涂尔干的社会学语境中，犯罪、惩罚与集体意识三者间有着密切联系。埃米尔·涂尔干认为，惩罚是对抗犯罪的手段，其源自于集体意识的被触犯。借助对犯罪本质的社会认识，涂尔干继续从历史和现实的角度分析了古今社会惩罚形式的流变，得出了惩罚的抵偿理论，这种理论是古代报复思想经过现代社会反抗情绪宣泄进而理性化之后的升华版。埃米尔·涂尔干认为，犯罪者的失范行为强烈触犯了集体意识，就必须以"惩罚"作为抵偿，只有通过惩罚，才能使得面临威胁的集体意识得以再一次确认，也只有通过惩罚，才能使得遭受破坏的集体意识得以复原。

进一步而言，埃米尔·涂尔干对惩罚的理解，是站在社会生活可持续性的角度来分析惩罚的社会性功能，他认为应根据犯罪的危害程度来确定有等级差别的社会反抗情绪。诚如前文所言，被触犯的集体意识存在强烈程度不同，这就意味着犯罪存在着不同的危害程度，因此制裁犯罪者的惩罚手段也就有着不同的强度和烈度。由此可见，惩罚的等级差别主要取决于失范行为所触犯的集体意识的强烈程度及给受害者带来的伤害程度。

在埃米尔·涂尔干看来，无论是古代的氏族血仇、宗教惩罚，还是现代法庭审判，惩罚作为一种社会反抗形式都来源于社会，是社会集体情绪的一种宣泄，并且宣泄这种情绪的形式逐步组织化。这些感情既然是集体的，它在人们的意识里所代表的就不是每一个个体，而是社会本身。因此，在考虑刑罚的惩罚特征时，会发现惩罚的根源依然在于犯罪所触发的集体意识，所以才引发了社会成员集体感情的反抗，最终需要代表集体感情的司法机关去实施惩罚。国家刑罚始终坚持维护社会相似性的最低限度，从而使个人无法威胁到社会整体的安全，保护社会相似性所产生的社会凝聚力。与此同时，实施刑罚需要司法机关从维护社会相似性立场出发精准惩罚犯罪。从既有的规范层面来说，打击犯罪以及维护社会秩序是刑罚的直接目的，但是从社会生活的可持续层面上来讲，刑罚的根本目的在于通过维护一种充满活力的共同意识来极力维护社会生活的凝聚力，从而再造社会相似性。从社会层面上说，社会相似性是一种自发的内在凝聚力的体现，这就需要发挥司法的社会整合功能，使不同社会主体之间的社会交往凝聚在一个共同意识的范围内，从而预防越轨和失范的行为发生。

以上关于埃米尔·涂尔干对犯罪和刑罚本质的思想梳理，对于准确实施刑法、精准预防犯罪以及做好罪犯的社区矫正工作具有重要启发意义。主要有以下几点：

第一，刑罚的终极目标在于团结社会。社会本身是由带有不同情感、利益并时刻存在冲突的个体组成。团结社会需要依靠法律手段。刑事司法对于增强社会凝聚力具有重要的整合功能。刑事司法者在处理具体案件时，要依照个案当中的具体案件事实，综合考虑刑法实施的社会效果，精准分类并对涉案罪犯课以刑罚，让罪犯能够清醒地认识到自身行为的社会危害性，从而促进罪犯早日回归社会。

第二，犯罪行为触犯了集体意识，伤害了人们的集体情感，会引起人们的愤恨和谴责，但如果被犯罪触犯的集体意识还没有团结在一起，还没有证明他们的一致性，那么这种集体意识可能会继续衰弱下去，继而不断放纵犯罪在社会中发生。所以，为了保护集体意识免受犯罪的侵害，社会成员就必须诉诸集体抵抗，相互提供保证，增强彼此团结的力量，共同预防犯罪，把犯罪消除在萌芽状态之中或者防止犯罪对社会的伤害扩大。为此，有必要增强全社会的集体意识，通过教育途径，使不同层次的人相互间发生有益关联，促使他们的意识趋向一致，以加强彼此团结的力量。

第三，对于服刑后的罪犯应进行社会修复，这种修复不仅通过国家司法机关单方面的努力，更应该争取整个社会力量的支持。具体而言，要从罪犯内在的人格心理出发进行心理疏导，而在外部的社会环境方面，则应该在社区社会生活方面创造一种集体关怀和对罪犯的认同意识，这样才能使罪犯成为一个正常的人而生存于这个社会之中。因为归根结底，罪犯服刑后需要做一个社会人，因而其所生存的社会应该开放多样，应当有宽容的平台让其早日加入正常人的集体意识中，使其好好生活下去。

综上，从犯罪社会学角度思考犯罪和刑罚的本质，不仅有助于理解国家为什么需要课以刑罚以及怎样课以刑罚，也为深入分析刑事司法的目的提供了社会层面的哲学思考。质言之，国家层面制定的法律始终要在社会落地实施，其对于维护社会团结、凝聚社会共识具有十分重要的意义。例如，近几年公众关注比较多的有关正当防卫边界问题的热点案件，其处理起来需要考虑公众心理感情、社会舆论导向等方面的因素。之所以需要考虑这些因素，是因为司法作为维护社会公平正义的最后一道防线，其判决具有价值引领功能。司法者必须综合考虑法律的社会整合功能，才能让司法更加有效地发挥出再造社会团结的功能。上述埃米尔·涂尔干对犯罪和刑罚本质的理解，为深刻理解法律的社会整合功能提供了哲学论证，这对于司法者理树立正确的司法理念、准确把握刑罚的使命任务等方面具有重要指导意义。

三、司法绕不开道德考量

上文探讨了犯罪的本质是什么，目的是更好地和精准地适用刑罚。由此可知，司法并非在真空中进行，始终需要回应社会生活。然而，在现实社会中，从法律规定与社会需求的差距来看，法官并非在所有案件中都能适用法律依法裁判，更多时候还会遭遇法律与道德困境。转型时期频繁映入公众视线的系列热案、要案，突显出了司法与社会民意或道德关切的紧张关系。在此背景下，为应对形形色色的道德压力，中国司法从传统审判型司法迈向了一种回应型司法，其运作依循自身特定的法理逻辑。[1] 在具体个案情境中法官如何回应道德难题，始终考量着司法者的智慧以及法理素养。也即在具体个案中，法官面对一些疑难复杂案件要处理时，总是要不停地追问"法律到底是什么""法律在本案中具体该如何适用""法律如何回应社会群体的道德"等问题。接下来，回到法律经典案例洞穴奇案中具体呈现司法的道德考量。

知名的"洞穴奇案"是美国著名法学家富勒提出的假想案例，这个案例被认为是探讨司法的道德困境比较典型的虚构案例。1949 年，富勒在《哈佛法律评论》上发表了"洞穴探险者案"，该案例讲述了 5 名洞穴探险者在进入洞穴后，遇到山崩被困于洞穴之中，很快水尽粮绝，且短期内没有办法获救。为了能够等到救援队到达把他们救走，其中一名探险员威特莫尔提议，通过掷骰子抽签的方法决定吃掉其中一名队员，牺牲他来救活其余 4 人，大家都表示同意。但是作为这个方案的提议者，在执行前，威特莫尔决定撤回约定，而其他 4 人仍然决意执行，最终以掷骰子抽签的方式选中了威特莫尔。最终 4 人获救，但也因为杀人罪被起诉到法院。

当这个案件转到法庭审理时产生了不少争议，其中绕不开人性的洞察与道德的考量。这个故事最初由富勒构造，并呈现了 5 个法官不同的裁判结论，而美国学者彼得·萨伯在《洞穴奇案》一书中延续了对洞穴故事的探讨，并增加了 9 种法官不同的裁判观点及其理由。[2] 这 14 种裁判观点及其理由生动展现

---

〔1〕 孙海波：《中国司法回应道德的法理与路径选择》，载《法制与社会发展》2023 年第 5 期。

〔2〕 参见［美］萨伯：《洞穴奇案》，陈福勇、张世泰译，生活·读书·新知三联书店 2015 年版，第 53 ~ 157 页。

了不同法官的立场以及对法律本质的看法，可以说这个法律经典案例展现了"法律是什么"的理论争议。在这部著作中，作者充分呈现了不同法官是如何理解法律的本质以及法官们基于对法律本质的理解是如何进行裁判的。[1]

在简述基本案情之后，彼得·萨伯在《洞穴奇案》一书中首先呈现的是富勒笔下 5 位法官不同的裁判观点：特鲁派尼法官认为应当尊重法律条文，根据法律条文的平实含义来做判决，因此被告有罪，但应当获得行政赦免，这样被告们既能得到某种形式的宽大处理，实现正义，也不会损害法典的精神。福斯特法官认为被告们无罪，一方面，联邦法律的适用性是建立在人们能够共存的基础上，而在案发时，由于地理因素，被告们不在联邦法律管辖范围内，因此不应该用现有的法律来判决，应该用自然法判决。另一方面，福斯特法官认为违反法律的表面规定不代表违反法律本身，还应进一步探究立法精神，以此作为判决的依据，虽然被告们表面上犯罪了，但从法律精神上，他们并没有主动犯罪，在面临一个生存抉择时，他们知道杀人有罪，也明白法律的威慑，但迫于要生存下去，无奈被迫作出选择，所以不应被判决死刑。唐丁法官最终选择退出本案的审判。一方面，他认为以"自然法"为依据极为荒谬，被告并没有处在自然状态下，而且由联邦法律任命的法官也没有被授权成为自然法法庭的法官，同时他认为饥饿并不是被告杀人的理由，但另一方面，为了营救这些探险者，有 10 名救护人员牺牲了，这 4 位探险者的命是用 10 位英雄的命换来的，如果被控告

---

〔1〕　参见王裕根：《疑案处断解读"法律是什么"》，载《检察日报》2019 年 12 月 14 日，第 3 版。

谋杀，那将是极大的遗憾，因此他放弃了审判，不参与本案的审理程序。基恩法官认为被告们有罪，身为法官，应该忠实履行法官职责，坚持立法至上原则，用法律去判案，而不应当被个人感情所左右，所以他的结论是被告们有罪。第五位法官汉迪法官认为，法律应该为人服务，我们应当运用常识，根据民意来进行判断，那么关于本案，民众的常识和意志是什么？汉迪法官提出了主流媒体的一个民意调查，大约90%的受访者认为4人无罪，因为他们已经经受磨难和屈辱，不应再被处决，因此他的结论是被告无罪。最后，初审法院最终维持有罪判决和量刑，四名被告将被处以死刑。

"洞穴奇案"，"奇"在哪里？想必，这涉及对法律本质的理解，而这种理解似乎又体现在法官的思维立场和道德考量上。从司法审判的角度看，法官们需要考量洞穴奇案发生的特殊情境，在某种特殊的情境中需要考虑人性、伦理与道德，正是这些因素使得司法变得复杂。然而，每一位法官的立场不一样，看待个案特殊情境的价值观念也不一样，由此在思考如何进行判决时，总是存在多元主义视角。为了深刻揭示司法过程中的道德困境与多元立场，接着，彼得·萨伯在书中又虚构了9名法官发表不同的观点，并展现了自己设想的其他9位法官的不同裁判观点。后9位法官主要是针对案件事实本身，提出了不同的思考方向，但是没有完全脱离案件的疑难困境。不过，各个法官的思考方向都只是针对案件事实的某一个侧面进行的探讨，因此不同法官从不同案件事实进行推理会得出不同的判断，同时也容易提出对其他法官的批评。例如，有的法官反对只用法律判案，认为法律和道德是不可分割的，两者应当联系起来判案；有的法官引入"紧急避险"的概念，认为这是一个"紧

"急避险"的情况，应当判无罪；有的法官则逐点反驳"紧急避险"的论据，认为应当判有罪；也有法官认为这就是一个简单的数学问题，以一命换多命是划算的；还有的法官尝试将自己代入同样的情境，认为在当时别无他法的情境下，自己不能做出更好的选择，所以身为法官，不应当惩罚一个不比自己坏的人，所以认为被告无罪；但也有法官认为，每一个生命都有自己的价值，我们没有随意剥夺他人生命的权利等等。综上观点会发现，在这些法官不同的裁判观点中，基本上可以分为两类：一类是有罪判决，另一类是无罪判决。支持有罪判决的法官的理由主要是法官应该尊重法律条文的规定进行判决、生命的绝对价值、司法裁判的独立性、法律与道德的分离乃至紧急避难的事由排除等等，认为被告人投票杀死同行探险者威特莫尔构成故意杀人罪（谋杀罪），应该根据法律规定"任何人故意剥夺了他人的生命者必须被判处死刑"进行判决。支持无罪的法官主要有：5 名探险者自愿达成的契约应该得到遵守和履行、探险者主观不存在故意、一命换多命比较值得、法官可以吸纳案外因素进行裁判，以及如果设身处地地去思考探险者遇到的困境就能够很容易理解他们为什么要杀死一个人而保全其他四个人的想法。可以发现，各个法官的判决意见不一样，针锋相对，不相上下。最终，初审法院维持了死刑的有罪判决。有意思的是，虽然初审法院最后判决是死刑，但是执行死刑的期限却拖延至 4350 年。可见，法官们对这一判决以及判决执行的心情是复杂的，因为这个案件涉及法律适用最本质的问题。

按照通常理解，公正廉明的法官在适用法律过程中应该排除道德困境，排除法官们的个人偏见，如此才能有效维护法律的公平正义，但是，这个经典案例不仅生动展现了法律实施的道德困境，还涉及立法的目的、法律的价值乃至司法裁判者如何适用法律的问题。尤其是法律在司法实践中如何被理解以及被适用的问题，本质上也涉及法官们对法律本质问题的理解，因为法官们如何看待法律的本质基本上会决定他们如何理解法律的精神和目的，由此也就影响到具体个案的裁判。换言之，不同法官对法律的本质理解不一样，乃至不同法官对事实认定不一样，所以会产生不同的裁判观点。在这方面，该部著作可谓展现得淋漓尽致乃至生动形象。

该案为什么在司法过程中存在许多道德困境？如果按照一般人的理解，故意杀人的应该判处死刑，那么按照法律的规定就应该直接判处四名被告人死刑，然而通过整体理解不同法官的裁判理由和观点，可以发现司法裁判并没有那么容易。司法裁判虽然是一个法律适用的过程，但又不仅仅是法律的适用。因为法律的适用不仅涉及法律条文的选择，还涉及法官本身的政治偏好和立场、对法律的解释、对案件事实的截取以及对社会公共道德的考量。这些因素一旦进入到案件审理过程中，又会涉及法官对法律精神和目的的追求，而这归根结底还是涉及对法律本质的理解。通过梳理不同法官的裁判理由以及事实认定可以发现，不同法官对法律本质的理解存在很大分歧。尤其是，法官是否可以根据案件情况进行"造法"（解释法律）还涉及一个国家的法律体制问题。

针对该案的特殊情境，不同法官在具体个案中展现出不同的法律推理，归根结底实际上是对"法律是什么"的问题存在不同的前见。在这个过程中，没有任何一个法官能够在根本上说服其他法官，因为每一个法官所秉持的法律哲学都有其自己的前见和弊端，每个人都可以找出对方关于"法律是什么"这个问题回答的缺陷和不足。这也就意味着，关于"法律是什么"的问题本身没有一个准确的答案，也没有一个确定的结论告诉读者到底应该坚持哪种结论。正如作者在序言中告诫读者的那样，对法官的结论不要对号入座，真正要注意的是这个案例本身所揭示的问题是什么而不是法官们的裁判结论。从法理学的角度来看，不同学者对"法律是什么"的回答实际上是对法律本质产生的哲学追问。读完整部著作之后，可以充分地发现"法律是什么"这个问题会呈现出不同的面相，具体可归纳为"法律应该是什么""法律和道德的关系是怎样""法律在文本中是什么""法律如何在司法裁判中适用""法律如何回应社会民意"等诸多问题。而对这些问题的回答和理解，对应产生了西方三大主流法学流派：自然法学派、分析实证主义法学派以及社会法学派。不同法官的学派立场实际上左右了法官们对法律本质的理解，进而影响司法裁判的结论。

因此，通过回顾《洞穴奇案》的构思，至少可以得出以下几个方面的共识：一是这个案件本身引发了人们对法律本质的思考，而不同法官对法律本质的理解是不同的，其中也夹杂了对道德难题处理的法律底线，进而产生不同的裁判推理和裁判结论，以致在取得裁判共识性方面存在很多思想困境与道德难题；二是此案件发生在特定的环境中，而这些特定环境促使当事人实施一些在日常生活世界里几乎不会出现的行为，而当这些行为实施后，又难以通过既有的判例或者法律进行对号入座，因此涉及案件事实的认定和法律推理的难题；三是这个案件本身的事实是非常简单的，但是对这个案件的判决可以从多个不同角度去推理和论证，而这些推理和论证本身涉及"法律是什么"的理解，尤其是当法律适用与推理涉及道德论证时，该如何作一个有效的裁判便不是一件易事。正因此，《洞穴奇案》融合不同法官对法律的哲学思考，并且各自的理论思考都可以在案件推理中找到事实验证，因此在整体上呈现了法律本质的多重面相，产生了诸多的法理争议，考验着司法者的智慧与法律素养。

第二节　中国法文化中的司法理念

在简要梳理经典中的法理念之后，本节主要结合中国社会实际深入分析中国法文化中的司法理念，以期深刻阐释中国特色社会主义司法制度的文化特质。中国特色社会主义司法制度融入了传统法文化，这是区别于国外司法理念的显著特征。在法文化的塑造体系中，既涉及一些制度、器物和设施，也涉及一些法观念与法律实施的历史和事件。本节主要选取法文化集中显现和确定的先秦时期的历史事实，以小见大、以点带面，进一步勾勒和阐述中国法文化中的司法理念。在此基础上，本节还通过解读和阐释《中国法律和中国社会》中所提及的一些中国古代法律制度，从历史角度来解读和探讨司法的文化结构，并结合司法现实分析司法应如何回应社会结构的变迁和发展。最后立足法文化论者梁治平先生所著的《法律的文化解释》，通过分析作者的写作思路，系统阐释法律文化作为观念系统结构如何影响司法实践，最终落脚点在于分析司法实践中法文化的基因传承。

一、司法的伦理底色

诚如上节所述，司法过程中需要考虑道德、伦理与人性，而在中国古代社会的语境下，司法过程中则天然地蕴含着司法的伦理属性。中国古代社会是一个伦理社会，在此背景下产生的司法，自然带有伦理底色。接下来，将以先秦时期的个案，具体呈现司法过程中到底是如何体现伦理属性的。

《史记·循吏列传》中记载着一个故事，石奢是楚昭王的国相，他一次出行属县，恰逢途中有凶手杀人，他追捕凶犯，竟是自己的父亲。他放走父亲，归来便把自己囚禁起来。他派人告诉昭王说："杀人凶犯，是我的父亲。若以惩治父亲来树立政绩，这是不孝；若废弃法度纵容犯罪，又是不忠；因此我该当死罪。"昭王说："你追捕凶犯而没抓获，不该论罪伏法，你还是去治理国事吧。"石奢说："不偏袒自己父亲，不是孝子；不遵守王法，不是忠臣。您赦免我的罪责，是主上的恩惠；服刑而死，则是为臣的职责。"于是石奢不听从楚王的命令，最终自杀而死。

在此案中，石奢的行为依法是有罪的，可是最后，楚昭王并未处死他，而是赦免了他，原因是"追而不及，不当伏罪，子其治事矣"，笔者认为，这在深层次上反映出他对石奢行为的敬佩以及出于一种政治利益上的考虑。楚昭王作为国君，他需要考虑的是国家良好秩序的实现，而这需要以一种普遍性的、稳定性的社会规范为基准，在楚国，那就是楚国的律令。严格执行律令就是维护楚国的秩序，这符合他的政治利益，虽然他赦免石奢的行为似乎正好与他的政治利益相反；但是，从另一个角度去看，他的行为却是在一定程度上弥补了律令的不足，有利于实现良好的秩序 。

对于一个社会而言，想要实现良好的治理，至少需要符合两个条件：一是需要稳定的、为人们所普遍遵循的社会规范，形成一个基本的秩序，这是形式层面的任务；二是社会规范的内容要合情合理，要为人们所普遍接受，这是实质层面的任务。二者缺一不可。很难想象在一个国度之内，虽然有了一般适用的、稳定的法律，但法律要求你杀死你的至亲，同时在这个国度内，做一个正义、正直的人反而会受到法律的制裁。不难想象，如果真的存在这样一个国度，终究会被历史淘汰。

回到此案会发现，严格执行律令确实是在维护楚国的秩序，但这种秩序所凭借的社会规范却存在不合情理之处。父子亲情可以说是人世间最难以割舍的事物之一，无论是不能孝敬父母还是未能呵护子嗣，都是令人难以接受的，更何况是亲自捉拿父亲归案，如果严格执行律令规定有违天理人情，纵使律令一时得以严格执行，终不能长久持续下去。楚昭王清楚知晓这一点，所以他对石奢的行为感到佩服，也愿意赦免他，这不仅是在帮他，也是在维护自己的利益，弥补楚国律令的不足，尽管律令没有修改，却也向国人释放了一个良好的信号。然而对于石奢而言，这终究是个忠孝困境，一面是忠，一面是孝，在这忠孝两难之境选择了牺牲自己。忠孝两难全，这是古代士大夫阶层所面临的难以避免的困境，但这并不意味着在制度层面没有解决的方法。

在当时，楚昭王的做法究其本质只是一个法外开恩的特赦，但是在后来的社会发展中却是真的存在国家以正式的法律制度来极力地维护父子亲情，乃至其他的亲情血缘关系，譬如亲亲得相首匿制度。亲亲得相首匿起源甚早，在《论语》有相关的记载，但只停留在思想层面，至汉朝时宣帝发布相关诏令，此时才意味着亲亲得相首匿就成了正式律令制度，并一直延续下去，唐朝时更是将相隐的范围扩大到同居之人。亲亲得相首匿制度规定，除了少数几种犯罪之外，法律允许亲属之间相互隐瞒罪行，法律还禁止亲属之间相互告发，也不要求亲属在法庭上充当证人，甚至在唐以后的律令中明确规定，如果有官员强制命令百姓作证说明自己的亲属犯法，那么官员就要受到法律惩处。不仅如此，如果有人去告发亲属的罪行，在法律上默认为犯法的亲属自首，是可以减轻罪行的。这样既可以不伤骨肉血缘亲情，又可以避免无可救其亲的困境。

这种制度被制定并长期存在的原因，在上文已经有所说明，即父子亲情关系难以割舍，便只好顺应此种关系，以巩固统治。这种做法反映了中国古代特殊的社会性质，即伦理社会。在伦理社会中，每个人与他人之间的关系有近有远，并且通过人与人之间的关系来确定每个人的社会地位、家庭地位。而伦理社会的和谐稳定需要每个人维系社会关系，并根据个人所处的社会关系找准自己的位置，安分守己。在这些关系当中，非常重要的就是父子关系、君臣关系，而在中国古代"家国同构"的架构中，国是最大家，家是最小国，若子民不致孝于父母，又何谈忠于其君，事君不忠非孝乎，这种思想随着儒家学说的兴盛而在国人的脑中根深蒂固，所以对于父子关系以及其他亲缘关系要尽力维护，这样国家良好的社会秩序才有可能实现，而这也恰恰彰显了法律的伦理底色。

如果将目光从古代法律制度转移到现代法律制度，那么依然能够发现伦理对司法的影响。根据《中华人民共和国刑事诉讼法》第 29 条中的规定，审判人员、检察人员、侦查人员如果是当事人的近亲属的，应当回避。回避的原因就在国人的亲情血缘观念浓厚、重视人情，有可能存在相关人员徇私舞弊的情况，从而影响司法公正，这虽然没有体现司法对伦理关系的维护，却反映了伦理关系、观念对司法实践的影响，《中华人民共和国民法典》的婚姻家庭编中也有许多体现伦理底色的法律制度。《中华人民共和国民法典》第 1041 条第 1 款明确规定了"婚姻家庭受国家保护。"第 1043 条规定了"家庭应当树立优良家风，弘扬家庭美德，重视家庭文明建设。夫妻应当互相忠实，互相尊重，互相关爱；家庭成员应当敬老爱幼，互相帮助，维护平等、和睦、文明的婚姻家庭关系。"第 1048 条规定了"直系血亲或者三代以内的旁系血亲禁止结婚。"类似的维护家庭关系、夫妻关系的规定不胜枚举。家庭关系、夫妻关系，在社会关系中占据着重要地位，法律对这些关系的维护也自然而然地反映了法律的伦理底色。[1]

虽然司法只关注个案的处理，但个案关涉的是各种复杂的社会关系，难免涉及伦理的考量。时至今日，虽然当今社会已不完全是伦理社会，但是这种伦理观念仍然存在并发挥着不可忽视的作用。对于司法而言，其应当承认并予以重视，扬长避短。一方面，在办理具体案件时要准确厘清案涉当事人所秉持的伦理对司法的冲击与影响，积极避免诸如徇私枉法等社会伦理观念对社会治理的消极影响；另一方面，在裁判文书中需要引用传统伦理进行释法说理时，应该掌握一定的推理和论证方法。与此同时，也应吸收传统伦理观念中符合时代发展、社会治理要求的优秀文化，彰显法律的伦理底色，倡导良好家风建设，更好地发挥法律促进家庭和睦、维护社会和谐稳定的作用，助力法治中国建设。

---

〔1〕 参见王裕根、朱英亮：《古代法律的伦理底色》，载《人民法院报》2023年 8 月 11 日，第 5 版。

二、司法的文化结构

如果说司法的伦理底色是中国特色社会主义司法实践中不可回避的问题，那么根植于群众心目中的传统文化观念与心理结构则是司法者在适用法律的过程中必须考量的内在文化结构。习近平总书记在党的二十大报告中指出，要"弘扬社会主义法治精神，传承中华优秀传统法律文化，引导全体人民做社会主义法治的忠实崇尚者、自觉遵守者、坚定捍卫者"。这不仅强调了社会主义法治建设与中华优秀传统法律文化的内在关系，而且反映了中国特色社会主义法治理论的文化传承，这对于理解中国特色社会主义司法理念的塑造具有重要影响。因此，有必要进一步将法律的伦理底色嵌入于传统社会中的文化观念，进行深入考察。

应当看到，法律作为一定时期的文化形态，反映在特定社会文化心理结构中。深入理解中国古代社会结构，有助于传承中华优秀传统法律文化，进而揭示中国特色社会主义司法制度的文化传统与观念结构。瞿同祖先生所著的《中国法律与中国社会》对家族、婚姻、巫术与宗教、儒家思想与法家思想等内容的描述，深刻揭示了中国传统法律与社会的关系，认为家庭本位与礼法结合是中国传统法律的基本精神与主要特征。在瞿同祖先生看来，法律是社会的产物，属于社会规范的一部分，能反映某一时期的社会结构。任何社会的法律都是为了维护并巩固社会秩序而制定的，只有充分了解产生某一法律的社会结构，才能更好地理解和运用法律。

在《中国法律与中国社会》一书中，瞿同祖先生认为法律并非孤立地存在，而是作为整体社会文化结构的一部分。中国传统社会是礼制社会，凡事皆有礼可循，这种礼不仅存在于传统礼书中，而且也被编入法律而固定下来。在中国古代社会文化结构中，法律总体上反映出家族主义、伦理本位、礼法结合的文化精神。[1]而司法只是嵌入在这种文化观念结构中的重要一环：司法体现出并反映了这种文化观念结构。在该书中，作者主要分析了以下三方面的文化观念结构。

第一，对于亲属间的侵犯，中国传统法律（司法）注重伦纪而非真相。在中国古代社会，家族是基本单位。中国的家族是父权家长制，亲属关系只从父亲方面计算，母系亲属被称为外亲，只推及一世，关系极疏浅，这从日常的称呼上也可以看出来。通常而言，把父亲的妈妈叫"奶奶"，把母亲的妈妈叫"外婆"，这个"外"字即表明，母亲的亲属是外亲。因而父祖被视为家族统治的首脑，一切权力都集中在他的手中，其身体是绝对不可侵犯的，反映在法律中便是在分析具体案件时重视纲常伦纪远过于事实真相。唐律规定："谋杀常人徒三年；而谋杀期亲尊长、外祖父母、夫、夫之祖父母和父母者皆斩，不问既遂未遂、已伤未伤。"可见，在处罚亲属相犯行为时，法律的规定乃至司法的倾向都在于保护尊亲属以维护家族主义。再譬如，子孙误伤父母一律处斩。例如甲的父亲乙和丙打架，甲拿着棍子去帮助父亲乙打丙，却不小心把父亲打了，在这种子女主观没有任何过错的情况下，甲还是被处以斩立决。可见，在中国古代社会处理案件时，对于亲属间的侵犯，法律都倾向于纲常伦理，无论其是非，无论其具体真相。为何对于这类案件，

---

〔1〕　参见严悦文、王裕根：《作为社会结构中的法律——读〈中国法律与中国社会〉》，载《人民法院报》2023 年 2 月 10 日，第 5 版。

古代法律注重伦纪而轻是非真相呢？一方面，在中国传统社会，亲属间的人身侵犯被视为对社会秩序的扰乱，此种行为因严重破坏封建伦理纲常，历代法律均将其列为重点打击对象。正如瞿同祖先生在书中写道："法律在维持家族伦常上既和伦理打成一片，以伦理为立法的根据。所以亲属间相侵犯的规定完全以服制上亲疏尊卑之序为依据的。"[1]另一方面，倘若法律的价值取向既能明是非，又能重伦纪，两者兼顾则固然是好，但倘若面对伦纪与是非真相冲突时，则必须在不同法益间进行权衡，做出取舍。而在古代，伦纪对于整个家族制度，整体社会秩序的构建是非常重要的，破坏纲纪伦常可能造成严重的不利后果。因此，在面对某个亲属间相侵犯的案件，存在伦纪与是非冲突，且该案件不会损害国家利益时，法益较轻的是非对错问题可以被忽略，以维护伦理纲常这个更为重要的法益。

第二，中国传统法律通过承认亲属容隐这一原则以促进家族内部的和睦，继而实现整个社会的稳定。亲属容隐作为一种思想，最早发端于儒家。孔子反对证父攘羊，其在《论语·子路》中提到，"父为子隐，子为父隐，直在其中矣"。从现代法律观念出发，当社会出现违法行为时，应当鼓励人们告发违法行为，以维护社会秩序并促进社会风气向善向好。然而，中国传统立法因深受儒家思想影响，君主又在政治上标榜以孝治天下，由此导致历代法律普遍承认亲属容隐这一原则。《唐律疏议·名例律》规定："诸同居，若大功以上亲及外祖父母、外孙，若孙之妇、夫之兄弟及兄弟妻，有罪相为隐。"《大明律》规定"同居亲属有罪得互相容隐""凡告人者，告人祖父不得指

---

〔1〕　瞿同祖：《中国法律与中国社会》，中华书局1981年版，第38页。

其子孙为证，弟不证兄，妻不证夫，奴婢不证主。"可见，在唐之后的法律中，对容隐原则的适用范围又进行了进一步的扩大，不仅仅是父子，只要是共同居住的亲属，都可以援用容隐原则。容隐原则的引用，体现的是古代法律对家族伦理的保护，以促进家族内部和睦，继而实现整体社会的稳定。倘若亲属之间非但不隐匿罪名，反而主动告发，则与容隐的立法精神相违背，那么不管是尊长告卑幼，抑或是卑幼告尊长，或多或少都会受到法律的处分，以维护家族伦理。可见，容隐制度在中国传统社会已然成为一种维护封建族权、父权、夫权的工具。当然，法律出于维护家族伦理角度鼓励容隐，但当国家利益会因为亲属容隐行为而受损害时，即忠与孝之间切实存在冲突时，立法又做出了忠重于孝的判断，以维护国家利益为先。可见，亲属容隐原则的适用亦是有条件的，无法适用于谋反、谋大逆、谋叛等明显损害国家利益的重罪，只能适用于对国家社会影响较小的普通罪名。

第三，随着生杀予夺之权被国家收回，私人便不再有擅自杀人的权利，复仇也因与国法不容而被禁止。我国复仇制度的起源无法切实深究，但在《礼记》《春秋》等儒家经典文献中均有少量记载。在国家权力尤其是司法权力尚且不完善之前，私人复仇是被允许的，甚至是属个人的"神圣义务"，例如，瞿同祖先生在书中所举的《列女传》中的赵娥。赵娥的父亲被同县恶霸打死，三个兄弟也在不久后遭遇瘟疫，从此赵家已无子为赵父报仇，而赵娥这位弱女子自己却找寻了一个机会，手刃了杀父仇人，案件发生后，赵娥主动投案，她的孝心感动了百姓和县令，也惊动了皇帝，皇帝借此机会宣传孝道，还为其刻石立碑。可见，在那时私人复仇在一定程度上是可以接受的。

但伴随着国家权力的发展，司法和法律的完善，生杀权力被收归国家，无论何种理由，杀人即为犯罪，私人复仇也因与国法不相容而逐渐被废止。隋朝"初除复仇之法，犯者以杀论"，直接废除了复仇的法律规定，改以杀人罪定罪。唐朝更是禁止私权利复仇，除非"祖父母、父母为人所殴击，子孙即殴击之，非折伤者，勿论；折伤者，减凡斗折伤三等；至死者，依常律。"然而复仇观念却深入人心，想要完全禁止实属不易。中国传统社会重五伦，复仇的范围也以五伦为界，关系越近报仇的责任越重。社会普遍认为"违法报仇，尚不失为孝子之心"，许多人宁愿身受极刑而绝不肯忘仇不孝，甚至出现法律制裁越严，复仇风气越盛的现象。时至今日，虽然复仇也不为法律所肯定，然而近年来反复出现一些民众热议的刑事案件，反映出复仇的文化心理依然存在广大民众心中。

上述通过解析瞿同祖先生在书中提到的一些法律制度，试图更加详细地阐释古代社会的文化结构是如何塑造法司法观念的。通过回顾中国古代社会的法律制度会发现，一方面，中国古代法律传统彰显家庭伦理本位。儒家提倡"推仁义而寓之于法""法行而仁义亦阴行其中"，主张礼义道德法律化。在儒家的观念中，礼义的等差性与法的特权性是内在统一的，法必须体现礼义所倡导的精神。中国历代均以法律的形式确定礼的崇高地位，在立法上体现礼的价值，在司法上维护礼的权威，利用刑罚严惩违礼行为，使礼成为人人遵守的行为准则，最终构建礼法共治的国家治理体制。另一方面，古代中国崇尚"德礼为政教之本，刑罚为政教之用"，道德的治理效能被进一步放大，德治成为调整社会关系的主要手段。德治主张利用道德教化唤醒人们内心的良知良能，促进人们修养心性、完善人格，使纲常伦理内化于心、外化于行。在君臣、父子、夫妇以及其他社会关系中，都存在相应的道德标准，且这些道德标准在宗法血缘关系和地缘关系的综合作用下深入人心。

显然，在中国传统社会中孕育的文化结构与法律观念，与西方的、现代的法律及司法观念都不相同，它带有中国的历史印记，反映了中国传统社会客观存在的文化结构在一定程度上维系着中国几千年的封建统治。时至今日，中国特色社会主义司法理念的制度构建依然受到传统社会文化结构的影响，这尤其体现在婚姻家庭、亲属关系等方面的立法设计中。因此深入理解作为社会文化结构中的法律及其司法观念，对于理解当今中国特色社会主义司法理念仍然具有意义。一方面，中国传统法律文化心理结构依然存在于群众心目中，如何在具体个案处理中平衡法律所规定的正义与群众心目中的正义始终考验着司法者的审判智慧；另一方面，准确把握中国传统法律文化结构与当今社会民众普遍支持的价值观念的关系，不仅有助于在司法过程中传承中华优秀传统法律文化、弘扬社会主义法治精神，也能彰显出司法者的使命担当。

诚如前述，借助《中国法律与中国社会》提供的思维线索，以具体法律制度为切入点，深入考察古代社会的文化结构，对于重塑当前司法理念至少存在以下几个方面的指导意义：

首先，法官不能"机械司法"。司法裁判不是非此即彼的简单推演，而是需要法官通过严密的逻辑推理与深刻的价值判断以实现社会利益的平衡。法律天然具有滞后性，法律条文无法涵盖所有的社会现象。而现实社会中的个案又是复杂多样的，当严格遵守法律作出的司法裁判违背了一个社会最基本的公平正义观念时，法官应当在联系社会实际、考虑公众认知的基础上及时作出修改，使司法裁判实现法律效果、政治效果与社会效果的统一。

其次，司法要契合社会文化结构，弘扬主流价值观。在司法环节弘扬主流价值观，一方面，有利于坚持依法治国与以德治国相结合。习近平总书记指出："发挥好道德的教化作用，必须以道德滋养法治精神、强化道德对法治文化的支撑作用。"〔1〕通过在司法环节体现主流价值观，才能使得司法更为符合人民的价值追求，从而增强民众信仰法律、遵守法律、捍卫法律的"向心力"。另一方面，也有利于促进主流价值观的落实，从而对中国特色社会主义法治建设起到引领作用。法官应牢固树立社会主义核心价值观，自觉将核心价值观运用到裁判文书的说理中，让裁判文书做到情理法相统一，不断提高司法裁判的权威性与认同感。

最后，司法者要保持开放的心态，敏锐洞察社会文化结构与观念。法律源于生活，生活经验的积累对法官判案至关重要。一定的社会文化结构塑造人的行为，并反映在人的日常生活中。日常生活中，往往蕴含着反映文化结构的常识常情常理。在具体适用法律的过程中，法官不仅是一个严格的法律适用者，而且应是一个洞察人世情感和文化观念的社会人，由此，日常生活经验应与司法审判有机结合起来。司法是将抽象的法律条文运用到生动的社会生活中的实践过程。司法者只有培养持续学习、敏锐观察的能力，以更加开放的心态去面对社会文化结构与观念的变迁，才能对案件形成更为精准的把握，从而作出合情合理的司法裁判。

----

〔1〕　习近平：《加快建设社会主义法治国家》，载《求是》2015 年第 1 期。

三、司法文化的历史阐释

诚如上述，对于"法律是什么"以及如何进行司法，可以从不同的角度进行解释。无论何种角度，法律在本质上是特定时期文化的产物或者反映，司法的过程亦反映法律的文化传统与内涵。自20世纪80年代以来，国内学界形成了一股从文化的视角来研究"法律是什么"的思潮。[1]例如，梁治平先生主编的《法律的文化解释》，试图主要从文化的视角对法律进行解释，与此同时，他还就中国传统法律制度的文化内涵进行阐释，形成了著名的《法辩》，其相关理论在学界产生了较大的影响力，是法律文化论的代表人物。"法律文化论"的研究进路是"用文化阐释法律、用法律阐释文化"，这种研究进路是借自孟德斯鸠在《论法的精神》中提出的"用历史去阐释法律、用法律阐释历史"。[2]这种研究进路为深入理解法律产生的历史、文化背景提供了前提。在梁治平看来，特定国家或社会中的法律总是文化形态的一部分，由此司法必然也反映出特定的文化底色。

法律是一种文化形态，到底什么是文化？梁治平指出，想要准确对"文化"进行定义，是件不容易的事，因为人们在不同场合、不同情形下都会用到文化这个词，然而这并不影响研

---

〔1〕 除了梁治平先生的研究，国内还有苏力、刘作翔、张中秋等学者曾从事法律文化研究，并产生一些代表性成果。如苏力：《法律与文学：以中国传统戏剧为材料》，生活·读书·新知三联书店2017年版；刘作翔：《法律文化理论》，商务印书馆1999年版；张中秋：《中西法律文化比较研究》，法律出版社2009年版。

〔2〕 陈柏峰等：《对话梁治平：法律文化论再审视》，载《法律和社会科学》2016年第1期。

究者从文化的角度来解释法律，因为文化是支配人类生活的活生生的东西，既可以体现在日常生活的言谈举止和文献材料中，也可以体现在建筑、文物等非文献材料中。梁治平赞同把文化看成是一个表达意义的符号系统，也即，法律的文化解释是指在纵向时间里对文化与社会的延续和变迁进行阐释，从而达到理解法律的目的。[1]而法律的目的又主要通过司法来实现，因此司法过程必然蕴含法律自身的文化底色。事实上，在中国古代法律史发展的不同历史时期，有关刑罚制度、纠纷解决程序等相关司法制度的演变也烙上了文化的印记，例如亲亲相隐制度、鞭笞刑制度等，其不同时期的规定反映出特定时期的文化内涵。蕴含在不同时期法律制度中的文化内涵，是司法文化发展的重要内容，同时司法文明的演变也跟着法律文化的发展而不断发展，这具体可以体现在历史文化比较、文化价值观念等方面。

从历史文化纵向比较来看，司法文化蕴含在法律制度演变中。司法制度史本身属于法律制度史的一部分。在中国古代，司法本身嵌入在行政体系中，由行政体系主导制定的制度大多数演变为今天所说的法律制度，因此探讨司法文明的发展在某种意义上就是探讨历朝历代法律制度的演变。法律制度史的演变与发展在很大程度上折射出司法文明的发展。不过在这个过程中，如何从历史层面看待和解释法律制度的演变，在很大程度上决定着如何看待司法文明的发展。受国外诠释学的影响，梁治平认为法律的文化解释主要包括法律如何在司法实践中被

---

〔1〕　参见胡娴：《探寻法律发展的文化基因——读〈法律的文化解释〉》，载《人民法院报》2019年12月13日，第6版。

应用、法律如何在历史长河中演变，当然，其中涵盖了法律史的研究领域，认为法律的文化解释即是法律史解释。那么在此维度下，法律的文化解释理论以何作为其研究的对象呢？梁治平认为，法律文化解释的对象不仅包括普通的历史文献、碑铭、档案和其他相关实物，还包括人类的历史经验即文化传统。[1]可见，法律发展的历史既反映在典籍档案中，也存在于普通人对法律制度的感知经验中，也即法律适用过程中对人的情感、观念的影响。在该书中，梁治平根据解释者所处的位置，分别从当事者的角度和观察者的角度来理解法律制度的演变。"当事者"角度以历史的方式存在着，重点分析特定历史环境下统治者制定一套法律制度的合理性是什么，"观察者"的视角则以中国古代传统法律为研究对象，以古代中国的文化与社会为背景，关注当初普通人对法律的认知与看法。前者往往涉及历史典籍的挖掘与探索，后者则涉及特定时期普通人对法律制度的接受、感知与认知。从历史阐释的角度探寻司法的文化底色，需要充分结合两个角度，才能全面准确地把握历史层面的司法到底如何体现和维护特定时期的文化。

此外，从横向的历史比较来看，梁治平在该书中提出，法律的文化解释不仅探究具体、独特的人类经验，而且关心人类共同的普遍经验，成熟的文化解释理论亦不会忽略文化与社会延续和变迁两方面的事实。对此，梁治平还从不同类型的国家与法的形成过程及其特点出发，阐释法律的发展，认为古希腊、罗马国家的法肇始于平民与贵族之间的冲突，它们是社会妥协

---

〔1〕 梁治平编：《法律的文化解释》，生活·读书·新知三联书店1994年版，第58页。

的结果，而不是以暴力的形式强制施加于对方的命令，在此历史前提下，古希腊城邦国家的政治正义论和罗马的私法才可以繁盛发达起来，西方文明才得以发展成今天这个样子。在中国古代，国家并非"公共权力"的表现形式，而是一族一姓施行其合法武力的恰当形式，在此历史前提下，中国法律缓慢向前发展。在法律的独立性方面，中国古代刑罚与道德戒条相结合，使得原本是道德的规范同时履行法的职能，法律与道德、礼仪、伦常之间界限模糊。在法律的分类方面，中国古代的法律虽然形式多样，内容庞杂，但其本质上仅仅是"公法"，并且只能是"公法"，这并非说中国古代没有可以称之为"民事"的种种关系，而是说调整这类关系的法律并不具有私法或民法的性质。

在对历史文化比较过程中，传统文化价值观念始终构成中国特色司法文化生成的底色。梁治平认为，古代法律的立场为礼、义、理，具体化即为孝亲原则，它代表了人与人之间的和谐，人与人之间和睦相处，无讼原则由此产生。发展到现代社会，孝亲原则依旧发挥着重要作用，影响着纠纷的有效解决。为了达到合理解决纠纷，同时实现孝亲关系依旧和谐的目的，司法机关在运用诉讼方式解决纠纷的同时，应积极运用非诉讼方式如调解、当事人和解、仲裁等方式解决纠纷，这既有助于完善社会治理体系，提高社会治理能力，又有助于整合司法资源，提高司法效率。此外，家事案件争议兼具人身和财产属性，法理与情理交织，内容更为庞杂。梁治平认为，在涉及家庭关系的法律里面，立继一类问题有着代表性意义，不仅因其有着数量上的多数，而且它最能够表明家的原则及其对财产关系的支配。立继原本受宗法规则的支配，然而又摆脱不了财利的纠葛，因此极易造成"财"与"礼"相对抗之势。发展到现代社会，转变为民法上的继承制度，面对这种困境，要想使民法意义上的继承制度完全摆脱宗法色彩，几乎没有可能，只有通过立法明确法定继承人的范围、重构法定继承顺序，完善家事司法制度等，才能缓和"财"与"礼"之间的相对抗之势。由此，传统意义上的文化价值观念嵌入在制度设计中，并影响着司法实践，从而生成了与传统文化观念相适应的司法文化。从这个意义上讲，深刻理解当前司法理念的形成，离不开在法律制度历史演变中探寻背后传统文化价值观念的塑造机制。

本章小结

区别以往研究从理论层面深入解读司法的经典理念，本章主要探寻国内外法律经典名著中蕴含的法思想与法理念，并以此为线索，深入挖掘背后的司法理念，既在理论高度梳理了经典著作中的核心思想，也借经典著作中的案例素材来阐释司法的一般理念，将抽象司法之理与现实司法实践相结合。法人类学经典著作《原始社会的犯罪与习俗》阐释了国家法以外的习惯法需要在司法实践中得以重视，而法社会学经典著作《社会分工论》通过对司法过程中的刑法及其社会本质进行理论解读，进一步补充阐明了国家法律的社会整合功能相比而言，《洞穴奇案》则较为全面地呈现了司法过程的复杂性以及需要考虑的道德因素，进一步深刻揭示了司法总是绕不开道德因素的考量。这些法律经典蕴含的法思想与法理念都比较丰富，通过从不同角度进行理论解读可以深刻阐述司法过程中的经典理念。不过，它们并没有完全阐述中国特色社会主义司法理念。中国特色社会主义司法理念之所以显著区别于其他国家的司法制度，就在于它具有鲜明的传统文化底色。融入中国传统文化观念和结构深入思考司法理念会发现，司法实践蕴含着伦理底色，中国传统法律本身属于中国社会文化结构的一部分，它不仅是政治制度和刑罚制度的表达，而且综合了礼仪、伦理、尊卑等级、身份等相关制度，因而在此基础上建立的法律制度及其司法实践，总是受特定社会文化结构制约。法律的文化解释，不仅是对法律背后的文化内涵进行梳理，更是实质表达了不同国家的文化背景塑造了差异化的法律制度。从文化的角度来解释法律，主要涉及法律发展的历史比较及其文化价值理念的演绎。这些方面的解读既阐明了法律的多维面相，同时也从不同侧面具体勾勒了司法文明发展的轮廓。这是因为，一个国家的司法制度是法律制度的一部分，司法文明发展与法律制度发展如影随形。通过解读并对比国内外经典中的司法理念，进一步明确了中国特色社会主义司法理念的基本内涵，也为考究司法实践奠定了前提与理论基础。

第二章　司法政策的实践展开

如果说前述章节只是在思想层面呈现了一些司法的经典理念，那么本章论述的司法政策及其实践则是具体展现这些理念的载体。在经济社会发展过程中，既需要依靠法律进行规范与引导，也需要依靠党的政策进行引领和调试。在中国语境下，党的政策与国家法律在调整社会生活过程中都发挥了重要作用。习近平总书记指出，党的政策和国家法律是人民根本意志的反映，在本质上是一致的，统一于人民的根本意志。党的政策是国家法律的先导和指引，是立法的依据和执法司法活动的重要指导。党的政策成为国家法律后，实施法律就是贯彻党的意志，依法办事就是执行党的政策。党既领导人民制定宪法和法律，也领导人民执行宪法和法律，党自身必须在宪法和法律范围内活动。我们要从这个高度深刻把握，坚持党的领导，就是要支持人民当家作主，实施好依法治国这个党领导人民治理国家的基本方略，真正做到党领导立法、保证执法、带头守法。政法工作要从这个全局，自觉维护党的政策和国家法律的权威性，确保党的政策和国家法律得到统一正确实施。[1]

---

〔1〕《围绕"两个关系"加强党的领导——论学习贯彻习近平同志在中央政法工作会议重要讲话》，载 https://www.gov.cn/jrzg/2014-01/10/content_2563407.htm，最后访问日期：2023 年 7 月 23 日。

　　司法政策是党的政策在司法领域的具体转化，能够指引法官作出司法判决，也必然在实践层面发挥重要功能。从实践层面看，司法政策并非采取固定的表现形式，司法政策是依据经济社会发展的具体需要以及特殊个案中所呈现出来的利益关系适时出台或者制定的，并主要通过司法意见、司法文件、司法解释以及会议纪要等形式灵活呈现。值得注意的是，虽然在官方文件中频繁出现"司法政策"这个概念，但目前尚无统一权威的界定。本章所指的"司法政策"特指人民法院为适应经济社会发展和推动社会治理的需要，出台的与司法职能履行相一致，旨在规范司法行为、加强司法管理等方面的相关政策。

　　区别以往在个案中分析司法政策如何被适用、司法政策适用的正当性与合理性，本章旨在分析司法政策在实践层面是如何呈现的、其蕴含了什么样的逻辑等重要问题。为了更加丰富地呈现司法政策与社会发展的互动关系，深刻揭示司法政策的具体展开，有效反映出司法政策的实践逻辑，在对司法政策有基本定位的前提下，本章以不同时期的家事审判政策作为切入口，从历史层面勾勒不同时期家事司法政策的演变轨迹，并解读司法政策如何回应不同时期家事审判实践的需要。

第一节　司法政策的定位

　　如何在理论上准确定位司法政策，关系到在实践中如何看待其演变规律。通过考察司法政策的内涵、形成以及主要特征，能够在理论层面较为全面地掌握司法政策的定位。

一、司法政策的内涵

其实，司法政策到底是什么？本身并无一个准确定义。关于司法政策的基本内涵，基于司法政策的制定主体不同，司法政策的功能、目标等不同，当前不同学者存在不同的定义。有学者认为，"司法政策是为了解决司法问题，由社会公共权威制定的指导司法活动的方针策略。"[1]也有学者认为，"司法政策是由司法机关所制定的各种行动准则，其目的是解决一定时期所面临的司法问题。"[2]有学者认为"司法政策是在党的总政策领导下，司法机关为解决司法实践中的现实问题而采取的措施、规程和原则。"[3]还有学者认为，"司法政策是指在某一时期，司法机关为贯彻执行国家政策，针对特定的司法问题而做出的司法决策。"[4]相关的观点还包括："司法政策既是制度运行过程中政治与法律相互作用的产物，同时也是权力结构的产物；是一个重新界分现有权力关系与格局过程的结果。"[5]从上述这些定义中我们会发现，关于司法政策的概念，学者们在制定主体、政策功能及政策目标等方面具有不同的理解，这虽为我们理解司法政策的概念提供了不同视角，但在另一层面也表明，想要对司法政策下一个明确具体的定义有一定的困难，目前学

---

〔1〕 参见宁静：《司法政策的法理思考》，广西师范大学 2008 年硕士学位论文。

〔2〕 章志远：《我国司法政策变迁与行政诉讼法学的新课题》，载《浙江学刊》2009 年第 5 期。

〔3〕 齐恩平、李超：《党的政策、司法政策与民事司法嬗变》，载《学习论坛》2010 年第 12 期。

〔4〕 胡桥：《中国能动司法内涵解析》，载《浙江工商大学学报》2010 年第 4 期。

〔5〕 李大勇：《论司法政策的正当性》，载《法律科学（西北政法大学学报）》2017 年第 1 期。

界对此尚未形成明确统一的概念。

一般认为，司法政策，即司法领域的公共政策，与司法活动息息相关。通常指国家司法机关为了解决特定的司法问题而制定的司法策略和司法准则。基于制定主体的不同，将司法政策定义为广义上的司法政策和狭义上的司法政策。广义司法政策的制定主体包括所有国家机关，具体包括执政党、国家权力机关、司法机关等，而狭义司法政策的制定主体，通常特指人民法院和人民检察院等司法机关。例如最高司法机关所制定的司法解释、司法文件、最高司法机关每年度的工作报告、最高司法机关领导人的重要讲话等。[1]笔者认为，关于司法政策定义具体的涵摄范围，应该采取狭义的概念来进行研究，特指司法机关所制定的关于司法活动、司法管理的公共政策。司法政策必然带有司法属性，与其他领域的政策还是有本质区别，因此在制定主体层面，不能无限制地扩大到其他党政机关，而应限定为司法机关。不过，在我国司法制度的语境中，虽然"司法机关"包括履行司法职责的人民检察院、司法行政部门、公安部门、监狱等机关，但从学理的通说来看，司法机关往往指的是人民法院，这种认识符合司法实践中的通用惯例。此外，从学理角度看，人民法院行使国家审判权，具有终局性和权威性，其作出的司法裁判本身具有一定的公共政策属性，因此有学者认为人民法院的司法是一种公共政策司法，体现了司法参与公共治理能力。[2]

---

〔1〕　刘武俊：《司法政策的基本理论初探》，载《中国司法》2012 年第 3 期。
〔2〕　方乐：《司法参与公共治理的方式、风险与规避——以共政策司法为例》，载《浙江社会科学》2018 年第 1 期。

二、司法政策的形成

一项司法政策的形成总是有其特定的背景。一般而言，司法政策的形成背景主要是回应司法实践中急需要解决的现实问题。例如，为了贯彻中央的大政方针，统一司法裁判的尺度与标准，最高人民法院通常会制定相应的司法政策。相应地，地方各级人民法院为了回应地方社会治理的需要以及保障经济社会发展，通常也会制定相应司法政策，以指导法官在处理相关案件时统一正确适用法律。因此，从这个意义上讲，司法政策的出台或制定并不是为了否定既定的法律秩序，而是在既定的法律秩序框架内，指引法官作出正确的判决。当前，在国内司法实践过程中，坚持在具体个案中实现法律效果与社会效果相统一已成为一项基本的司法政策。[1]这里的社会效果应在法律效果范围内，也就是说社会效果并不否定法律效果，而只是法律效果的派生。此外，司法政策的出台并不意味着既有的法律没有规定，而指的是运用司法政策能够更加精准地理解或解释法律，从而在既定的法律框架内选择最适合实现法律效果与社会效果相统一的法解释方案。因此，司法政策的产生与形成，其前提是不能和既有法律体系相冲突，并且其产生应以法律有效实施并解决现实问题为目标。不过，这里的目标实现应符合司法政策的政治方向。有学者认为，司法政策以一种独特的形式，把党的领导与司法工作连接起来，把特定时期国家的中心任务与具体案件裁判连接起来，从而在解决司法个案的

---

〔1〕 孔祥俊：《论法律效果与社会效果的统一———一项基本司法政策的法理分析》，载《法律适用》2005 年第 1 期。

同时，引导司法参与社会治理，推动国家宏观目标在司法中得以实现。[1]按照这种理解，司法政策的形成总是蕴含了多重目标，并且往往与国家法律蕴含的治理目标在本质上是一致的。总体上看，转型期的司法政策应在法律的框架内，兼顾经济社会发展实际，注意法律手段与政治行政手段的综合运用，同时应努力扩大法律手段尤其是通过司法解决社会纠纷的能力。[2]

从司法政策的政治属性看，司法政策的形成要始终与党中央保持一致，在党中央的领导下，根据国家政策、社会发展形势等适时进行制定或调整，在动态变化中寻求平衡，以更好地解决我国司法实践中的司法难题。正如学者指出，"社会主义法治最关键的一点是党的领导下的法治建设与法律活动。"[3]但与此同时，司法政策的形成不仅应当有政治系统的支持，还需有公众民意的支撑。司法政策的形成过程，是一个利益互动的过程，体现着司法需要、社会需要和政治需要等多种利益的博弈，并在相互博弈中选取最佳的利益平衡状态。[4]在这个多元利益相互博弈的过程中，司法政策要得到社会公众的认同，其形成就必须尊重公共意志，密切关注人民群众在不同时期的不同司法需求。此外在程序方面，司法政策的形成应在法律框架内进行，严格依照法律的规定、原则和精神形成相关司法政策。诚如哈耶克所言："在进行特定决策过程中，必须遵循一般性规

〔1〕 李红勃：《通过政策的司法治理》，载《中国法学》2020 年第 3 期。

〔2〕 龙宗智：《转型期的法治与司法政策》，载《法商研究》2007 年第 2 期。

〔3〕 龙宗智：《转型期的法治与司法政策》，载《法商研究》2007 年第 2 期。

〔4〕 冯磊：《论司法政策》，载徐昕主编：《司法》（第 10 辑），厦门大学出版社 2016 年版，第 1~155 页。

则，即便是多数也不能破坏这些规则。"[1]然而，相对于立法活动的严格程序，司法政策的形成程序较为灵活，大致包含政策确定目标、调研收集信息、拟定政策方案、评估抉择决策和正式颁布等环节。[2]

在形成来源以及表现形式上，我国司法政策的形成来源有多种，因而其在表现形态上亦是多种多样的，既包括司法机关所制定的司法解释、司法文件，也包括司法机关所做工作报告、领导人的相关讲话等，其中最高人民法院是司法政策制定的重要主体。在最高人民法院网站上，《中华人民共和国最高人民法院公报》一栏收录了从创建起至今发布的工作报告、司法文件（通知、意见、决定等）、司法解释等，《人民法院报》每年也会评选最高人民法院十大司法政策，例如，在《2011 年度最高法院十大司法政策》中，就将《最高人民法院关于适用〈中华人民共和国婚姻法〉若干问题的解释（三）》《最高人民法院、最高人民检察院关于办理诈骗刑事案件具体应用法律若干问题的解释》等纳入其中，这些司法政策关注社会热点问题，积极回应人民群众多元化的司法需求，同时要处理的问题也最具代表性和影响性，并且直观地向公众展现了司法政策的社会回应性。在具体的司法实践中，由于社会生活是复杂的，人民法院处理的案件也是十分繁杂的，特别是涉及一些社会公众广泛关注、案情十分复杂而法律规定模糊或者存在交叉规定的情形，此时法官在审理具体案件中通常会参照司法政策，以统一适用

---

〔1〕 [英] 哈耶克：《法律、立法与自由》（第 2、3 卷），邓正来等译，中国大百科全书出版社 2000 年版，第 290 页。

〔2〕 刘武俊：《司法政策的基本理论初探》，载《中国司法》2012 年第 3 期。

法律的尺度与标准。此外，司法政策为法官裁判提供了指引，从而保障司法裁判的法律效果与社会效果相统一。当然，在司法政策的内容层次上，不同领域存在不同的司法政策，例如，刑事司法领域的宽严相济、少捕慎诉慎押等政策，以及民事司法领域的鼓励交易、弘扬社会主义核心价值观等政策。从不同的角度，可以对司法政策划分不同的类型。[1]不同类型的司法政策的生成过程、适用范围等都存在不同程度的差别。

三、司法政策的特征

虽然学界并没有对司法政策形成统一定义，但从实践层面看，司法政策却呈现出一些显著特征。司法政策作为法学特别是理论法学关注的重要内容，从学理层面看，其主要具有以下特征：

第一，司法政策具有指导性。这里的"指导性"是相对于国家法律的强制性而言，从效力上来看，司法政策的效力显然低于国家法律。国家法律具有强制性，这是法律得以被实现的最终保障。区别于法律的强制性，司法政策是司法机关所制定的关于司法活动或司法管理的公共政策，其效力范围仅限于某一个问题或者某一领域的事项，在适用过程中往往仅具有参考性质，因而总体上司法政策对现实关系的调整仅具有指导性。这种指导性表现为以下两个方面：一方面，为深入贯彻某一时期或某个领域的国家大政方针和重要思想，司法机关常常制定相关指导性意见，以体现司法活动中的意志倾向性；另一方面，为顺应社会发展变化趋势，有效回应社会发展的各种利益诉求，

---

[1]　刘武俊：《司法政策的基本理论初探》，载《中国司法》2012 年第 3 期。

指导法官准确适用法律，司法机关通常也会出台相关司法政策以指引司法活动。当然，由于司法政策的效力仅具有指导性，因此这种指导性是有边界的，必须在法律的框架内，不得逾越法律的界限。

第二，司法政策具有时效性。这里的时效性指的是司法政策一般而言是应对特定问题的法律适用而出台的，因而其出台总是因时而变。法律作为一种社会规范，具有相对稳定性，这是法律得以成为社会规范，并且充分发挥其作用的基本要素，但面对社会的日新月异，其对某些社会问题的解决或回应明确具有滞后性。而司法政策是司法机关在某一特定时期为解决特定司法问题而提出的，具有时效性特征，能够针对司法机关在司法实践中遇到的适用难题作出及时的回应。与此同时，针对已有的不适应社会发展实际以及审判工作实践的司法政策，司法机关能够进行废止或者清理。例如，2019 年 7 月，最高人民法院出台《最高人民法院关于废止部分司法解释（第十三批）的决定》，废止部分不适宜当下社会发展的司法解释，这表明司法政策具有时效性特征。除了废止之外，最高人民法院还定期对司法解释进行清理，以适应新的法律实施。[1]

第三，司法政策具有能动性。司法政策的能动性是相对于司法审判的被动性而言。司法审判的被动性是相对于当事人而言，而司法政策的能动性主要基于司法权在国家权力格局中的社会治理定位。在国家治理现代化视域下，司法机关在履行审

---

〔1〕《最高法全面完成司法解释清理并发布首批民法典配套司法解释 废止 116 件司法解释及规范性文件》，载 https://www.court.gov.cn/zixun/xiangqing/282451.html，最后访问日期：2023 年 7 月 23 日。

判职能时应充分发挥司法的能动性，主动回应社会治理需求。司法政策的能动性体现在表现在两方面，一方面，司法机关积极应对经济和社会的不断发展变化，在服务经济社会发展大局、维护社会和谐稳定方面具有能动的宏观调控作用。另一方面，在某些问题的法律适用方面具有导向性，司法政策具有一定的方向指引功能，帮助法官精准适用法律，防止"机械司法"现象的产生。司法政策的能动性最终需要法官在具体个案中把握，因此法官在处理个案问题时具有一定的自由裁量权，这在一定程度上能够弥补司法审判被动性带来的缺憾，及时回应社会治理需求。

综合来看，司法政策的指导性、时效性与能动性决定了司法政策相比法律而言具有更多的灵活性。这里的灵活性是相对于法律的僵硬性而言。在司法实践中，司法政策的灵活性主要体现为两个方面：一方面，就司法政策的制定而言，司法政策能够根据社会的发展变化，针对司法机关在司法实践中所面对的新型及疑难司法问题及时做出有针对性的回应。另一方面，司法政策的贯彻运用具有灵活性，司法政策在某些情形下是原则性的，它通常针对所要解决的司法问题提出一个原则或计划，在实际司法实践中运用起来较为灵活。正是因为司法政策的灵活性，所以司法政策在实践中相比国家法律而言具有很多优势。可以说，司法政策的灵活性在一定程度上赋予了司法机关在适用法律过程中的弹性，弥补了国家法律的刚性。

司法政策的指导性、时效性及能动性，既蕴含了政策的一般属性，也体现了司法领域中的规范特性。可以看出，司法政策是一种独特的存在，它体现的是党和国家的阶段性政治意志，因而具有政策灵活性的一面；同时，它往往又是最高司法机关针对司法活动提出的具体要求，因而多少又带有准规范性和准强制性的一面。[1]

第二节 司法政策的实践功能

在现代法治社会，司法政策的存在有其必然性和正当性。有学者认为，作为一种具有时代性和地方性特色的司法机制，司法政策在转型时期中国司法运行中扮演了特殊的角色，承担了特定的政治、法律和社会功能。[2]因此从功能定位来看，需要把司法政策放置在国家、法院、社会三者之间的结构格局中思考。具体来看，司法政策在实践层面至少充当了以下几方面的功能：服务国家发展大局、引导司法裁判、推进社会治理。

第一，司法政策在实践层面将服务国家发展大局。诚如上述，司法政策是党的政策在司法领域的具体体现，有其特殊的使命任务。有学者认为，司法政策提供了一种沟通机制，一边连接政治，一边连接法律，它成为国家政治意志进入司法、影响裁判的稳妥和常见的方式。[3]也即，遇有国家经济发展大政方针出台时，最高人民法院大都会出台相应的司法政策进行司法保障。从形式上看，最高人民法院常以"通知""意见""指导意见"等形式出台司法政策，以在宏观上把握国家重要战略部署在司法领域的发展要求和司法导向，从而避免司法导向与国家战略发展要求相背离。例如，在国家提出"一带一路"的

---

〔1〕 李红勃：《通过政策的司法治理》，载《中国法学》2020年第3期。
〔2〕 李红勃：《通过政策的司法治理》，载《中国法学》2020年第3期。
〔3〕 李红勃：《通过政策的司法治理》，载《中国法学》2020年第3期。

战略规划之后，最高人民法院随即出台《最高人民法院关于人民法院为"一带一路"建设提供司法服务和保障的若干意见》（法发〔2015〕9号）、《最高人民法院关于人民法院进一步为"一带一路"建设提供司法服务和保障的意见》（法发〔2019〕29号）等司法政策进行配套服务与保障，以贯彻落实国家政治意志。可见，司法政策作为执政党调控司法的一种方式，始终要服务国家发展大局。

第二，司法政策在实务层面还将引领法官司法裁判。法律的稳定性为人们的社会行为确立了稳定预期，人们可以根据法律规则预知自己行为的法律后果。正是由于法律规则的规范性、概括性及稳定性，人们对于自己的社会行为才获得某种程度上的安全感。然而，伴随着社会生活的不断发展，法律规则在适用过程中不可避免地面临滞后、调整范围有限等诸多窘境。倘若立法机关对于所遇到的诸多法律漏洞都以立法的方式加以解决，不仅成本高昂，并且一定程度上会动摇法律的权威性，而司法政策具有灵活性，能及时针对司法实践中的法律适用难题作出有效回应，从而在一定程度上能够弥补法律规则的诸多漏洞，这主要体现在司法政策对法官裁判理念的引领上。裁判理念与司法裁判过程密切相关，不同的裁判理念可能引起不同的裁判结果，尤其是在法官拥有较大的自由裁量权时，往往需要用司法政策进行限缩与引领。例如，在2016年公布的《最高人民法院关于开展家事审判方式和工作机制改革试点工作的意见》（已修改）中就明确指出，在家事审判过程中要树立家庭本位的裁判理念，这对于法官审理家事案件具有重要的规范和指引作用。

虽然司法政策的出台具有灵活性，但并非意味着可以随意出台，而是应司法裁判之所需，为更好地解决司法裁判过程中的法律适用难题、实现司法治理才采取的司法举措。司法政策的贯彻落实依赖于司法裁判过程的支持，司法政策同时也引领着司法裁判过程，具体体现为：①部分司法政策贯彻落实中央重大决策部署，为司法裁判过程提供价值导向；②部分司法政策可以作为裁判理由。例如，在 2009 年公布的《最高人民法院关于裁判文书引用法律、法规等规范性法律文件的规定》中就明确指出，在合法有效的情形下，司法政策可以在裁判说理部分加以参照或援引，这为司法政策的引用问题作出了明确指引。此外，司法政策还具有引领域裁判标准的功能。诚如博登海默所说，"将统一裁判标准运用于相似或相同事实，有益于社会秩序的稳定性和一致性，从而保证司法的公正运转。"[1]在司法实践中，影响司法公信力的因素有许多，其中，同案不同判是重要的影响因素。例如，关于家庭暴力犯罪的定罪处理，不同地区的法官具有不同的判断或认知，因而形成了不同的裁判结果。2015 年，最高人民法院在总结各地实际情况以及适用法律时所考量的相关因素的基础上，联合最高人民检察院、公安部、司法部印发了《关于依法办理家庭暴力犯罪案件的意见》，就处理家庭暴力犯罪案件的基本原则、案件受理及定罪处罚等进行了统一规定，这在一定程度上统一了办案标准和裁判尺度，使得各地人民法院在法律适用上更具针对性，从而保证类案尽可能同判。

第三，司法政策还将在实践中发挥社会治理功能。司法政策的形成在我国属于政法体制运行的重要组成部分，亦是国家进行社会治理的一种重要方式，对于社会治理尤其是司法治理

---

〔1〕 ［美］E. 博登海默：《法理学：法律哲学与法律方法》，邓正来译，中国政法大学出版社 2017 年版，第 251～252 页。

具有一定的调控功能。通常而言，政法机关担当着维护社会稳定的职责使命，人民法院作为政法机关的重要组成部分，在维护社会稳定、保障人民权益方面发挥重要作用。在实践中，对于疑难复杂、特殊类型或者新型案件的处理，往往需要考虑司法政策、考虑司法的社会效果，而不仅仅是机械适用法律。此时，司法政策在实践中将引导法官的裁判方向，发挥社会治理功能。法官在参考司法政策裁判时，不仅需要考虑既有的法律规定，也需要考虑司法政策的主流导向，不仅需要融入司法政策去精准适用法律，更需要考虑司法裁判作出后是否会产生一定的社会效果、是否能够深化社会治理。因此，从这个意义讲，司法是社会治理体系的有机组成部分，作为微观社会矛盾纠纷的灵敏显示器和社会治理状态的预警机，为法治的发展提供反思机制，发挥制度变革的"微调器"功能，促进社会制度变革与社会发展的平稳结合，是其发挥社会治理功能优越性之所在。[1]对于基层社会而言，司法机制之所以要进入基层社会治理的论域，既与宏观层面上公共事务治道变革的趋势相关，也与当代中国基层社会矛盾冲突、诉讼案件不断攀升的现实社会情境相互关联。[2]也即，当常规的司法资源不足以应对高发的社会矛盾，而维稳又成为国家的中心任务时，司法政策就会从法治化偏向治理化。[3]例如，针对特定时期的社会治理需要，从二十世纪八九十年代的"严打"刑事司法政策，到当今的

---

〔1〕　杨建军：《通过司法的社会治理》，载《法学论坛》2014 年第 2 期。

〔2〕　李炳烁：《通过司法的基层社会治理：解释框架与转型空间》，载《江苏社会科学》2018 年第 3 期。

〔3〕　钱大军、薛爱昌：《司法政策的治理化与地方实践的"运动化"——以 2007—2012 年的司法改革为例》，载《学习与探索》2015 年第 2 期。

"扫黑除恶""枫桥经验""诉源治理"社会治理政策，反映了不同时期面临的社会治安形势不同，司法政策适应社会治理新形势和新需求不断调整和优化。

诚如前述，司法政策在定位上应该理解为人民法院为贯彻落实党的政策、规范司法活动、强化司法管理而制定出台的对司法人员具有一定约束力的公共政策，其具体表现形态有多种，既可包括司法机关所制定的司法解释和司法文件，也可包括司法机关所做的工作报告和司法机关领导人的相关讲话等。与此同时，司法政策在实践层面还将发挥服务国家发展大局、引领司法裁判、推进社会治理等方面的功能。为了深入理解司法政策的定位及其在实践中的功能展开，本章接下来将以婚姻家庭案件的司法政策为探讨对象，具体以最高人民法院网站上的《中华人民共和国最高人民法院公报》为主要分析样本，主要以《中华人民共和国最高人民法院公报》之中最高人民法院工作报告、最高人民法院领导人重要讲话、司法解释及司法文件中与婚姻家庭案件调解相关的司法政策为研究对象，系统梳理改革开放至 1984 年间的婚姻家庭案件调解司法政策，研究 1978 年～2022 年人民法院调解婚姻家庭案件的司法政策变迁，充分印证司法政策的定位及其实践功能，从而深入理解司法政策实践中的法理。

第三节　司法政策的实践逻辑：对婚姻家事司法政策演变的考察

在经济社会发展的一定时期，婚姻家庭关系的稳定对于促进经济社会发展而言具有基础性作用。婚姻家庭矛盾的激化，不仅会对当事人的身体和心理造成一定的伤害，也有可能导致个人情绪的爆发进而展开社会报复，这不利于婚姻家庭纠纷的解决，严重者甚至扰乱社会的和谐与稳定。实践中，有别于一般的民事案件，婚姻家庭案件具有身份性、情感性、社会性等特殊属性，正是因为其较为特殊，导致婚姻家庭案件的处理时常面临"裁判容易，了事难"的困境。因此，考虑到婚姻家庭案件的特有属性，为有效解决婚姻家庭纠纷，实现纠纷解决的最终目的，满足人民群众日益增长的司法诉求，实现社会和谐，就有必要出台相关司法政策，以指导司法实践。其中，司法调解作为柔性解纷的重要方式，成为公认的解决婚姻家庭纠纷的重要途径之一。[1]由于相关法律的滞后性和局限性，家事司法政策在人民法院调解婚姻家庭案件过程中发挥着重要的指导作用。本部分即以改革开放以来人民法院调解婚姻家庭案件的司法政策变迁及内在逻辑为着眼点，具体阐述婚姻家事审判中司法政策的调试，进而从微观层面呈现出婚姻家事案件司法政策的实践面向。

一、婚姻家事案件调解中的司法政策

家庭是社会的基本细胞，婚姻家庭关系是建立在两性自然关系基础上的一种社会关系。经济社会发展的稳定依赖于婚姻家庭关系的稳定。而不同时期的经济社会发展对家庭关系的影响与冲击不一样，与之相对的是，不同时期的家事司法政策也不一样，司法政策不断调试经济社会发展对家庭关系的各种冲击，尽可能发挥司法在修复家庭关系、维护家庭稳定上的重要

---

〔1〕 蒋月：《构建婚姻家庭诉讼司法调解制度》，载《甘肃社会科学》2008 年第 1 期。

作用。作为国家政策在司法领域的具体化，司法政策是确保司法合法性、合目的性、合正义性的调节器，在司法实践中发挥着重要作用。而法院调解作为司法活动的重要方式，相比于法院判决，其与司法政策的联系更为密切，这尤为体现在婚姻家庭案件的调解过程中，由于婚姻家庭纠纷的特殊性，家事司法政策在人民法院调解婚姻家庭案件过程中发挥着重要的指导作用。

司法调解是指在法院审判人员的主持下，当事人根据自愿原则就民事权益争议进行平等协商，达成协议，从而解决纠纷的诉讼活动。其与司法政策有着更为密切的联系。一方面，司法政策是司法调解的重要规范来源。当前在我国民事诉讼法中，相较于审判程序而言，关于司法调解的专门条款少之又少，这大体与司法调解的"流动性与非正式性"[1]特征相关，而关于司法调解的制度规范，以通知、意见、规定等形式见诸相关司法政策偏多。这些司法政策规定了司法调解的程序、情形及转化为诉讼的要件等方面内容，构成司法调解最直接的制度规范。另一方面，从实践层面看，司法调解对于司法政策较为倚重。随着经济社会不断向前发展，国家各种发展战略、社会治理方略不断出台。如上所述，司法政策能从宏观上把握国家重要战略部署在司法领域的发展要求和司法导向，从而及时贯彻落实国家重大战略部署，并且能够引领法官的司法裁判，深入推进社会治理，这些功能亦能够在法院调解案件尤其是具有特殊属性的婚姻家庭类案件中得到体现。

有别于一般的民事案件，婚姻家庭案件具有其特殊性，这

---

〔1〕 ［美］马丁·P. 戈尔丁：《法律哲学》，齐海滨译，生活·读书·新知三联书店 1987 年版，第 223 页。

使得司法调解适用于婚姻家庭案件具有极大的必要性和优势。[1]婚姻家庭案件是人身关系与财产关系相复合的案件。其中，人身关系是其主要方面，财产关系伴随着人身关系的变化而变化。因此，区别于一般的民事纠纷，婚姻家庭纠纷具有其特定属性。首先，婚姻家庭纠纷具有身份性。有别于一般的民事纠纷，婚姻家庭纠纷是在特定身份当事人之间产生的纠纷，基于婚姻、血缘等身份关系的存在而存在，这种身份关系是在一定时期内所固有的，具有可持续性，并且是脆弱的，亲密家庭成员之间产生的伤害容易留下深深的伤痕。因此，在婚姻家庭案件的相关法律规范及司法实践中，对于其身份属性的维护及尊重极为必要，要注重对于家庭成员间人际关系的调整。其次，婚姻家庭纠纷具有情感性。家庭成员之间朝夕相处，产生摩擦在所难免，"情感"是维系家庭关系存在的重要纽带，也正是因为"情感"因素的存在，意味着婚姻家庭纠纷不仅仅涉及利益的冲突，而且牵扯"情感"的纠葛，司法机关在适用法律时必须予以尊重。一般的民事纠纷大都可以通过法律干预、金钱赔偿等方式进行一次性解决，而婚姻家庭纠纷则与此不同，其往往与个人情感紧密相连，因此有别于一般的民事纠纷，对于婚姻家庭纠纷的处理，需要着眼于当事人之间的情感状况，以缓和或修复当事人之间的婚姻家庭关系为最终解纷目的，而不适宜简单直接运用权威性的裁判来"明辨是非"。最后，婚姻家庭纠纷具有社会性。由婚姻组建家庭，进而构成社会的基本单元。在社会关系发生变化时，婚姻家庭关系也会发生相应的

---

〔1〕　蒋月：《构建婚姻家庭诉讼司法调解制度》，载《甘肃社会科学》2008年第1期。

变化。反之，婚姻家庭纠纷的处理也会导致整个社会关系的发展演变。因此在处理婚姻家庭案件过程中，在实现法律效果的同时，亦须兼顾社会效果，实现法律效果和社会效果的统一。因此，考虑到婚姻家庭案件的固有属性，为有效解决婚姻家庭纠纷，满足人民群众日益增长的司法诉求，实现社会和谐，司法调解作为柔性解纷的重要方式，成为公认的解决婚姻家庭纠纷的重要途径之一。[1]

在人民法院运用调解的方式处理婚姻家庭纠纷过程中，由于关于婚姻家庭案件调解的相关法律主要散见于《中华人民共和国民法典》《中华人民共和国民事诉讼法》等法律之中，且多为原则性规定，单纯针对婚姻家庭案件调解的具体细化规范很少，因此相关司法政策成为人民法院适用法律调解婚姻家庭案件的主要规范来源，并且在人民法院调解婚姻家庭案件过程中始终发挥着重要指导作用。不同的是，在不同时期，司法政策指导婚姻家庭案件调解的侧重点有所不同。改革开放以来，存在一个政策的变迁过程，并总体推动着人民法院调解婚姻家庭案件的不断向前发展。是故，本节接下来将从历史层面呈现不同时期家事司法政策的演变，其中主要以人民法院调解婚姻家庭案件的司法政策为考察对象，并通过梳理其中的历史脉络，分析司法政策在实践中如何发挥其功能，最后归纳总结司法政策实践演变的规律。

二、不同时期婚姻家事案件调解的司法政策

改革开放以来，人民法院调解婚姻家庭案件的司法政策经

---

[1] 蒋月：《构建婚姻家庭诉讼司法调解制度》，载《甘肃社会科学》2008年第1期。

历了一个较为漫长的变迁历程，在不同社会背景之下，调解方式有所不同，致力于婚姻家庭关系修复的侧重点亦有所不同。接下来以《中华人民共和国最高人民法院公报》为主要分析样本，梳理 1978 年~2023 年人民法院调解婚姻家庭案件的司法政策变迁。根据不同时期人民法院调解婚姻家庭案件相关司法政策的不同，将其主要划分为以下四个阶段：

（一）从"调解为主"到"着重调解"，改善和巩固婚姻家庭关系（1978 年~1990 年）

1978 年年底，党的十一届三中全会在政治路线上进行了拨乱反正，重新确立了我们党的政治路线，果断停止使用"以阶级斗争为纲"的错误方针，将党和国家的工作重心转移到经济建设上来，并且做出了实行改革开放的伟大决策。这次会议，从根本上冲破了长期以来"左"倾思想的严重束缚，重新确立起了实事求是的思想路线，为我国婚姻家庭案件调解政策的转变提供了一个良好的外在环境。伴随着社会法制建设与改革的进行，社会法制意识的提升，在调解程序方面，立法者们意识到，之前"调解为主"的政策已无法适应社会发展的需要，其在理解上易于使得审判人员产生认知误解和偏差，即案件审判以"调解为主"，那么当然得以"审判为辅"，因而造成审判人员盲目重视调解而不重视判决的情形，这在法制建设不断完善的当时是不合时宜的，亟须对其做出转变。为了改变这种局面，1982 年通过了《中华人民共和国民事诉讼法（试行）》，明确以法律的形式，将调解政策修订为"着重调解"，实现"调解为主"向"着重调解"的转变，进而使得这一时期与婚姻家庭案件调解相关的司法政策也不断完善，为这一转变提供了具体指导。

在这一阶段，人民法院调解婚姻家庭案件的相关司法政策主要内容如表一，通过梳理分析我们会发现：在这一阶段，人民法院调解婚姻家庭案件的相关司法政策总体上实现了从"调解为主"到"着重调解"的转变，"家庭"在婚姻家庭调解相关政策中的地位也得以拨乱反正，逐渐摆脱了前一阶段浓厚的政治色彩，以"情感"为主要导向，坚持走群众路线和着重调解的原则，在工作导向上着重于调解和好，以改善和巩固婚姻家庭关系的稳定。

表 2.1　1978 年～1990 年婚姻家事案件调解相关司法政策[1]

序号	年份	文件名称	政策摘要	政策目标
1	1979	《最高人民法院关于贯彻执行民事政策法律的意见》	① 坚持调解为主，认真做好思想教育工作，改善和巩固婚姻家庭关系；② 离婚案件准离不准离的界限，要以夫妻关系事实上是否确已破裂，能否恢复和好为原则。	拨乱反正，严格执行各项民事政策、法律。
2	1984	《关于贯彻执行民事政策法律若干问题的意见》	查明事实，分清是非，进行调解；准离或不准离，以夫妻感情是否已破裂为标准。对于第三者介入、一方升学等情形引起感情变化，进而提出离婚的，强调法院批评与教育、多做思想工作的同时，强调着重或尽量做调解和好的工作。	准确地适用民事政策法律，维护社会主义的婚姻家庭关系。

---

〔1〕　1978 年～1984 年间的相关司法政策，参见《最高人民法院关于贯彻执行民事政策法律的意见（节录）》，载 http://www.law-lib.com/law/law_view.asp? id = 43872，最后访问日期：2023 年 8 月 25 日；1985 年～1990 年间的相关司法政策本表格内容根据最高人民法院官网所发布的公报进行整理。

序号	年份	文件名称	政策摘要	政策目标
3	1984	《关于贯彻执行〈民事诉讼法(试行)〉若干问题的意见》	①着重进行调解；②依靠当事人所在单位、基层组织及当事人的亲友多做思想工作。	
4	1985	《最高人民法院工作报告(1985年)》	坚持走群众路线和着重调解的原则。	
5	1989	《最高人民法院工作报告(1989年)》	① 在案件受理、举证责任、开庭审理等方面积极探索，促进民事审判工作的规范化；② 将感情是否确已破裂作为法定离婚标准，保障婚姻自由，反对轻率离婚。	
6	1989	《关于人民法院审理离婚案件如何认定夫妻感情确已破裂的若干具体意见》	具体规定夫妻感情破裂14条。	
7	1990	《最高人民法院工作报告(1990年)》	全面理解、正确执行"着重调解"的原则，对于调解无效的，应当及时判决。	
8	1990	《进一步加强审判工作 为保障社会稳定和促进经济发展而奋斗——在第十五次全国法院工作会议上的报告（摘要）》	进一步发挥审判机关的职能作用。	维护社会稳定，促进经济发展。

（二）自愿合法调解，引导正确处理婚姻家庭关系（1991年~2002年）

20世纪80年代，人民法院调解婚姻家庭案件的相关政策虽然实现了从"调解为主"到"着重调解"的转变，并且着眼于调解和好，致力于改善和巩固婚姻家庭关系，但是在现实司法实践中，法官偏好调解的问题依然存在，并没有在实质上很好地解决过去重视调解而不重视判决的问题，甚至因过分追求调解而出现强迫当事人接受调解和久调不决的情形，从而使得调解的达成并非基于当事人结果的合意，其他弊端也逐渐显现，这引发了法院系统的深刻反思。因而，在《最高人民法院工作报告（1989年）》中提出要促进民事审判工作的规范化[1]，在《最高人民法院工作报告（1990年）》中提出，要坚持全面理解、正确执行"着重调解"的原则，对于调解无效的，应当及时判决。[2]在此背景下，伴随着审判方式改革的推进，1991年颁布并施行的《中华人民共和国民事诉讼法》改变了原来的法院调解原则，变更为"自愿合法调解"，正式确立起了"自愿和合法"的法院调解工作指导方针，这从根本上改变了20世纪80年代所主张的"着重调解"原则，进而使得这一阶段与婚姻家庭案件调解相关的司法政策也不断完善，为婚姻家庭案件调解的转变提供具体指导。

而在现实层面，改革开放以来，我国经济社会迅猛发展。20世纪90年代，经济体制改革开始进入社会主义市场经济阶段，进一步推动改革开放向纵深方向发展。在婚姻家庭关系方面，根

---

〔1〕 任建新：《最高人民法院工作报告——1989年3月29日在第七届全国人民代表大会第二次会议上》，载《中华人民共和国最高人民法院公报》1989年第2期。

〔2〕 任建新：《最高人民法院工作报告——1990年3月29日在第七届全国人民代表大会第三次会议上》，载《中华人民共和国最高人民法院公报》1990年第2期。

据一项社会抽样调查显示，在 20 世纪 80 年代末 90 年代初，中国有些地方 80% 的家庭是"维持会"，这种依靠"维持"或"凑合"而存续的婚姻家庭关系经不起经济社会发展的冲击。[1]可见，过去在婚姻家庭案件中强调着重调解，致力于调解和好的调解政策已不再适应社会发展的需要，发展至 20 世纪 90 年代，法院系统深刻反思正确处理婚姻家庭关系的方式。这表现为，伴随着我国社会经济的飞速发展，人们的价值观、婚姻家庭观也发生了很大的变化，逐渐认可婚姻家庭裂变是一种正常的社会现象。与此同时，对于感情逐渐保持理智，在婚姻中更为讲求实际，对于个人财产利益的维护意识也逐渐增强，因此婚姻家庭案件大幅度增长且日益复杂，这些因素对于家庭关系的稳定都形成了较大冲击，亟须在婚姻家庭关系的处理方式上作出变革。同时伴随着经济社会的不断发展，家庭作为一个共同体，其凝聚力也呈现出下降趋势，这一趋势的不断发展使得传统的家庭伦理观念愈加淡薄，这主要体现在家庭规模的核心化趋势方面[2]，家庭户人均规模不断变小，甚至出现不少丁克家庭和单亲家庭，家长在婚姻家庭中的权威降低，家长及其他近亲属对于婚姻家庭案件当事人之间纠纷的解决影响力减弱，这增加了法院调解婚姻家庭案件的难度。在审判方式方面，法院系统在反思过去司法调解中存在的强制调解、久调不决等问题的基础上，逐渐推进审判方式改革，强调法院的调解要尊重当事人的意愿，特别是伴随着"一步到庭"要求的提出，对于法官的业

---

〔1〕　徐国定：《冲突中的 90 年代婚姻家庭关系》，载《中国青年研究》1989年第 3 期。

〔2〕　2002 年，我国城乡家庭户人均规模为 3.39 人，与 1973 年的 4.81 人相比较，下降了 1.42 人，与 1990 年的户人均规模 3.97 人相比较，也下降了 0.58 人。

务考核指标也发生了变化，尽快结案、多结案成为法官的工作目标，这些转变对于婚姻家庭案件调解的相关司法政策产生了重要影响。

在这一阶段，人民法院调解婚姻家庭案件的相关司法政策主要内容如下表2.2。通过梳理分析我们会发现，虽然这一阶段后期主张在审理婚姻家庭案件过程中加强伦理道德教育，以引导正确处理家庭关系，但总体而言，在这一阶段婚姻家庭案件相关司法政策中，审判的地位大大提高，调解并没有那么受重视，政策层面倡导"尊重双方意愿，自愿合法调解"。由于缺乏对法官实际的激励机制，司法调解在实践中运用的很少。

表2.2 1991年~2002年婚姻家庭案件调解相关司法政策[1]

序号	年份	文件名称	政策摘要	政策目标
1	1991	《任建新院长在全国高级法院院长会议结束时的讲话（摘要)》	1991年法院工作任务之一：抓好各项审判工作。	为维护社会稳定和经济社会发展服务。
2	1992	《最高人民法院工作报告（1992年)》	分清是非，严格依照《中华人民共和国婚姻法》规定，妥善处理婚姻家庭纠纷。	
3	1992	《关于适用〈中华人民共和国民事诉讼法〉若干问题的意见》	调解原则：自愿与合法。审理离婚案件时，应当进行调解，但不应久调不决。	

---

〔1〕 本表格内容根据最高人民法院官网所发布的公报进行整理。

续表

序号	年份	文件名称	政策摘要	政策目标
4	1992	《进一步全面加强审判工作 更好地为加快改革开放和现代化建设服务——在第十六次全国法院工作会议上的报告》	坚持法院审判工作为经济建设服务，进一步加强审判工作更好为改革开放和现代化建设服务。	
5	1993	《关于人民法院审理离婚案件处理财产分割问题的若干具体意见》	尊重双方意愿，坚持有益于生产、生活等原则，提出若干具体意见。	
6	1994	《最高人民法院工作报告（1994年)》	离婚案件继续上升，因夫妻共同财产增多，关于夫妻之间共同财产的认定、分割困难，法院本着男女平等、实事求是、合情合理原则进行解决。	
7	1995	《加强审判工作，狠抓队伍建设 为改革、发展、稳定服务——在全国高级法院院长会议上的讲话（摘要)》	全面加强审判工作，提高司法水平。	为改革、发展和稳定提供有力司法保障。
8	1995	《最高人民法院工作报告（1995年)》	审理婚姻家庭案件，严格依照《中华人民共和国婚姻法》及其他相关法律规定。	
9	1995	《全面推进各项审判工作 为实现"九五"计划和2010年远景目标提供有力的司法保障——在第十七次全国法院工作会议上的报告》	正确、合法、及时处理好婚姻家庭案件，通过审判，引导人们正确处理社会主义婚姻家庭关系。	

序号	年份	文件名称	政策摘要	政策目标
10	1996	《大力加强审判工作保障和促进两个文明建设的协调发展——在全国高级法院院长会议上的讲话》	正确处理婚姻家庭案件，弘扬社会主义道德风尚。人民法院处理家事案件，不仅要依照法律规定，而且还要进行道德教育，促使当事人形成正确的婚姻家庭观和道德观。	
11	1997	《最高人民法院工作报告（1997年)》	正确处理婚姻家庭案件，要依照相关法律规定进行法制、道德教育，促使当事人形成正确的婚姻家庭观。	
12	1998	《最高人民法院工作报告（1998年)》	审理婚姻家庭案件，注重引导当事人正确处理婚姻家庭关系。	
13	2000	《当前民事审判工作中亟待明确的法律政策问题——在全国民事审判工作会议上的讲话》	审理婚姻家庭案件过程中：① 依法办案；② 多做法制教育、调解疏导工作，促进家庭和谐与社会稳定。	
14	2001	《最高人民法院关于适用〈中华人民共和国婚姻法〉若干问题的解释（一)》	就婚姻家庭案件中涉及人身关系及财产关系的相关具体内容作出规定。	为了更好地理解、贯彻、执行修改后的《中华人民共和国婚姻法》，正确审理婚姻家庭纠纷案件。

续表

序号	年份	文件名称	政策摘要	政策目标
15	2002	《最高人民法院工作报告（2002年)》	审理婚姻家庭案件，坚持有利于群众生产、生活，有利于树立良好道德风尚的原则。	

（三）调解优先，构建和谐婚姻家庭关系（2003年~2013年）

20世纪90年代，虽然人民法院调解婚姻家庭案件的相关政策实现了从"着重调解"到"自愿合法调解"的转变，但伴随着审判方式改革不断推进，"自愿合法调解"的调解政策在落实过程中的效果并不尽如人意。受诸多因素影响，调解方式在处理婚姻家庭案件中相对受到冷落，法院试图以规范化的方式，通过加强审判工作、强化庭审功能，以引导婚姻案件当事人处理婚姻家庭关系，在这个过程中，部分法官偏向于将调解走个程序，即便进行调解也是由当事人自己进行，法官鲜少提供帮助，这使得"案结事不了"的情形时有发生。同一时期，涉诉信访数量也不断增加，1997年全国受理涉诉信访总量为713.1万件，至1999年上升到1069.1万件，达到历史最高值，2000年、2001年虽然有所下降，但依旧高达900余万件。[1]可见这一阶段，婚姻家庭案件调解政策的效果未能很好得到实现，而判决方式亦未能达到以其程序公正实现结果公正的目的。在现实层面，21世纪初，伴随着工业化、城市化进程的加快，大量农民进城务工，城市人口流动性加大，这不仅使得婚姻家庭关系逐渐淡漠，而且滋生出许多社会问题，例如第三者插足婚姻

---

〔1〕　汤鸣：《家事纠纷法院调解实证研究》，载《当代法学》2016年第1期。

而引发婚姻危机、老年人的赡养问题及留守儿童的成长与教育问题等，这些社会问题极大地冲击着婚姻家庭关系的稳定性，甚至影响到社会的和谐与稳定。2004年，党的十六届四中全会第一次明确提出了"构建社会主义和谐社会"的科学命题，并将婚姻家庭关系和谐稳定作为社会和谐稳定的重要组成部分。在这一背景下，司法机关也认识到处理好婚姻家庭纠纷对于社会和谐稳定的意义，因而在反思上一阶段处理婚姻家庭关系方式的基础上，进一步思考调解政策的定位问题。与此同时，司法机关还考量应当通过何种方式更好地妥善处理婚姻家庭纠纷，构建起和谐的婚姻家庭关系。除此之外，伴随着个人权利意识的不断成熟，当事人在婚姻家庭纠纷的解决中与过去相比更趋向于理性。在离婚案件中这表现为当事人不再过多地纠结是否离婚，而是思考以何种方式解决婚姻家庭纠纷对自己最为有利。根据一项研究表示，2001年《中华人民共和国婚姻法》修正后，在提起离婚的诉由中，"性格不合"所占比重最高，接近1/3。[1]由此可见，在离婚案件中，无过错诉由成为离婚的主要理由，这也表明当事人在婚姻家庭纠纷的解决过程中更为理性，不再执着于过错判断的权利保护，而是着眼于婚姻家庭纠纷的更好解决。当法官在分析诸多利弊之后，当事人在权衡之下多愿意理性接受调解的结果，客观上既使得调解的难度在一定程度上降低，又有利于通过调解的方式构建和谐的婚姻家庭关系。

在这一阶段，人民法院调解婚姻家庭案件的相关司法政策主要内容如表2.3。通过梳理分析我们会发现，在这一阶段，调解在婚姻家庭案件相关政策中的定位逐渐发生转变，总体而言，致力

---

〔1〕 马忆南：《婚姻法第32条实证研究》，载《金陵法律评论》2006年第1期。

于调解优先，在调解内容方面，由于这一时期经济理性进一步深入家庭领域，所以在审理婚姻家庭案件时强调对公民人身和财产利益的保护。而在调解效果评估方面，在加大调撤率、调解案件自动履行率等指标的权重时，还强调对案件调解社会效果的考核，这在一定程度完善了司法调解的法官激励机制，促进了婚姻家庭案件司法调撤率的提升。当然，这一阶段婚姻家庭案件调解政策不仅仅追求调撤率指标的上升，而且还致力于婚姻家庭纠纷的实质性解决，实现法律效果与社会效果相统一的目标。

表 2.3　2003 年~2013 年婚姻家庭案件调解相关司法政策[1]

序号	年份	文件名称	政策摘要	政策目标
1	2003	《最高人民法院关于适用简易程序审理民事案件的若干规定》	审理婚姻家庭纠纷，人民法院在开庭审理时，应当先行调解……不能调解、显然没有必要调解的案件除外。	
2	2003	《最高人民法院关于适用〈中华人民共和国婚姻法〉若干问题的解释（二）》	人身关系具体条款有 7 条，财产关系具体条款有 21 条。	为正确审理婚姻家庭纠纷案件。
3	2004	《最高人民法院关于人民法院民事调解工作若干问题的规定》	对于有可能通过调解解决的民事案件，法院应当调解，并且可以邀请有关单位、组织、团体或个人协助调解。但婚姻关系、身份关系确认案件以及其他根据案件性质不能调解的案件，不予调解。	

---

〔1〕　本表格内容根据最高人民法院官网所发布的公报进行整理。

续表

序号	年份	文件名称	政策摘要	政策目标
4	2004	《关于进一步加强人民法院基层建设的决定》	①"能调则调，当判则判，判调结合"，做好利益协调工作，努力提高民事案件的调解结案率；②"自愿、合法"，将调解贯穿诉讼全过程。	
5	2005	《最高人民法院工作报告（2005年）》	加强对诉讼调解工作的指导，指导各级人民法院按照"能调则调、当判则判、调判结合、案结事了"的要求，提高诉讼调解水平。	
6	2007	《最高人民法院关于为构建社会主义和谐社会提供司法保障的若干意见》	①深入贯彻"公正司法，一心为民"的指导方针和"公正与效率"工作主题……为构建社会主义和谐社会提供良好的社会环境和法治环境；②正确处理婚姻家庭案件，倡导婚姻自由、男女平等、尊老爱幼等传统美德，促进婚姻家庭关系和谐。	为构建社会主义和谐社会提供良好的社会环境和法治环境。
7	2007	《最高人民法院关于进一步发挥诉讼调解在构建社会主义和谐社会中积极作用的若干意见》	①目标：大力推进诉讼调解，"定纷止争、胜败皆明、案结事了"；②建立科学合理的调解激励机制，调解工作成绩应当纳入法官个人考评的范围。	

序号	年份	文件名称	政策摘要	政策目标
8	2009	《最高人民法院关于进一步做好2009年人民法庭工作的通知》	认真贯彻"调解优先,调判结合"的原则,充分发挥调解在构建社会主义和谐社会中的作用。	
9	2010	《关于进一步贯彻"调解优先、调判结合"工作原则的若干意见》	① 把握好"调解优先,调判结合"原则。围绕"案结事了"目标,正确处理好调解与审判的关系;② 在考核指标体系方面,突出对办案社会效果的考核,加大调解撤诉率、服判息诉率、调解案件自动履行率等指标的权重。	
10	2011	《最高人民法院关于适用〈中华人民共和国婚姻法〉若干问题的解释(三)》	共计19个条款,其中12个条款与婚姻财产和赔偿费用等相关。	
11	2012	《最高人民法院关于充分发挥民事审判职能依法维护妇女、儿童和老年人合法权益的通知》	① 妥善处理婚姻家庭纠纷,维护家庭关系的和谐和稳定;② 积极推动审判工作机制创新,多部门联动参与婚姻家庭案件的调解工作。	
12	2013	《最高人民法院工作报告(2013年)》	① 努力践行司法为民宗旨,依法保障人民群众合法权益;② 调解优先,调判结合,提高调解质量,完善诉讼与非诉讼相衔接的矛盾纠纷解决机制。	

（四）规范调解，诊断、修复和治疗婚姻家庭关系（2014年～2023年）

21世纪初，为改变调解在20世纪90年代婚姻家庭纠纷相关司法政策中不受重视的局面，同时为更好地发挥调解在处理婚姻家庭案件中的重要作用，构建和谐的婚姻家庭关系，顺应社会主义和谐社会的时代发展潮流，经过初步形成和全面深化发展两个阶段，最终确立了较为完善的"调解优先"原则，调解在婚姻家庭案件相关司法政策中再一次受到重视。在这些司法政策的导向下，大量婚姻家庭纠纷得以解决，调撤率显著提高，这大大减轻了案件上诉和再审带来的压力。然而在落实过程中，由于部分法院和法官对政策的理解存在偏差，出现了一系列调解失灵的现象，例如有的法院机械遵循"调解优先"的原则，不区分案件的性质，逢案必调；在强调"调解优先"，加大调解撤诉率，调解案件自动履行率等指标权重的政策导向下，有的法院和法官将"调解优先"理解为"调解率优先"而非"婚姻家庭纠纷解决优先"，片面追求结案率和调解撤诉率，忽视当事人的意愿进行调解甚至异化为"强迫调解"，这些违背司法规律的做法，不仅无法真正实现案结事了，也不利于和谐婚姻家庭关系的构建，因而亟待对相关司法政策作出进一步的调整，以纠正现实司法实践中的理解执行偏差。而在调解内容方面，上一阶段与婚姻家庭案件调解相关的政策着重于财产利益的分配及子女利益的保护，对于当事人的身份利益、人格利益、情感利益等关注度不够。伴随着社会的不断发展，人民群众在司法过程中的利益需求也日益多元化，为更好地满足人民群众多元化的司法需求，有必要对相关司法政策做出调整，以更好地顺应时代的发展趋势。在此情形下，家事审判改革应运而生。

在司法方面，为了更好地贯彻党的十八大和十八届三中、四中全会精神，2014 年，最高人民法院召开党组会议，决定取消多年来一直延续使用的法院考核排名制度，提出要尊重司法规律，尊重法官的主体地位，这使得基层法院的法官得以免除调解考核指标的"紧箍咒"，法官调解的视角真正得以从关注调解的数量转向调解的质量，这一转变对于进一步调整调解在婚姻家庭案件相关政策中的定位有着重要的影响作用。

在这一阶段，人民法院调解婚姻家庭案件的相关司法政策主要内容如表 2.4。通过梳理分析我们会发现，在这一阶段，基于对前一阶段调解过程中存在的"调解失灵"现象的反思，我国强调要遵循司法规律，正确处理好调解与审判的关系，进行"规范调解"。[1] 在调解理念上，面对当下个体不断崛起对家庭关系带来的诸多挑战，在与婚姻家庭案件调解相关的司法政策中强调"家庭本位"的裁判理念，通过柔性方式进行诊断，对于问题家庭，致力于家庭关系的修复；对于婚姻家庭关系危机，致力于婚姻家庭关系的积极治疗，这在保护当事人个体权利的同时对于维护婚姻家庭关系的和谐与稳定具有重要指导意义。在调解内容方面，相关政策主张适应婚姻家庭案件的特点，对于案件当事人利益的保护，不仅要保护当事人的身份、财产利益，对于人格、安全和情感利益等也应加以保护，即由过去侧重财产权益的保护转变为全面注重家庭成员多元化利益与家庭整体利益的保护，以更好地满足当事人多元化的利益需求，进

---

[1] 谷佳杰：《中国特色诉讼调解制度之 70 年变迁与改革展望——基于司法政策对诉讼调解影响的分析》，载《山东大学学报（哲学社会科学版）》2019 年第6 期。

而真正实现"案结事了人和"的调解目标。

表2.4　2014年~2023年婚姻家庭案件调解相关司法政策[1]

序号	年份	文件名称	政策摘要
1	2014	《最高人民法院工作报告（2014年）》	坚持合法自愿原则，规范司法调解，健全诉讼与非诉讼相衔接的矛盾纠纷解决机制，加大诉前调解力度，将大量矛盾纠纷化解在基层和诉前，促进社会和谐。
2	2015	《最高人民法院关于全面深化人民法院改革的意见——人民法院第四个五年改革纲要（2014—2018）》	尊重司法规律，依法推动改革，建立科学合理的案件质量评估体系，废止违反司法规律的考核指标和措施，取消任何形式的排名做法。
3	2016	《最高人民法院工作报告（2016年）》	坚持司法为民，满足人民群众多元司法需求；探索家事审判改革。
4	2016	《最高人民法院关于开展家事审判方式和工作机制改革试点工作的意见》	①维护健康向上的婚姻家庭关系；树立家庭本位的裁判理念，坚持以人为本，发挥家事审判的诊断、修复、治疗作用，实现家事审判司法功能与社会功能的有机结合；全面保护当事人多元化利益需求，正确处理保护婚姻自由与维护家庭稳定的关系；②探索多种家事审判方式，完善多元纠纷解决机制，妥善处理家事纠纷。
5	2017	《最高人民法院工作报告（2017年）》	认真贯彻以人民为中心的发展思想，切实保障民生权益：维护婚姻家庭和谐稳定，开展家事审判改革试点，探索建立家事案件新制度，创新预防化解家庭矛盾机制。

---

〔1〕 本表格内容根据最高人民法院官网所发布的公报进行整理。

序号	年份	文件名称	政策摘要
6	2018	《最高人民法院关于进一步深化家事审判方式和工作机制改革的意见（试行)》	① 树立人性化审判理念，对当事人的保护，要从身份、财产利益延伸到人格、安全和情感；注重人文关怀，充分发挥家事审判对婚姻关系的诊断、修复和治疗作用，弘扬文明进步的婚姻家庭伦理观念；切实转变工作方式；积极推进机构队伍专业化建设；不断创新工作机制；② 法院应增强调解意识，拓展调解方式，创新调解机制，提高调解能力，将调解贯穿案件审判全过程。
7	2019	《最高人民法院工作报告(2019 年)》	坚持以人民为中心，努力满足人民群众司法需求；进一步深化家事审判改革，共同促进新时代家庭文明建设。
8	2019	《最高人民法院关于深化人民法院司法体制综合配套改革的意见——人民法院第五个五年改革纲要（2019—2023)》	坚持正确政治方向；遵循司法规律；坚持以人民为中心；坚持依法有序推进等；强化家事审判机制建设，健全完善家事调解、心理疏导、回访帮扶等制度。
9	2020	《最高人民法院工作报告(2020 年)》	促进和谐家庭建设。深化家事审判改革，更加注重对家庭成员人格、情感的保护……加强婚姻家庭纠纷调解，尽可能让感情未破裂的夫妻重归于好，让感情已破裂的夫妻解除婚姻，避免酿成家庭悲剧。
10	2023	《最高人民法院工作报告(2023 年)》	维护家庭和谐幸福。深化家事审判改革，完善家事调解、心理辅导等制度。出台服务应对人口老龄化国家战略司法措施，加强老年人权益保护。支持老年人精神赡养请求，让老人晚年幸福自由受到尊重。

三、婚姻家事司法政策调试的实践逻辑

通过对婚姻家庭案件调解司法政策的变迁历程进行梳理，在此基础上对其调试的实践逻辑进行深入分析，会发现婚姻家庭案件调解司法政策的变迁动力是多方面的，不同时期调解婚姻家庭案件的司法政策，既是面向婚姻家庭关系实际状况的司法政策，也是积极回应审判管理改革需要的司法政策，更是服务于不同时期社会治理目标的司法政策。

（一）面向当时婚姻家庭关系的实际状况

婚姻家庭、社会与司法政策的发展是互动的。家庭作为社会的基本单元，它不仅是婚姻家庭案件调解司法政策最终发生作用的地方，也是司法政策促进社会整体功能有效发挥的关键节点。因此在不同时期，面对婚姻家庭关系发生的实际变化，婚姻家庭案件调解司法政策对此作出积极回应。

婚姻家庭关系既包括特定成员间的人身关系，亦包括特定成员之间的财产关系。在家庭成员之间，伴随着社会的不断发展进步及思想观念的不断变化，人身关系和财产关系呈现出不同的面向，因而对于婚姻家庭关系作出回应的婚姻家庭案件调解司法政策亦呈现出法治中国的特有面向。新中国成立初期，为了最大限度地团结一切可以团结的力量进行新中国建设，宣传《中华人民共和国婚姻法》运动的方针政策中指出，要集中力量摧垮封建主义婚姻制度，绝不要把问题扩大到一般的男女关系和家庭关系方面去。[1]可见这一时期的婚姻家庭关系带有反封建的色彩。20 世纪 50 年代后期，"反右运动"开始以后，

---

〔1〕 张希坡：《中国婚姻立法史》，人民出版社 2004 年版，第 210～212 页。

婚姻家庭领域发生了重大变化，随着各种政治运动不断发生，这一时期的婚姻家庭关系带上了浓厚的政治化色彩，"情感价值"被大大淡化，这严重影响了婚姻家庭关系的稳定。改革开放以后，在"拨乱反正"的背景下，为了改善前一阶段婚姻家庭关系"政治化"色彩严重的局面，相关司法政策主张着重调解，以调解和好为原则，并且以"夫妻感情是否破裂"替代建国初期的"婚姻破裂"作为法定离婚标准，可见这一时期婚姻家庭调解相关司法政策逐渐呈现出向"感情"回归的趋势，这对于改善婚姻家庭关系，使婚姻家庭关系得以逐渐摆脱政治化色彩，进而巩固婚姻家庭关系的稳定具有重要意义。

改革开放以来，随着我国社会的不断发展变化，婚姻家庭关系也随之发生了新的演变，在逐渐摆脱政治化色彩的同时，家庭民主得到发展，妇女地位得到提高，但也出现了一些不容忽视的问题，这在20世纪90年代以后尤为凸显。伴随着经济理性进入婚姻家庭领域，在人身关系方面，妇女在商品经济中逐渐取得独立地位，不愿意继续忍受包办婚姻的束缚或男方封建思想的束缚，想要冲破婚姻的不幸，追求婚姻自由和男女平等，这对于婚姻家庭关系的稳定产生了一定的冲击。同时，在一些地方，重婚、非法同居、婚外恋等现象增加、家庭暴力也呈上升趋势等。[1]在财产关系方面，伴随着财产种类及财产数量的增加，人们的财产权利意识也日益增强，关于家庭财产争议的纠纷逐渐增多且认定困难。因此，在20世纪90年代，关于婚姻家庭案件调解的司法政策主张"自愿合法调解"的原则，尊重双方意愿，以引导当事人正确处理社会主义婚姻家庭关系，维

---

〔1〕　陈苇：《中国婚姻家庭法立法研究》，群众出版社2000年版，第239页。

护社会主义公德和家庭伦理道德，同时最高人民法院还印发《关于人民法院审理离婚案件处理财产分割问题的若干具体意见》《最高人民法院关于适用〈中华人民共和国婚姻法〉若干问题的解释（一）》等，就家庭财产相关争议作出回应。发展至21世纪初，面对社会变迁形式下婚姻家庭关系中出现的新问题以及婚姻家庭关系中受到的多方面挑战，例如多元文化对传统观念的挑战、市场经济规则对婚姻家庭秩序、婚姻家庭规则的挑战等[1]。在构建社会主义和谐社会背景下，为构建和谐的婚姻家庭关系，这一时期的婚姻家庭案件调解司法政策在反思上一阶段调解政策落实过程中出现的不良影响的基础上，进行了一定的调整，主张在"自愿合法"的基础上，对于婚姻家庭案件的调解贯彻"调解优先"原则，倡导婚姻自由、男女平等、相互扶助等传统美德，依照法律规定惩治相关违法行为，引导婚姻家庭关系向更加民主、平等的方向发展，以维护婚姻家庭关系的和谐与稳定。在财产关系方面，针对相关财产性权益分割争议，以及子女抚养费、离婚妇女的合法权益保障问题，最高人民法院先后印发《最高人民法院关于适用〈中华人民共和国婚姻法〉若干问题的解释（二）》《最高人民法院关于适用〈中华人民共和国婚姻法〉若干问题的解释（三）》等对这些有关财产关系的新问题进行调整，进而对于构建和谐、民主、平等的婚姻家庭关系有着重要的指导意义。发展至当下社会，具有多重特殊意义的家庭却正面临着严重的家庭危机，一个重要的表现是孝道的缺失。"百善孝为先"，孝道作为中华民族的传

---

〔1〕 夏吟兰：《民法分则婚姻家庭编立法研究》，载《中国法学》2017年第3期。

统美德之一，一直为人们所弘扬和传承。然而在现代社会，随着经济理性深入到家庭内部，以自我为中心的个人主义不断增强，冲击着家庭成员自觉承担家庭责任的意识[1]，这使得赡养纠纷频繁发生，养老问题成为一个亟待解决的社会性问题。而另一个重要的表现，则是离婚率的持续攀升，根据数据显示，自 2003 年起，我国的离婚率连续 15 年呈上升趋势，2002 年，我国的离婚率为 0.90%，2003 年上升至 1.05%，此后逐年增加，至 2010 年达至 2.00%，2019 年，离婚率达 3.36%，是 2010 年的 1.5 倍多。[2]伴随着家庭危机的日益严重，诸多社会问题随之而来，这严重影响了婚姻家庭关系的和谐与社会秩序的稳定，因此积极克服与应对家庭危机成为一项至关重要的社会治理任务。在此背景下，司法机关相继出台婚姻家庭案件调解相关司法政策，主张遵循司法规律，在自愿合法的基础上，规范调解婚姻家庭案件，在调解理念上倡导文明进步的婚姻家庭伦理道德观念，坚持以人为本，树立"家庭本位"的裁判理念，维护健康向上的婚姻家庭关系。这对于充分发挥家事调解在诊断、修复和治疗婚姻家庭关系中的作用有着重要的指导意义。

综上所述会发现，婚姻家庭关系的变迁内嵌于社会变迁之中，并对婚姻家庭司法政策的形成与调整有着重要的推动作用，而面向当时婚姻家庭关系实际状况所产生的司法调解政策，一经形成，便对婚姻家庭关系的进一步发展有着重要的指导作用。

---

〔1〕　孟宪范：《家庭：百年来的三次冲击及我们的选择》，载《清华大学学报（哲学社会科学版）》2008 年第 3 期。

〔2〕　数据来源于中国国家统计局官网，载 http://www.stats.gov.cn，最后访问日期：2023 年 2 月 16 日。

（二）对审判管理改革需要的积极回应

迄今为止，人类尚未发明一种"司法自动贩售机"，因此关于婚姻家庭案件调解相关司法政策的落实离不开人的作用的发挥，即通过法官来完成。然而，法官作为具有一定社会地位的个体，其并不是抽象的，而是扮演着多重角色的具体自然人，其既是"法律人"，依照相关法律和政策开展调解工作，以实现司法公正为目标，也同时是"行政人"，在落实婚姻家庭案件调解相关司法政策过程中受到以调解率、审限内结案率、执行率等为重要内容的审判管理制度的制约。伴随着社会治理现代化的发展，在不同阶段的审判管理目标之下，审判管理制度也历经了一定的变革，在婚姻家庭案件调解领域，相关司法政策为积极回应这一变革的需要，也做出了一定的调整。

审判管理作为法院管理活动之一，直接关系到司法所追求的公正与效率的价值目标的实现，其在内容上既包括案件流程管理、案件质量评查，还包括司法绩效考评等。伴随着司法改革的不断推进，不同时期改革的目标有所不同，审判管理制度的内容也有所变动，在婚姻家庭案件调解领域，对于相关司法政策的形成与变迁亦产生了一定的影响。改革开放初期，相关法律规定对审理期限尚未做具体规定，法官有较多的时间能动的对婚姻家庭案件进行反复、多次调查和调解，因此，这一时期与婚姻家庭案件调解有关的司法政策，在强调法院对当事人进行批评、教育，认真细致多做思想工作的同时，强调着重或尽量做调解和好的工作，以改善和巩固婚姻家庭关系，这使得这一时期婚姻家庭案件的调撤率总体上处于一个较高位。发展到 20 世纪 90 年代，在审限方面，1991 年《中华人民共和国民事诉讼法》颁布，我国民事诉讼审理期限制度才得以真正确立起来，并最终在 2000 年的《最高人民法院关于严格执行案件审理期限制度的若干规定》中，被加以系统详细的规定。《人民法院五年改革纲要》则明确提出，为保证人民法院审理工作的公正和高效，要建立起科学的案件审理流程管理制度。而在审判方式方面，随着改革的深入，主张加强审判工作、以公开审判为中心强化庭审功能，特别是从"四步到庭"转变为"一步到庭"后，对于法官的业务考核由"调解率"转变为"当庭结案率"〔1〕。这些情形反映于婚姻家庭案件调解领域，则表现为更加兼顾公正和效率，这一时期的婚姻家庭调解司法政策不再强调"着重调解"，而是转变为"自愿合法调解"，正确、合法、及时处理好婚姻家庭案件，合理运用好调解与判决之间的关系，以引导人们正确处理社会主义婚姻家庭关系，因此这一时期的婚姻家庭案件调撤率呈现出单向度的下降趋势。发展至 21 世纪初，最高人民法院在《人民法院第二个五年改革纲要（2004—2008）》中提出健全、完善科学的审判流程管理制度的同时，还提出改革司法统计制度，建立能够客观真实反映审判工作情况、适应司法管理需要的司法统计指标体系，可见，在这一时期，审判管理制度改革重心发生了变化，由原来的案件流程管理制度改革向强化案件质量管理方向转变。〔2〕在《人民法院第三个五年改革纲要（2009—2013）》中，最高人民法院仍然提出要改革和完善审判管理制度，要制定符合审判工作规律的案件质量评查标准和统一的审判流程管理办法。这些变革反映于婚姻家

---

〔1〕　汤鸣：《比较与借鉴：家事纠纷法院调解机制研究》，法律出版社 2016 年版，第 133 页。

〔2〕　胡夏冰：《审判管理制度改革：回顾与展望》，载《法律适用》2008 年第10 期。

庭案件调解领域，则表现为在继续践行司法兼顾公正和效率的原则下，主张以"定纷止争，案结事了"作为审判工作追求的目标，同时在坚持自愿合法原则的基础上，主张"调解优先"，充分发挥调解在构建社会主义和谐婚姻家庭关系中的作用，并且主张将调解工作成绩纳入法官的个人考评范围。而在考核指标体系方面，加大调撤率、调解案件自动履行率等指标的权重时，还强调对案件调解社会效果的考核，可见这一时期与婚姻家庭案件调解有关的司法政策，正如审判管理改革所强调的，不仅仅追求调撤率指标的上升，而且还致力于婚姻家庭纠纷的实质性解决。在这些司法政策的导向下，大量婚姻家庭纠纷得以解决，这一时期的婚姻家庭案件调撤率稳步提升，大大减轻了案件上诉和再审带来的压力。然而在落实过程中，由于部分法院和法官对政策的理解存在认知偏差，也出现了一些"调解失灵"的现象，这引起了法院系统的高度注意。尤其，注重反思一些不恰当、违背司法规律的考核指标，转向关注符合司法规律、贴近审判工作实践的考核模式。因此，这一时期的婚姻家庭案件调解政策也逐渐作出一定的调整，主张遵循婚姻家庭案件的司法规律，正确处理好调解与判决的关系，坚持依法有序推进，进行"规范调解"，以实现家事审判司法功能与社会功能的有机结合。

可见，婚姻家庭案件调解司法政策在不同时期都积极回应审判管理改革的需要。审判管理改革的根本目的是提升案件审判质量和效率，[1]因而改革内容愈加精细化和科学化，这对于婚姻家庭案件调解司法政策内容的精细化与科学化亦有着重要的推动作用。

---

〔1〕 胡夏冰：《审判管理制度改革：回顾与展望》，载《法律适用》2008年第10期。

（三）服务于不同时期的社会治理目标

社会治理，其基本含义是维护社会秩序，促进社会团结，激发社会活力、防范社会风险的一系列体制机制、组织安排和工作过程。[1]人民法院作为社会治理的多元主体之一，运用调解的方式处理婚姻家庭案件，对于妥善处理好婚姻家庭纠纷，防止婚姻家庭关系进一步恶化，从而促进婚姻家庭稳定和社会和谐具有重要作用，是司法机关参与社会治理的重要表现形式。

"社会治理的一个基本命题，就是如何根据日益变化的现实，设计出有效率的公共政策调控社会。"[2]司法本身作为一种传递公共政策的重要途径，通过司法不仅反映了一定社会所弘扬的主流价值观，也在一定程度上推进了社会问题的解决。在一个社会中，婚姻家庭矛盾纠纷是客观存在并且普遍存在的一类基础性矛盾纠纷，如何妥善化解婚姻家庭矛盾纠纷事关一个社会稳定运行的基础。从这类矛盾纠纷的特质来看，婚姻家庭案件发生在特定社区中，不仅涉及当事人的关系修复，也涉及对所在社区的社会关系维护。一个婚姻家庭案件的司法审理看上去是在解决一个个案，但是对所在社区的家事关系乃至更为广泛的其他社会关系都具有教育引领意义。因此，从某种意义上讲，人民法院审理婚姻家庭案件无论是用审判还是用调解的手段，不仅要考虑到法律效果，更要考虑案件审理后的社会效果，也即个案的审理需要考虑是否有助于所在社区家事关系的改进、是否符合整个社会的情感认知导向等。从社会治理层面

---

〔1〕　洪大用：《变与不变：新中国社会治理70年》，载《社会治理》2019年第2期。

〔2〕　秦德君：《提高社会治理的政策效率》，载《深圳特区报》2012年11月6日，第B11版。

来讲，审理婚姻家庭案件，既是运用法律的过程，也是正确运用司法政策，进而充分发挥司法的延伸职能推进社会治理的过程。对于后者而言，及时有效地出台司法政策是确保司法发挥社会治理职能的重要保障。社会在不断变迁，社会治理的目标也在不断发生变化，因此政策规则层面亦须作出相应的调整以更好地服务于不同时期的社会治理目标。人民法院调解婚姻家庭案件的司法政策，作为指导人民法院参与社会治理的重要规则形式，能够考察社会形势是否已经发生变化，原来的司法政策能否适应社会变化形势，是否需要根据形势变化做出调整等，在动态变化中寻求平衡，以更好地解决法院在调解婚姻家庭案件中遇到的司法难题。例如，在改革开放初期，为了维护社会稳定，促进社会安定团结，从而更好地为经济体制改革和社会主义现代化服务，这一时期的婚姻家庭案件主张着重调解，走群众路线，认真细致做好思想教育工作，以维护社会主义婚姻家庭制度。发展至20世纪90年代，为了保障社会稳定和促进经济发展，这一时期的相关司法政策主张"自愿合法调解"，坚持有利于生产、生活，有利于树立良好道德风尚的原则，尊重双方意愿，并且就财产分割问题提出了若干具体意见。21世纪初，为了践行公正与效率的价值追求，维护司法公正，促进社会和谐，这一时期的婚姻家庭案件调解司法政策主张调解优先，调判结合，以最大限度地化解婚姻家庭纠纷，构建和谐的婚姻家庭关系。近年来，为了维护社会公平正义，促进经济持续健康发展和社会和谐稳定，这一时期的婚姻家庭案件调解司法政策，紧紧围绕"让人民群众在每一个司法案件中都感受公平正义"的目标，主张规范调解，努力满足人民群众日益多元化的司法需求，充分发挥家事审判对婚姻家庭关系的诊断、修复和治疗作用，从而维护婚姻家庭和谐稳定。由此可见，人民法院调解婚姻家庭案件的司法政策要服务于不同时期社会治理目标。其在服务于不同时期社会治理目标的同时，亦使得自身得以不断变迁，进而顺应社会的发展趋势，历久而弥新。

本章小结

在中国语境下，司法政策是党的政策在司法领域的具体贯彻与实施。司法政策的形成往往是在党的政策出台后做出的回应，除此之外，司法政策的主要内容是最高司法机关为规范司法活动、指导司法裁判、加强司法管理所作出的制度性规定。虽然，"司法政策"的内涵并没有统一的认识。不过，从外在实践属性来看，区别于国家法律，司法政策具有指导性、实效性、能动性及灵活性，这些外在的显著特性既蕴含了政策的一般属性，也反映了司法领域的规范性。从内在的实质功能来看，司法政策具有鲜明的政治性和社会回应性。习近平总书记强调，每一种法治形态背后都有一套政治理论，每一种法治模式当中都有一种政治逻辑，每一条法治道路底下都有一种政治立场。[1]而制定司法政策作为人民法院履行司法职能的重要体现，也应该彰显最基本的政治立场，那就是充分发挥司法职能，围绕党和国家的大政方针，服务经济社会发展的大局，主动制定相关配套司法政策，既贯彻了为大局司法的理念，也为指引司法裁判、统一裁判尺度、正确适用法律提供了政治方向，同时针

---

〔1〕《学习贯彻习近平法治思想需要把握好十大关系》，载 http://www.qstheory.cn/qshyjx/2021 - 12/07/c_1128138668.htm，最后访问日期：2023 年 7 月 23 日。

对社会问题治理不断调试和更新司法政策的内容，从而深入推进社会治理法治化。从这个意义上讲，司法是社会治理体系的有机组成部分，在社会治理过程中发挥重要的引导作用。而司法参与社会治理，主要通过司法政策实现。司法政策是当代中国司法体制中一个特殊的制度设置，它以当下的政法体制、司法理念和社会现实为基础，具有时代和地域的合理性，是开展司法治理的重要途径与手段。[1]

以家事司法政策变迁的历史逻辑为线索，深入考察司法政策的历史演变轨迹，可以发现司法政策具有很强的时代回应性。一方面，司法政策要回应社会发展的新情况新问题，而不同时期的国家政策导向和社会治理目标不一样，反映在司法实践中的政策导向也不一样。司法政策总体的目标导向要符合时代发展的需要以及社会治理的方向。在家事司法领域中，家事审判始终要考虑家庭与社会的稳定。家庭是社会的基本细胞，也是反映承载社会发展的价值载体，如何稳妥地化解家事矛盾纠纷，事关社会稳定以及社会基本价值观的弘扬。而家事领域的矛盾纠纷本身具有伦理属性，并不能完全依靠法官依法裁判来解决所有的矛盾纠纷，由此司法实践中需要把握司法调解政策。为此，通过考察不同时期家事审判中调解政策的演变，可以发现司法调解的政策选择和偏好在不同时期的表现不一样，这与当时的司法环境、政策目标和激励机制有一定的关联。另一方面，司法政策又具有一定的灵活性和及时性，能够根据社会发展的实际主动调整和切换，以适应婚姻家事领域新问题新情况的司法治理需求。而随着经济社会不断发展变化，司法政策随即产

---

[1] 李红勃：《通过政策的司法治理》，载《中国法学》2020 年第 3 期。

生相应的调整和优化，从而尽可能发挥司法政策对司法实践最大的指导作用，这反映出司法始终要服务经济社会发展大局。坚持为大局服务、为人民司法的理念与实践，彰显出中国特色社会主义司法制度的政治底色。

第三章　司法判决的主要维度

如果说司法政策是指引和生成司法判决的重要依据，那么司法判决则具体容纳了政策的价值内涵，并反映出多重属性。司法判决是连接司法理念与司法实践的中间桥梁，也是将法律规定与现实社会对接的重要纽带。作出公正判决始终是司法的生命线，同样，维护司法判决的公正性与权威性亦是司法的核心任务。在此过程中，司法判决看似一纸文书，但其说理、生成、影响与执行等维度是探讨司法之理的重要切入口。由此，司法判决的生成过程考验着法官的审判智慧，也能彰显出司法之理。而对于法官而言，要做到公正判决就需要正确处理好司法判决与社会的关系，增强司法判决的说理性和可接受性。在实践层面，司法判决是如何生成的？司法判决如何执行？如何维护司法判决的权威性……这些问题也都是近年来理论与司法实务界比较关心的重要问题。本章并不打算从具体个案中探讨司法判决的说理性与传播意义，而是从中观层面分析司法判决与社会的关系，并结合具体领域的司法实践，深入阐释司法判决的价值生成、理念传播与有效执行等问题，以期以点带面全面把握司法判决中的司法之理。

本章主要遵循从外向内、由表及里的分析方法，以司法判决的生成过程及其传播影响机制作为外在切入口，接着从司法判决的内在说理层次进行探讨，最后结合当前司法判决执行问题，具体分析司法判决的社会属性和说理方法，并在此基础上辩证分析司法判决生成后的执行维度，以期从司法判决的社会属性、说理方法及强制执行等三重维度全面揭示司法判决中的司法之理。

第一节 司法判决的社会性

司法判决是针对进入诉讼程序的案件通过一系列事实认定程序之后作出的具有法律意义上的评价。通常来说，法律具有社会性，法律的产生、发展与演变都与社会时代条件、价值观念密切相关。作为法律实施的重要环节，司法判决的生成与影响亦是如此。简而言之，从大的方面来看，司法判决的生成主要包括事实认定和法律评价。在一个司法判决中，虽然案件事实是在社会中客观上已经发生的事实，但事实的认定过程中会受到社会因素的影响，而法官的法律评价总是会受到一定时期的社会价值观念、道德标准、文化传统的影响。同样，法官作出的司法判决也在影响着社会的价值观念、道德标准。由此可以看出，司法判决的生成并非在真空中进行，无论具体案件中的事实认定，还是司法判决的生成过程或生成后产生的社会影响，这些都反映出司法判决具有一定的社会属性。

一、案件社会结构对司法判决的制约

当前司法实践中，"同案不同判"的现象时有存在。2021年12月1日，最高人民法院正式施行《最高人民法院统一法律适用工作实施办法》（以下简称《实施办法》），这一《实施办

法》在严格遵守法定程序、遵循证据规则、正确适用法律、进行类案检索、加强审判管理和业务指导等方面作出指引，为解决审判工作中的具体法律适用问题，特别是最高人民法院各审判业务部门之间、各地法院之间法律适用观点不一致、裁判尺度不统一等问题作出了重要推进。[1]然而从学理层面看，"同案不同判"现象的存在，实质上与法官的自由裁量权、案件的差异性以及其他诸多案外的社会结构相关。其实，司法判决受案外的社会结构制约在国外司法过程中也是比较突出的问题。对此，美国法社会学家唐纳德·布莱克在《社会学视野中的司法》一书中从法律的社会学维度对法律运作及实施过程中所存在的事实认定不平等、判决的社会结构差异等问题进行了深刻的社会学分析。

何谓案件的社会结构？当案外的社会个体看到法院的一纸判决，可能感受到的是法律的公平正义以及法院判决的权威性，但从案件当事人的角度去思考，个案中的判决结果却是经过多方的社会角逐之后达成的一种妥协。每一个个案中都涉及裁决的第三方和对立的双方，他们之间如何互动以及相互塑造将影响到法官的判决。"谁控告谁？谁支持谁？谁处理这一案件？还有谁与案件有关？每一案件至少包括对立的双方（原告、受害人以及被告人），并且可能还包括一方或双方的支持者（如律师和友好的证人）及第三方（如法官或陪审团）。"[2]这是布莱克在《社会学视野中的司法》一书中所阐述的案件的社会结构，他认为，通过分析案件的社会结构可以预测和解释案件处理的

---

〔1〕 刘冠兵、何汀：《〈最高人民法院统一法律适用工作实施办法〉理解与适用》，载《人民法院报》2021年12月2日，第2版。

〔2〕 ［美］布莱克：《社会学视野中的司法》，郭星华等译，法律出版社2002年版，第5页。

方法和结果。[1]这种带有法律现实主义色彩的分析进路，无疑将会对司法判决的生成过程进行深刻描绘，也对理解司法的案外社会结构具有重要启发。

按常理讲，法律具有确定性和普遍性，任何法律案件在规范层面上都有条文规定，并指引着法官依法作出裁判。然而，这在美国的经验主义和实用主义的司法主导理念下似乎不太可能。正如法律现实主义学派代表人物布莱克所主张的："法律的原则——规则和原理，本身并不足以预示和解释案件是如何怎样判断的。"[2]这即表明法律的"应然"状态与"实然"状态间不可避免地会存在差异。本来，法官作出任何判决需要遵循先例，但美国法律现实主义学派认为，法官作出的判决含有个人的价值信念、宗教信仰乃至个人情绪等烙印，而要研究法官如何作出判决，必须关注法官的日常现实行为，法官的现实行为影响着法官的判决。法律现实主义的经典命题为：司法裁判与法律判例之间的关系还不及这些裁决与法官的早餐更密切。[3]由此可以看出，在进行司法裁判时，法官及陪审团不再仅仅依靠事实和法律规则对案件下判断，个人的价值信念、宗教信仰乃至个人情绪等在其中亦发挥着一定的作用。这也就意味着，当法官凭借个人的价值理念、道德信念等作出判决时，"法律中心主义"或多或少在被打破，先前案例所体现的法律原则并没有在

---

〔1〕　参见王裕根：《司法裁判需关注案件的社会结构——读布莱克的〈社会学视野中的司法〉》，载《人民法院报》2019年7月19日，第5版。

〔2〕　［美］布莱克：《社会学视野中的司法》，郭星华等译，法律出版社2002年版，第3页。

〔3〕　［美］布莱克：《社会学视野中的司法》，郭星华等译，法律出版社2002年版，第3页。

具体判决中体现出多大的指引作用。法律现实主义揭示了案外社会因素对司法判决的影响，但没有探寻出影响法官作出判决的全部因素。而作为纯粹法社会学家代表，布莱克通过观察和分析具体个案中诉讼参与人各方的表现，并用科学统计的方式归类分析各类案件中的社会结构，进一步发展了法律现实主义的经典命题。布莱克认为，真正解释和预测法官的判决需要分析每一个案件的社会结构，不同案件的社会结构可以解释和预测不同案件的处理方法和结果。

循着上述分析进路，布莱克在《社会学视野中的司法》一书中具体呈现了案件的社会结构是如何影响案件的判决。在他看来，法律条文提供了法律的语言，而案件的社会结构提供了语言表达的语法。这里的案件社会结构，既包括对抗双方是否存在同等的社会地位、是否是同一个种族、是否是同一种性别、是否是同一个组织以及是否存在亲密关系，也包括律师的社会地位、律师介入案件的强度以及第三方在对抗双方之间的权威性程度，甚至还包括诉讼参与者的讲话方式、法官与对抗双方之间的交流等，都将影响到案件的处理和判决的结果。具体而言，布莱克主要从以下几个方面阐述了案件的社会结构对司法运作的影响：首先，在司法中存在着"对手效应"，即谁控告谁？布莱克认为，"考虑原告（或受害者）与被告之间的亲密程度：他们是否同一家庭的成员、朋友、同事、邻居，或者完全是陌生人？我们将此称为各方之间的关系距离。这是迄今为止发现的对法律行为最有效的预测因素之一"。[1] 而原告自身的社

---

[1] [美] 布莱克：《社会学视野中的司法》，郭星华等译，法律出版社2002年版，第9页。

会结构，如地位上的差距和关系的距离均会影响判决结果，出现下行法律（即原告地位高于被告地位）严于上行法律（即原告地位低于被告地位），关系越紧密法律事务越少的现象，从而产生法律运行不平等的现象。例如，相对而言，一个黑人杀死一个白人比一个白人杀死一个黑人更容易被处以极刑，一个文化水平低的人杀死一个文化水平高的人、一个穷人杀死一个富人等也是同样的情况。其次，在案件中谁支持谁和谁是第三方也至关重要。布莱克指出，律师、证人、公开其偏向立场的感兴趣的旁观者等支持者及其社会特征具有同样的影响模式。[1]律师和第三方（法官及陪审员）的权威性、社会角色及其与原告被告的关系距离对案件判决都可能产生影响，具体表现为：一位杰出的律师能够给他的当事人提供很多社会层面的便利，一定程度上弥补社会地位较低的当事人在诉讼中的地位，进而缩短双方当事人在社会结构方面的距离，从而增加胜诉的可能。权威性强的法官比起权威性较低的法官更可能采用严刑峻法，而权威性较低的法官在判决过程中会尽量避免全有全无的结果，而更为热衷于折中的裁决。此外，白人陪审团对黑人被告的评判较之对白人被告的评判可能更为严苛等。最后，在司法实践中，布莱克认为案件的结果与讲话方式也有着密切关系。例如，证人、鉴定人等证词的"有力""无力""简短""冗长"直接影响其证词的可信度，且其言语中透露着的诸多社会信息，如职业特征、本地还是外地等也会影响法官内心的偏向。如上所述，一个案件的社会结构是多样且复杂的，这些社会结构一定

---

〔1〕〔美〕布莱克：《社会学视野中的司法》，郭星华等译，法律出版社2002年版，第10页。

程度上都会影响到案件的最后判决。那么，通过了解案件的社会结构，布莱克指出每一个案件都有特定的社会结构，这也就会导致类似案件的判决会存在差异。例如，在家庭内部亲人之间犯罪比对陌生人犯罪之间的处罚要轻，再如个人起诉组织总是比组织起诉个人的胜诉率低，特别是在劳资纠纷中体现得比较明显。

可见，在许多诉讼中，案件的社会结构始终是客观存在的，并且可以成为具体案件中影响判决结果的关键变量。既然案件的社会结构能够影响案件的处理结果，那么对抗双方可以借助有社会经验的律师去影响法官的判决，这个时候就变成一种社会学意义上的诉讼，也即通过筛选案件、收取费用、设计案件、调整审判前的策略、做好审判前的准备工作、灵活调整法庭审理的策略等能够影响案件处理的结果。然而，如果诉讼双方的社会地位和阶层原本就不平等，有经验的律师加入之后就更加会造成案件处理的不平等。那么如何减少案件处理过程中的不平等呢？布莱克认为可以从以下三个方面进行改变：首先是从进入法律体系的案件结构进行重新设计。布莱克指出，组织相对于个人具有更为丰富的资源和分摊风险的能力，并且在诉讼中更占优势。因此，布莱克给出的一个解决方案是诉诸法律合作社团，把个人凝聚成组织，实现社会结构特征均质化。[1]具体而言，对抗双方中的个体建立法律合作社团，从而形成一种组织的优势以对抗另一方的组织，这样能够大致实现诉讼地位的基本平等。其次是改变案件的处理过程。布莱克指出，在案

---

〔1〕 李瑜青、张善根：《论在社会结构中的司法与超越——兼评布莱克的〈社会学视野中的司法〉》，载《甘肃政法学院学报》2008 年第 4 期。

件处理过程中，既然双方当事人的种族、性别、社会地位等会对案件的最终处理结果造成影响，那么就在案件处理过程中将具有社会特征的信息逐渐隐去，以实现案件的非社会化处理，从而有效减少案件处理过程中的不平等情形出现。例如，在处理案件时，对涉及案件双方的社会信息进行屏蔽，不让案件的社会信息影响法官作出判决，再比如利用电子司法的方式避免法官与当事人接触，从而减少接触过程中透露出有优势地位的社会信息。最后是改变法律权限本身。布莱克指出，现代社会的发展使得人口密度增大、个人趋向于原子化和依赖国家与专家系统，由此导致个人对法律系统的过分依赖，从而使得法律诉讼增加。面对诉讼中不平等现象的增加，布莱克指出有必要改变法律权限本身，即对那些不利于营造平等地位的法律条文进行修改或者废除，同时通过推动其他纠纷解决方式进行改善，如自我帮助、逃避、协商、忍让、第三方调解等，有计划地减少法律的数量，实现法律最小化，使得社会主体能够自主解决矛盾纠纷，这样一来可以减少案件处理过程中的社会结构对判决的影响。

布莱克运用社会学的视角分析案件背后的社会结构是如何影响司法裁判结果，给司法实践带来的启发意义至少可以表现在以下两个方面：一方面，每一个司法案件背后的社会结构都会影响司法判决结果，这表明法官并不是法律的"自动售货机"。事实上，法官在作出判决前会受到案件本身所牵连的社会结构的影响，从而导致同一个案件因为背后的社会结构不同产生不同的判决结果，这为分析和解释现实的司法审判实践中"同案不同判"的现象提供了启发。另一方面，认识和理解法律的运行不能停留在文本上。法律规定的价值目标和理念并不会在社会中自动实现。相反，要认识法律在司法实践中的现实运行，必须依托社会学知识才能有效理解司法实践中的复杂性。每一个司法案件中都有其特定的社会结构，通过分析社会结构有助于解释司法案件的处理方法和结果。

不过，布莱克运用社会学的知识分析案件背后的社会结构也存在一定的局限性。首先，虽然每个司法案件的特定社会结构影响判决结果，但并不能因为这个方面就证明司法裁判的不公或者法律规定没有得到有效运用。换言之，个案的社会结构只是在一定程度上影响了法律的普遍运用，但不能因此否定法律是一国社会整合的重要力量，并且在特性上呈现出整体上和更大范围内的权威性和公正性。应当看到的是，无论案外社会结构多么复杂，其最终塑造的司法判决结果总是在法律基本框架内，而不是超越法律的限定而产生的判决。其次，尽管司法案件的社会结构可以用来解释案件的判决结果，但不能因此否认法律规则体系内部的完整性以及法官顶住多方社会力量依法公正作出判决的可能性。法官并不是法律的"自动售货机"，但也不会被案件的社会结构完全俘获，因为法官在作出判决时具有相对独立的空间。更多时候，法官作出判决的独立空间，会来源于自身职业伦理的约束。

从整体上看，布莱克通过经验观察美国司法案件的判决过程，充分揭示了司法裁判面临着复杂的社会结构制约，这给中国司法改革和实践带来的启发有以下几个方面：首先，要进一步加大法官履职的职务保障，在加强审判流程公开的同时，也要注意防止案件的相关社会因素和信息流入法庭审理中来，以免影响法院依法独立公正行使审判权。其次，充分发挥案例指导制度的作用，调动法官引用司法案例的积极性，注重识别不同案件中的相同的社会结构，从而指引法官作出类似的判决，增强司法公信力。再次，合理使用数字技术司法。一方面，我们要重视数字技术在现代司法过程中的运用，另一方面，要注意防止数字技术司法异化为一种简单司法或机械司法，正确处理好智慧司法与法官经验司法的辩证关系，善于将数字技术作为司法过程中的辅助手段，从而更好地发挥其在优化办案流程、辅助司法决策、自动司法决策中的重要作用。最后，要切实落实"让审理者裁判、由裁判者负责"原则，同时在法院内部应加强和改进审判监督和管理，防止法官的审判权被案件的社会因素俘获。

二、司法判决传播的社会效果

法官在审理具体案件过程中充分考虑案外结构，有助于加深司法判决生成过程的认识。但与此同时也需要考虑，法官所作出的司法判决是否能够产生良好的社会效果。产生良好的社会效果，一方面要以高质量的司法判决为保障，但另一方面，也涉及司法判决对社会产生影响的机制。由此，就必须关注司法判决产生后的传播过程及其社会效应，如此才能更好地体现出司法裁判的公共性。司法裁判的公共性主要针对案外每一个社会个体而言，其对司法判决的感知、接受与心理认同，都会影响到司法判决传播的社会效果。从这个意义上讲，司法判决的传播效果在外在层面亦能够说明司法判决的社会属性。

司法判决的社会效果，在最初意义上也是探讨法律传播的社会效果。而关于法律传播的社会效果，美国著名的法律社会学家劳伦斯·弗里德曼所著的《碰撞：法律如何影响人的行为》深入分析了法律影响社会的可能性以及在何种意义上的可能性。

借此分析范式，可以进一步探讨司法判决的传播效果。在书中，作者认为法律要想产生社会影响，首先面对的问题是法律讯息是如何传播的，也就是说，法律作为一种社会信息需要传播到每个社会个体才能对个体产生影响。这里面既存在法律传播的方式、途径以及效果等问题，也反映出社会个体对法律感知的经验差异。

在弗里德曼看来，法官的判决就是在传播法律信息，在法官的判决当中，反映了什么行为是被国家法律所禁止以及什么行为被国家法律所允许。当判决生效后，就会产生传播效应，当然最直接的是对判决所涉当事人的影响，让当事人明白了法律是如何评价自己的行为的，从而进一步指引当事人，在今后日常生活中，哪些事情是可以做的，而哪些事情又是法律不允许做的。不过，判决是否对当事人以外的社会大众产生影响呢？弗里德曼认为，这种影响相对较小。虽然法院作出的判决具有权威和约束力，但只是对当事人而言，对于当事人以外的其他人而言，人们根本不会去读上万字的判决书，也不会去关心具体判决结果。除非案件涉及某些人的利益，才会关注法院判决，否则社会大众根本不关心判决书的内容。即使当事人很关心法院的判决，但他们也只是关注法官最后的判决结果，至于法官怎么推理的则不太关心。这也就说，社会大众并不太关心法官如何判决，即使是案涉当事人，也只是关心司法判决确定的结果。

也许当法官的判决涉及某一类群体的行业利益时，那么这个群体对法官的判决就会很关注，但这个群体关注司法判决也并非能够说明，司法判决具有普法的效果并且能够实现让群体守法的目标。这是因为司法判决传播是发生影响的前提条件，但这里面还有一个判决传播的模糊性以及受众认知的问题。法律，特别是适用法律对违法行为的惩罚是一个传播的好机会，但是很多时候，它会以模糊或曲解的形式到达受众。"我们不能确定受众是否真的听到了它，听得准不准确，讯息有没有被理解""讯息本身起了很大的作用，讯息的性质是一个变量"。[1]弗里德曼举例说明了这个问题。例如，一个学生控告大学指派的精神科医生，说自己心怀暴力情绪，有杀死他女朋友的冲动，并且后来他确实杀死了她。但该精神科医生从未把这一威胁信息递给这个女生、其家人或当局，于是女生的家人对精神科医生的雇主加州大学提起诉讼。诉讼的结果是法院判决在这种情况下心理医生"负有警告义务"。但是该判决一经传播，让精神科医生、心理医生和社会工作者极为恐惧。他们坚持认为：除非能够享有完全的保密权利，否则病人就不会愿意寻求帮助并自由表达。于是他们请求法院重新考虑判决，虽然法院很少重新判决，但这个案子中法院同意了这个请求。后面法院在判决书中修改了第一次判决，撤回了治疗师负有"绝对警告义务"的主张，而是判决治疗师仅仅负有保护受病人威胁之人的"合理注意义务"。从判决传播的效果来看，许多健康专家并不清楚"合理注意义务"与"绝对警告义务"之别，实际上这个判决传播过程中，一些健康专家所能理解的是"绝对警告义务"，因为相比而言，"合理注意义务"是一种模糊的法律讯息，并不为健康专家所理解。也就是说，健康专家很可能要误解第二个判决，尤其是在不了解两个判决的细微之处的前提下，第二个判决也很容易被误解。因为在弗里德曼看来，一个清楚明白的法

---

〔1〕〔美〕劳伦斯·弗里德曼：《碰撞：法律如何影响人的行为》，邱遥堃译，中国民主法制出版社2021年版，第18页。

律讯息要比模糊讯息更容易理解。而在法律讯息模糊，判决容易被误解的情形下，判决就很难具体指引人们的行为，从而难以达到司法判决的普法效果和实现让群体守法的目标。

与法官判决的传播效果相关的另外一个问题是死刑判决能否产生威慑效果，这里面也涉及法律影响社会公众的机制。通常而言，这个问题也涉及学术界一直争论的死刑存废问题，但就死刑判决所产生的效果来看，并非死刑存在就一定能够减少社会中犯重罪的概率。弗里德曼在书中列举了大量的实证研究反映了死刑判决并没有在社会中产生威慑功能，也即死刑判决传播的效果存在限度。这是为什么呢？弗里德曼在书中分析了不同国家死刑判决的执行方式，他发现有些国家的死刑判决执行起来非常漫长，如果从判决传播的预期效果来看，判决死刑是为了震慑潜在的犯罪分子，但是一个死刑判决的执行相隔很长，对于罪犯而言并不能感受到死刑到来的恐惧，也不能让其他罪犯感受到死刑的威慑作用，那么即使法官作出死刑判决，那么它的传播效果也是有限的。还有一些国家的流浪者、吸毒者，往往由于激情或者情绪等原因导致犯了死刑的罪名，他们在犯罪时也知道死刑的存在，但之所以犯罪，往往是因为死刑对这些特殊人群来讲已经没有威慑作用了，所以每一次死刑判决传播的效果在这些社会特殊群体身上是有限的。

犯罪的威慑理论认为，立法者在制定法律或法官在适用法律时应该让违法犯罪者承担的成本高于收益，这样才能产生法律对社会的影响。虽然犯罪经济学家常用成本和收益来分析一个潜在犯罪分子是否实施犯罪行为，即在实施犯罪前在犯罪利益与刑罚之苦之间进行得失权衡，从而决定是否实施犯罪行为。但是，在现实中并非每一个犯罪个体都会认识到犯罪的成本和收益有多少。犯罪分子在犯罪之前总是在犯罪利益与刑罚之苦之间进行得失权衡。如此一来，犯罪经济学家提出的威慑理论就存在一定局限。在弗里德曼看来，这个社会是复杂的，不同性别、群体、阶层等对法律的威慑度存在不同的认知。因此并非法官判得越重，其对社会公众就能产生法律影响也即威慑效果就越强烈，问题的关键还在于不同罪名或者违法行为的定性在不同群体间产生的感知意义是什么。从某种意义上讲，法律（判决）的威慑功能并非与犯罪成本有一种线性的因果关系。在弗里德曼看来，犯罪越严重，增加惩罚产生重大法律影响的概率就可能越低。在此基础上，弗里德曼提出了威慑曲线理论。

威慑曲线是刑罚严重性及其社会影响之间实际关系的曲线，弗里德曼认为，刑罚威慑在促使公众遵守法律方面具有一定的有限性。以违章停车为例，假设某地区违章停车罚款是 100 美元，该地区每年发生 1000 次违章停车，当违章停车的惩罚由 100 美元上升到 200 美元时，则该地区每年发生的违章停车次数降低至 800 次，下降了 200 次。当违章停车的罚款加重到 300 美元时，该地区每年发生的违章停车次数则降低至 500 次，下降明显。然而，随着罚款数额的不断递增，而每年发生违章停车的下降次数却趋于平稳，当罚款数额从 5000 美元增加到 10 000 美元时，违章停车发生的次数仅仅下降了 5 次。这是因为，罚款的威慑功能所针对的个体已经达到了边际。由此可见，刑罚威慑对于公众遵守法律确实会产生一定的影响，但需要注意的是，这种影响力是有边界的而非绝对的，存在某种"临界点"，一旦超过了这个"临界点"，刑罚威慑的作用力会大大降低。由此可见，刑罚具有威慑功能，但这种威慑功能是有限的，因而不能无限夸大刑罚的威慑功能。同理，死刑是一种犯罪成本极高的刑罚，也是刑罚最严重的刑罚，常常在谋杀罪审判过程中可能会适用到。但在弗里德曼看来，大多数人不是潜在的杀人者，因为道德因素足以抑制他们谋杀。对少数潜在的杀人者而言，严厉的惩罚已经确定，如终身监禁或长期徒刑。即便把死刑列为谋杀罪的刑罚，最终的威慑效果还是会有限。这当然不是因为威慑理论出错了，而是因为威慑曲线已经平缓了，至少对社会中某些群体或者个体而言是如此。在弗里德曼看来，导致威慑曲线变得平缓的因素有很多，其中之一就是道德考量。对威慑听天由命、满不在乎或无视法律的人还是很困难，因为这些人已经丧失了这个社会最为基本的道德考量。如果这些人犯谋杀罪，法官即使适用了重罪的死刑也未必产生良好的传播效果，因为这个社会中不同个体的处境和利益追求都不一样。应该说，每个罪名都存在威慑曲线，这主要受惩罚类型、严重程度、执法水平，也包括地方文化、违法者与守法者的个性，以及被禁行为是否非常让人向往等因素影响。

司法判决与社会的关系犹如法律与社会的关系。"法律、判决、规则和规章都是社会的产物、社会力量的产物"[1]。分析司法判决影响社会的机制，是为了更加准确定位司法判决在社会中产生的效果。司法判决的社会效果并不是抽象感知的，而是必须在社会中具体分析其影响机制。在这一点上，弗里德曼研究法律对社会的影响机制，无疑为理解司法判决的社会效果提供了新思路。

上述通过回到弗里德曼的分析语境中，大致呈现了法律对

---

[1] [美]劳伦斯·弗里德曼：《碰撞：法律如何影响人的行为》，邱遥堃译，中国民主法制出版社 2021 年版，第 2 页。

社会产生影响的更为微观的机制，既整体上呈现了法律如何作用于社会并在何种意义上产生社会影响的现实经验，又反映了司法判决对社会影响的传播机制。重新梳理其分析进路可以发现，并非每一个司法判决都能对社会产生影响，实现其社会效果。法律影响社会是一个非常具有经验性的问题，在这个问题里面融合了社会个体对法律的遵守与回应，以及每个社会个体的道德良知水平、对法律的认知、个体的社会处境等方面的因素。因此在考察法律对社会的影响时，需要置身于社会中个体的处境去分析司法判决或者法律对社会的影响具体是如何发生的。社会个体的经历、情境决定了其对法律或司法判决认知以及接受程度，从而也就反映了司法判决（法律）对社会的影响力度。认识到这一点，对于司法者而言，其意义在于应根据案涉群体或个体的心理承受能力、地位、身份等社会情境，以及对法律的认知程度，在此基础上分析判决对不同群体、当事人最佳的传播方式，如此才能为法律或者司法判决找到相对精准化的影响社会的信息途径。

三、司法判决的社会治理效能

关注司法判决传播的社会效果，目的是更好考察司法判决的社会治理效能。司法判决的社会治理效能，是司法判决作出后所产生的客观意义上的社会作用，包括解决社会矛盾、引领社会价值、建构法治秩序等。

预防与解决社会矛盾纠纷是司法的重要目标。而社会矛盾纠纷的治理是社会治理的重要内容。从国家与社会关系的视角来看，社会治理机制包括私人治理机制和国家调控机制。相对于私人治理，国家治理体系中的司法调控机制在保障人权、监督行政权力、促进矛盾化解、推进社会制度完善和进步、实现国家治理总目标中，均具有独特地位和优越性。[1]我国社会正处于转型时期，社会关系复杂多变，矛盾纠纷层出不穷，当法律规则出现空白时，司法能够弥补法律规则的滞后性，填补规则空缺，及时正确地处理矛盾纠纷，回应群众的权利诉求。司法判决的社会治理功能不仅仅体现在单纯的居中裁判纠纷上，还体现在其能够向前延伸，昭示司法判决的引导、规范、教育功能上，从而起到预防矛盾纠纷发生的作用。

司法判决不仅能确定当事人的权利义务，在一定程度上也对社会公平正义观念起到重要的引领作用。党的十八届四中全会强调指出，司法公正对社会公正具有重要引领作用，司法不公对社会公正具有致命破坏作用。可见，司法判决具有引领社会价值的作用，而引领社会价值的效果往往是在具有道德评价内涵的司法判决中得以体现。在司法改革的进程中，将社会主义核心价值观融入司法判决已经成为指导法院工作的一项基本原则。在这个意义上，司法判决不仅仅要评价行为是否合乎法律，还要评判行为是否正义。可以说，司法判决兼具法律评价和道德评价的双重属性，司法判决正是通过这种评价，从而引领良好的社会价值成为人们的行为准则。

司法作为法治运行的重要环节，是法治秩序构建的重要保障。司法判决不仅是对待决案件事实或争议的权威判断，而且也是在社会中建构法治秩序的重要参与者。司法对于法治秩序的建构和促进，首先就是通过司法判决明确当事人双方的权利义务，保障公民权利得以实现。司法判决通过回应群众权利诉

---

〔1〕 杨建军：《通过司法的社会治理》，载《法学论坛》2014 年第 2 期。

求、促进正义以构建法治秩序。没有保障的权利如同虚设，就好比自然状态下的自由一样，在没有法律的条件下，自由必然伴随着奴役。在这个意义上，法律以及司法活动对于权利的保护是必不可少的。与此同时，在构建法治社会过程中，司法判决为社会生活确定了一种示范秩序，在一定程度上贯彻了法治的价值与理念，对于引导社会群体运用法治方式经营社会生活具有重要意义。

事实上，司法判决本质上是对作为制度的法律体系在个案问题解决上的具体应用，其功能不限于个案中的定分止争，从司法判决的社会属性来看，司法判决作出后必然对社会产生影响，不仅会对社会个体或组织的价值观产生一定引导力，而且会对潜在社会问题的治理提供一种规范性思路，从而彰显社会治理法治化理念。一般而言，提高社会治理效能不仅需要一套法律制度作为保障，更需要创新法律制度配套实施的体制机制，让法律更好地于社会中实施，从而将法律制度落地，实现其应有的社会治理效能。因此，实现司法判决的社会治理效能需要一定的前提条件。分析提升司法判决的社会治理效能的前提条件，对于深入认识司法判决的社会属性具有重要意义。

为了更好地说明司法判决如何产生社会治理效能，接下来将以近年来群众关心比较多的环境问题及其司法判决为例进行阐释。环境司法之所以具有典型性，是因为环境问题本身属于社会问题，解决环境问题既需要依靠法律制度，更需要通过创新司法理念与制度实现环境法律所设定的理念与目标。区别于一般意义上的诉讼案件，环境案件涉及的利益具有广泛性和多元性，其审理过程中不仅涉及环境法，还包括民法、刑法、行政法等法律；不仅仅关乎当事人的利益，还与社会公共利益密切相关。并且，环境案件的处理不仅仅需要专业司法能力，还需要具备一定的科学知识和技术储备，因此对环境司法审判提出了更高的要求。从实践层面看，无论环境司法判决的生成过程，还是其传播的社会效应，这种专业性司法判决对法官的司法素养和审判组织具有较高要求。不仅如此，这种专业性司法判决往往还涉及党政组织的协同力度，因此在某种意义上会产生一定的社会治理效能。当前，环境司法审判已成为推动环境法律和制度实施的重要环节，通过严格推进环境法律和制度体系的实施，切实提高环境司法审判的治理功能，有利于充分发挥人民法院的审判职能服务于新时代生态文明建设，维护和实现人民群众日益增长的环境权益。

一般而言，司法判决能够产生社会治理效能往往与办案法官自身素质、组织机构的资源配置以及司法权力运行的外部环境有关。如何切实发挥司法判决的社会治理功能，需要结合司法审判的内在组织结构和外在环境综合分析，具体表现为法官（个体）、法庭（组织）和法院外部协同（整体）三个维度。[1]

第一，提升司法判决的社会治理效能，需要提升法官的综合素养。随着社会分工日益精细化，许多案件的办理不仅需要专业性法律的知识，还需要法官掌握法律以外的其他专业知识，从而更好地辅助法官精准裁判。这体现出法官的综合素养，它涵盖了法律与其他专业知识的融合，通过这种融合可以帮助法官更好地适用法律，实现精准裁判。例如，在环境案件的司法审理中，法官需要加强对环境科学与技术的学习和吸收，提升

---

〔1〕 参见王裕根、张志坚：《提高环境司法审判效能的三个维度》，载《人民法院报》2018 年 8 月 1 日，第 8 版。

环境司法审判的精准性。区别于普通的民事案件、刑事案件、行政案件等，环境案件中所涉及的环境污染和生态破坏问题往往较为隐蔽，需要很长时间才逐渐显现出来，并且其涉及自然科学的相关知识，具有很强的专业属性。在司法实践中，要具体分析其带来的影响和破坏，往往需要对大量相关数据进行实证分析和验证，这就对环境案件的司法审判人员提出了更高的要求，需要具备一定的专业知识储备。另外，长期以来，环境资源审判中的取证难是法官在办理具体案件中遇到的最大难题。特别是那些环境侵权案件中，如果有些证据不及时固定的话，就容易灭失。以水污染案件办理为例，首先，其流动性很强，当污水进入水域后，快速扩散、稀释，因此污染物的取样采集难度很大，证据难以固定；其次，其污染源可能来自多方面，想要精确找准明确的污染源比较困难；最后，其隐蔽性较强，很多污水的排放多为偷偷排放，无法确定具体的排放时间，这就导致难以获取直接证据，也对后期的证据固定工作带来较大的阻力。如上所述，客观地说，取证困难不仅包括了污染环境罪中有毒物质的来源认定难，也包括了刑事附带民事公益诉讼中排放污水造成的环境损害金额确定难。而在那些刑事环境犯罪案件中，依照现有的科技标准界定污染程度就成为法官断案最重要的依据。由此可见，环境司法审判本身具有很强的技术性和专业性，如果法官没有这方面的知识背景的话，那么就会造成环境司法审判中的证据判断不清晰。如果证据判断不清晰，也就难以有效确定相关的责任分配以及制裁环境犯罪行为，造成环境司法审判不精准。因此，环境司法审判的法官不仅需要一定法律知识，更需要具备一定的环境科学和技术知识。只有具备这种综合性专业素养，才可以准确对环境案件的因果关系、损害后果等进行判断和评估。为此，提升法官的环境司法综合性素养就需要从两个方面着手：一是不断在司法实践中强化对环境科学知识的汲取能力，从而不断提升法官对环境污染问题因果关联的科学判断能力，法官只有通过不断学习相关的环境科学知识，才能在环境审判实践中运用证据进行精准裁判；二是针对环境问题的交叉性，要实现对环境问题的精准治理，就必须加强环境司法审判的业务学习，正确区分环境司法审判中民事、行政与刑事案件的转化标准，以问题解决为导向，从而准确区分各类环境案件的法律适用依据。

第二，强化司法判决的社会治理效能需要在法院内设机构方面进行组织优化与调试。例如，针对未成年犯罪的社会治理问题，近几年在法院和检察院系统都设立了专门机构办理相关案件。而在环境司法过程中，环保法庭要发挥专业审判机构的资源优势，提高环境司法审判的工作效率。基于环境司法审判的现实需要，2014 年最高人民法院设立了环境资源审判法庭，明确环境司法领域的具体标准和实施细则，提高了环境司法的专门化程度。正如苏力教授所述，"随着社会分工，特别是市场经济条件下高度分工的发展，法律机构会发生一种趋势性变化，即法律的专门化"。[1]自 2014 年最高人民法院环境资源审判法庭成立以来，部分省高级人民法院纷纷开始试点建立相应的环境资源审判法庭，与此同时，全国部分中级人民法院和基层人民法院也都开始试点成立相应的生态环保法庭。据最高人民法院发布，截止至 2022 年 9 月，全国法院结合生态环境保护实际

---

〔1〕 苏力：《法律活动专门化的法律社会学思考》，载《中国社会科学》1994 年第 6 期。

需要，已设立环境资源审判专门机构或组织 2426 个，涵盖四级法院的专门化审判组织架构基本建成。根据相关数据调查显示，专门的环境资源审判法庭的建立，一定程度上促进了环境纠纷的有效解决。[1]然而从环保法庭运作的实践来看，很多生态环保法庭还存在案件数量少、职责定位不清晰、审判职责交叉与重叠等问题，造成组织机构运行效率低下以及环境司法资源的浪费。为此，在环境司法专门化确立的大前提下，完善审判组织及其运行机制势在必行。要加强环保法庭的能力建设，就必须进一步明确环保法庭在整个法院工作中的案件分工，并强化相应的考核和问责机制，做到在审判职责范围内生态环保法庭与其他法庭既相对独立又有效分工，既要防止生态环保法庭闲置，也要充分发挥生态环保法庭的专业审判优势，积极回应环境治理中的社会关切，审理各类环境污染案件，在减轻法院和诉讼当事人负担的同时，有效发挥环境司法审判的社会治理功能，从而为群众提供更加优质的生态产品作出贡献。

第三，司法判决的整体治理效能发挥最终体现在判决是否得到有效执行上。判决能否得到有效执行，事关司法权威和司法公信力，也关系到司法的社会治理功能否完全实现。而要有效执行司法判决，却离不开其他组织或部门的协同。例如，在执行环境司法判决过程中，人民法院要协同其他部门创造良好的外部社会环境，提升生态修复判决的执行力。环境司法审判的最终目的是保护生态环境，为达成这一最终目的，环境司法审判一经作出，并非意味着环境案件的终结。生态修复判决是

---

〔1〕 范子英、赵仁杰：《法治强化能够促进污染治理吗？——来自环保法庭设立的证据》，载《经济研究》2019 年第 3 期。

人民法院运用司法的力量直接参与生态文明建设的重要体现，只有切实将判决的内容执行完毕，才意味着案件的顺利终结，因此，法院必须做好相关判决的监督执行工作。为切实落实好生态修复判决的执行，首先，人民法院需要积极争取相关部门的支持。生态修复判决的执行需要很多财政资金和技术的支持，但在司法实践中，生态修复判决执行常常面临履行资金不到位、行政职能部门不配合等困境。为此，人民法院需要积极争取地方党委和政府的支持。此外，法院还需要加强与环保、国土、林业等政府部门的协作，充分发挥政府职能部门的行业优势，积极引导政府部门参与到生态修复判决执行效果的监督中来，使生态修复判决的执行效果能够真正落地；其次，完善第三方监督制度。引进第三方参与，监督生态修复判决的执行，对于推动生态修复判决的执行效果真正落地具有重要意义。但是，对于第三方监督人未能正确履行监督职责，甚至利用第三方监督人角色寻租的行为，人民法院要对其作出处罚，对于构成刑事犯罪的，要追究其刑事责任；最后，人民法院需要严格落实执行回访制度。法院执行局应当派专门的司法人员负责生态修复判决的执行，并对被执行人，如环境污染个体、环境污染企业等进行不定期回访，以实际举措切实督促生态修复判决的执行效果能够真正落地，避免污染行为再次发生，从而真正服务于生态文明建设。

上述主要从司法判决所受的案外社会结构、司法判决影响社会的传播机制、司法判决对社会产生的治理功能等三个维度呈现了司法判决的社会属性。通过分析会发现，司法判决在生成过程中受案外社会结构的制约，反映出司法判决并非在真空中作出，而是法官基于特定案外结构综合而成。当司法判决产生后，司法判决会产生一定的社会影响，这主要通过一定的信息传播。然而，不同社会个体在接受法律讯息传播的过程中会产生不同的感知和认知，因此司法判决产生后也会对不同个体产生不同的社会效果。这种社会治理效果体现了司法判决在社会中实现了一定的社会治理效能。当然，这种社会治理效能实现需要从人员素养、专门机构、组织协同等方面进行深入分析。

第二节　司法判决的说理性

诚如上一节所述，司法判决的社会属性反映出判决并非在真空中进行，其总是受到与案件有关的各种各样的社会因素影响。与此同时，司法判决作出后产生的社会治理效果，也会因为不同个体和组织的不同社会情境而产生不同的心理认同感。并且，在一些专业性司法判决中，司法判决的社会治理功能实现还受到法官专业知识结构、内部组织结构及外部协同机制的制约。上述这些因素深刻反映出司法判决的社会属性，并共同影响司法判决的公正性。不过，这主要侧重从司法判决的外在层面来分析。从司法判决的内在层面来看，影响司法判决的公正性，还要看法官是否要掌握一套裁判说理方法。尤其是，当法官所作出的司法判决具有明显的社会效应时，法官将社会主义核心价值观融入裁判文书说理，并采用一套法律方法进行充分论证，避免同案不同判，就显得格外重要。这不仅在外在层面强化了司法判决的公正性，也在内在层面增强了裁判的可接受性。有学者认为，司法判决结论宣告了一种对双方当事人的未来将会产生重大影响的可能生活。[1]这种可能生活体现了公平、正义等法律价值，因而是具有可接受性的可能生活。为了让司法判决体现的可能生活具有可接受性，有必要加强司法判决的说理。

一、推动社会主义核心价值观融入裁判文书说理

核心价值观是一个民族赖以维系的精神纽带，是推动一个民族、一个国家发展进步的最深沉的力量。核心价值观，承载着一个民族、一个国家的精神追求，体现着一个社会评判是非曲直的价值标准。[2]作为价值标准，社会主义核心价值观有着十分明确的含义，它既是一个政治标准，也是一个道德标准，还是一个文化标准；它既是国家倡导的一套价值观念体系，也是社会成员必须遵循的行动指南和价值准则。可见，发挥好社会主义核心价值观对社会成员的行为具有价值引领作用，对于促进社会治理、实现社会良善具有十分重要的意义。2016年12月，中共中央办公厅、国务院办公厅印发《关于进一步把社会主义核心价值观融入法治建设的指导意见》要求：把社会主义核心价值观融入法治建设和社会治理，并提出"用司法公正引领社会公正"。人民法院作为维护社会公平正义的最后一道防线，作出的司法判决具有既定的法律效力，在一定程度上发挥着维护社会秩序、保证社会团结与和谐的重要功能。近年来，如何充分发挥审判职能并在司法裁判中践行社会主义核心价值

---

〔1〕 张继成：《可能生活的证成与接受——司法判决可接受性的规范研究》，载《法学研究》2008年第5期。

〔2〕 孙业礼：《核心价值观是最持久、最深沉的力量——学习习近平同志关于社会主义核心价值观的重要论述》，载《求是》2014年第19期。

观、如何提升司法裁判的可接受性和说理性，成为人民法院司法改革的重要内容。同时，围绕人民群众日益增长的对公平、正义的需求，在司法改革的进程中，人民法院只有通过将社会主义核心价值观融入裁判文书的说理中，进一步增强司法裁判的公信力和权威性，使司法裁判说理做到情、理、法的统一，才能不断提升人民群众对司法裁判的满意度。

为深入贯彻落实中央要求，最高人民法院先后出台将社会主义核心价值观融入司法裁判的政策和意见，并定期发布相关典型案例。自2015年最高人民法院发布《最高人民法院关于在人民法院工作中培育和践行社会主义核心价值观的若干意见》以来，2018年9月，最高人民法院又发布了《最高人民法院关于在司法解释中全面贯彻社会主义核心价值观的工作规划（2018－2023）》，以实际举措积极培育、自觉践行社会主义核心价值观，充分发挥人民法院规范、指导、评价、引领社会价值的重要作用。同时，最高人民法院还通过下发通知、会议纪要以及公布指导性案例等方式，从家庭美德、社会公德、公序良俗、诚信守法等不同角度，定期发布指导性案例，进行有针对性的价值引领和判案指导。2019年，最高人民法院发布了《最高人民法院关于深化人民法院司法体制综合配套改革的意见——人民法院第五个五年改革纲要（2019—2023）》，从谋划改革的角度专门提出，要完善推动社会主义核心价值观深度融入审判执行工作的配套机制，确保人民法院的司法解释、司法政策、裁判规则发挥价值引领功能。为深入推进此项改革，2021年1月，最高人民法院又专门印发了《关于深入推进社会主义核心价值观融入裁判文书释法说理的指导意见》，系统规范了裁判文书融入社会主义核心价值观释法说理的基本原则、基本要求、主要方法、案件范围等。应该说，人民法院已经把社会主义核心价值观融入了司法审判工作中并摆在了突出位置，并且在具体工作中得到进一步细化和推进。为更好地分析社会主义核心价值观融入司法裁判文书的基本形态和样貌，本书选取了最高人民法院自2016年以来发布的40例弘扬社会主义核心价值观典型案例为分析样本（见下表3.1），通过对典型案例的分析，以对司法实践中社会主义核心价值观的融入等情况进行梳理归纳。

表 3.1　弘扬社会主义核心价值观典型案例汇总（截至 2023 年 6 月）

典型案例	发布时间	价值归属
刘某诉刘某某、周某某共有房屋分割案	2016 年 3 月 10 日	家庭美德
"北燕云依"诉某派出所拒绝办理户口登记案	2016 年 3 月 10 日	公序良俗
周某诉某公安分局拖延履行法定职责案	2016 年 3 月 10 日	社会公德
张某等诉杨某继承纠纷案	2016 年 3 月 10 日	友善互助
杨某诉某财产保险股份有限公司意外伤害保险合同纠纷案	2016 年 3 月 10 日	诚实守信
张某诉某商贸有限责任公司买卖合同纠纷案	2016 年 3 月 10 日	诚信经营
某船厂诉某船务有限公司船舶修理合同纠纷案	2016 年 3 月 10 日	诚信诉讼
金某伪证案	2016 年 3 月 10 日	诚实守法
高某诉上海某大学不授予学位案	2016 年 3 月 10 日	诚实守规
某环保联合会诉某农化有限公司等环境污染责任纠纷案	2016 年 3 月 10 日	环境公益
某村民委员会诉郑某某等 12 人返还原物纠纷案	2016 年 8 月 23 日	诚实守法

续表

典型案例	发布时间	价值归属
伊春某旅游酒店有限公司诉张某某劳动争议纠纷案	2016 年 8 月 23 日	诚实守规
丘某某诈骗案	2016 年 8 月 23 日	诚实守信
微信朋友圈销售假冒注册商品案	2016 年 8 月 23 日	诚信经营
旅游卫视诉爱美德公司等侵犯台标著作权案	2016 年 8 月 23 日	诚信诉讼
北京某集团总医院申请执行陈某春医疗服务合同纠纷案	2016 年 8 月 23 日	公序良俗
某小区业主委员会诉邓某某物业服务合同纠纷案	2016 年 8 月 23 日	诚实守信
唐某某诉唐某甲等 5 子女赡养纠纷案	2016 年 8 月 23 日	家庭美德
邓某某诉某速递公司、某劳务公司一般人格权纠纷案	2016 年 8 月 23 日	社会公德
华波与王士波、王希全生命权纠纷执行案	2016 年 8 月 23 日	友善互助
董存瑞、黄继光英雄烈士名誉权纠纷公益诉讼案	2020 年 5 月 13 日	革命英烈保护
淮安谢勇烈士名誉权纠纷公益诉讼案	2020 年 5 月 13 日	当代英烈保护
村民私自上树摘果坠亡索赔案	2020 年 5 月 13 日	公序良俗、文明出行
撞伤儿童离开被阻猝死索赔案	2020 年 5 月 13 日	助人为乐、友善共处

续表

典型案例	发布时间	价值归属
微信群发表不当言论名誉侵权案	2020 年 5 月 13 日	社会公德、文明交往
"暗刷流量"合同无效案	2020 年 5 月 13 日	诚实守信、网络秩序
开发商"自我举报"无证卖房毁约案	2020 年 5 月 13 日	诚实守信、契约严守
吃"霸王餐"逃跑摔伤反向餐馆索赔案	2020 年 5 月 13 日	诚实守信
自愿赡养老人继承遗产案	2020 年 5 月 13 日	中华孝道
困境儿童指定监护人案	2020 年 5 月 13 日	未成年人保护
李某侵害英雄烈士名誉、荣誉权纠纷案	2023 年 3 月 1 日	英烈保护
刘某诉史某健康权纠纷案	2023 年 3 月 1 日	文明出行
张某诉李某生命权、身体权和健康权纠纷案	2023 年 3 月 1 日	公正法治
沙某某诉袁某某探望权纠纷案	2023 年 3 月 1 日	尊老爱幼
周某诉付某撤销婚姻纠纷案	2023 年 3 月 1 日	婚姻自由
李某诉朱某甲变更抚养关系纠纷案	2023 年 3 月 1 日	关爱儿童
唐某诉某网络科技有限公司网络服务合同纠纷案	2023 年 3 月 1 日	社风文明
王某诉傅某性骚扰损害责任纠纷案	2023 年 3 月 1 日	职场文明
沈某某诉胡某、邓某劳动争议案	2023 年 3 月 1 日	合法用工
李某与某电子商务公司劳动争议案	2023 年 3 月 1 日	职场友善

经统计发现，40 个典型案例呈现出以下特点：一是案由类型覆盖广，但以民事案件为主。通过上表会发现，案由覆盖了民事、刑事、行政、知识产权等，其中民事案件 31 例，占比最

高。二是所弘扬的社会主义核心价值观较为集中。社会主义核心价值观的三个层面中，主要集中在社会主义核心价值观的公民个人层面，其中诚信价值准则数量多达 14 例。三是社会主义核心价值观融入裁判文书的方法有待进一步加强。从最高人民法院发布的典型案例来看，目前社会主义核心价值观的司法适用存在显现度不够、释法功能较弱、价值宣示色彩过浓、结合个案进行的"融入式"论证不足等问题。[1]而从实践层面看，社会主义核心价值观融入裁判文书说理的方式、内容等方面仍有提升的空间。这主要表现为以下两方面：

一方面，法官融入裁判文书说理比较形式化。法官在适用社会主义核心价值观进行裁判说理时，没有结合案情进行具体分析，只是将"社会主义核心价值观"简单列入裁判文书，并未真正将其融入案件进行具体、规范化的解释说明，司法裁判的说理也由此会变得机械化和形式化，并不能起到正向的价值引领作用，反而容易使人民群众对社会主义核心价值观的内容产生歧义和误解，在一定程度上，消解了人民群众对法律的信任感。社会主义核心价值观作为一种公共道德融入裁判说理，如果语言过于简略或者指示不明，会直接影响核心价值观对当事人的说理效果。间接而言，如果在案件说理中无法体现核心价值观的精神追求，容易令司法人员忽视核心价值观在裁判中的说理价值，出现生疏适用、说理停滞的问题。

另一方面，法官对社会主义核心价值观的理解与认知不一致。若法官对核心价值观说理的价值认识不正确，理解有偏差，

---

〔1〕 雷磊：《社会主义核心价值观融入司法裁判的方法论反思》，载《法学研究》2023 年第 1 期。

传递出的信息会直接影响社会公众的看法，社会主义核心价值观融入司法实践更难得到社会大众的普遍认同。败诉的一方可能会针对裁判文书文字、说理进行曲解型对抗，甚至通过非法途径捍卫"真理"，增加法院的诉累和对社会秩序的威胁。例如，法官对"诚信"这一价值观的解释，有些法官表述为诚信原则，也有些法官表述为诚实守信。虽然同为"诚信"价值的内涵，用词差异可以理解为反映作者的语言偏好，但是多词并立的现象本身也表明社会主义核心价值观融入法律说理领域尚未形成一般化的运用标准。基于不同法官的阅历、知识水平等差异，存在一部分法官运用价值观到具体案件时语词并不规范的情况。

为了进一步推动社会主义核心价值观融入裁判文书说理，未来还需要从以下两方面提升。

一方面，作为裁判文书制作者的法官应该牢固树立社会主义核心价值观，并在裁判文书中自觉运用社会主义核心价值观释法说理。在司法实践中，法官角色是多元的，既是案件的裁判者，也是法律的适用者，还是一个社会人。法律的生命不是逻辑，而是经验。[1]法官在司法裁判过程中，免不了加入自己的社会经验和价值判断，如何让法官的价值观与社会主义核心价值观相统一就成了裁判文书说理引入社会主义核心价值观的前提条件。因此，要使裁判文书中运用社会主义核心价值观说理，首要前提是具体承办案件的法官需要认同社会主义核心价值观，把自己的日常生活经验融入社会主义核心价值观的理念

---

[1] ［美］霍姆斯：《普通法》，冉昊、姚中秋译，中国政法大学出版社 2005年版，第 1 页。

建构中来，在作出判决以及撰写裁判文书的过程中自觉和主动地适用社会主义核心价值观。其次，法官要深刻把握社会主义核心价值观的价值体系和具体内涵，熟练运用于各类案件进行释法说理。社会主义核心价值观由国家层面的价值目标、社会层面的价值目标和公民个人层面的价值准则组成，这就需要法官准确把握各个层面社会主义核心价值观的具体内涵和对司法的明确要求，全面梳理出各类案件所对应的各个层面的核心价值，从而熟练精准地运用社会主义核心价值观进行充分释法说理，提高裁判文书的说理性和可接受性。不仅如此，法官在撰写司法裁判文书的过程中，还要站在当事人的立场上，对照法律规定，当出现当事人不理解法律的规定或者对法院的判决有抵触情绪时，法官要用社会主义核心价值观的内容链接法律规定与当事人诉求之间的观念差异，用通俗的话语解释法律规定的内涵，努力让当事人自觉接受法官的司法裁判。

另一方面，人民法院应当出台具体措施激励法官自觉运用社会主义核心价值观进行裁判说理，并采取有效的评估措施，适时评估司法判决运用社会主义核心价值观说理的社会效果。在司法实践中，假定法官通过裁判文书获得的收益基本恒定[1]，那么在社会主义核心价值观融入裁判文书说理后，个案所付出的成本即会增加，如法官为更好地进行融入说理而付出的论证、修辞、编排等成本。那么，在通过裁判文书获得的收益基本恒定，成本又增加的情形下，法官便缺乏在裁判文书中融入社会主义核

---

〔1〕　〔美〕波斯纳：《超越法律》，苏力译，北京大学出版社 2016 年版，第103页。所追求的是物质的收益如工资、奖金等，精神的慰藉，荣誉的获得和前途的延伸，法官等级的晋升，法官行政职务的提拔等善品。

心价值观进行说理的动力。因此，人民法院应当结合司法责任制诸项配套改革措施，制定相关的激励机制，积极引导具体承办案件的法官运用社会主义核心价值观的内容进行说理，并不断在法院系统中逐步推广优秀的裁判说理文书。与此同时，进一步完善融入评估措施，通过运用大数据技术评估运用社会主义核心价值观进行司法裁判说理的力度、广度以及效果，并采用定性的方式分析当事人是否实际接受司法裁判。通过采用定性和定量相结合的方式评估运用社会主义核心价值观进行裁判文书说理的社会效果，有利于人民法院及时发现裁判文书说理过程中存在的问题，促使法官不断改进裁判文书说理的水平。

司法裁判是人民法院把抽象的法律规定结合具体的案件事实之后所制作的司法产品，它凝聚着一个社会最基本的良知、道德准则以及思想观念。一份有效而可接受的司法裁判需要加强裁判文书过程中的司法说理。加强司法裁判文书说理，在依照法律规定的基础上，要融入一定社会的主流价值观。与此同时，要创新说理的方式、语言表达措辞、语言情境，最终真正让一定社会的主流价值观以润物细无声的方式融入当事人的心中，不断增强司法裁判的可接受性。在新时代背景下，社会主义核心价值观本身包含了"自由、平等、公正、法治"等方面的内容。在裁判文书中运用社会主义核心价值观说理，就是要在司法的过程中充分吸收有利于社会团结和稳定的价值观念、文化以及思想，进而实现法治观念系统与其他观念系统有机结合，有效发挥司法裁判维护公共秩序与社会和谐稳定的功能。[1]

---

〔1〕 参见王裕根、张志坚：《推动社会主义核心价值观融入裁判文书说理》，载《人民法院报》2019 年 2 月 14 日，第 8 版。

二、运用指导性案例增强说理

为进一步推动和优化司法判决的说理，除了要推动社会主义核心价值观融入裁判文书说理之外，还应充分发挥案例指导制度的作用，将指导性案例融入裁判文书的说理中，从而尽可能避免"同案不同判"。案例指导制度是中国特色社会主义司法制度的重要组成部分。做好案例指导工作，是深入贯彻习近平法治思想，加快建设公正高效权威的社会主义司法制度，更好发挥人民法院审判职能作用的必然要求。"一个案例胜过一沓文件"，充分发挥案例的引导、示范、教育功能，对于确保裁判尺度统一，促进法律正确实施，提高审判质效和司法公信力具有重要作用。[1]在此背景下，如何激发案例指导制度活力，建立相关机制促使法官将案例融入裁判文书说理，不断提高裁判文书的可接受性，无疑成了增强司法裁判说理的重要方向。与此同时，法官通过运用指导性案例强化判决书说理，使自己的判决得以理性化、正当化，或说是以理服人、解决纷争的能力，而这是国家整体司法治理能力的重要面向。[2]

近年来，为提升司法公信力，积极回应司法实践的裁判尺度不统一、法律适用标准不一致、法官自由裁量权过大等问题，最高人民法院积极探索建立并不断完善案例指导制度。2010年11月，最高人民法院发布了《关于案例指导工作的规定》，其中第7条明确规定："最高人民法院发布的指导性案例，各级人

---

〔1〕 孙航：《深入学习贯彻习近平法治思想 切实加强案例指导 确保严格公正司法》，载《人民法院报》2022年1月14日，第1版。

〔2〕 李红海：《案例指导制度的未来与司法治理能力》，载《中外法学》2018年第2期。

民法院审判类似案例时应当参照。"这标志着中国特色的案例指导制度正式确立。2015 年 5 月，为推进案例指导工作，最高人民法院印发《〈关于案例指导工作的规定〉实施细则》（以下简称《实施细则》），进一步明确了指导性案例的标准、推荐主体和工作程序以及如何适用指导性案例等方面的内容，界定了"类似案件"的判定标准，并就如何进一步加强指导案例引用方面作出了规定，应该说这解决了实务界长期存在的"类似案件"判定标准不明确、是否全部引用整个指导性案例以及怎样在待决案件中引用等问题。对指导性案例的裁判要点进行引用，化抽象的法律条文为具体适用标准，同时为待决案件提供一个具体参照，这对于提高审判工作效率，做到同案同判具有重大意义。2020 年 7 月，最高人民法院印发《关于统一法律适用加强类案检索的指导意见（试行）》，这一文件进一步明确指出，人民法院在办理案件时应当进行类案检索的不同情形，并明确规定法官在审理报告中具有说明类案检索情况或者制作类案检索报告的义务，这为深入推进法官引用或检索类案提供了可操作性的制度方案。当然，这里的类案检索不仅包括最高人民法院发布的指导性案例，还包括最高人民法院发布的其他典型案例和生效判决、省高级人民法院发布的案例、上一级人民法院或本院生效的判决或案例。不过，按照《实施细则》的规定，在裁判文书说理过程中，法官具有参照指导性案例裁判要点的义务，因此指导性案例相比其他类案而言，其增强裁判文书说理的效力较强。截至 2022 年 12 月 31 日，最高人民法院先后发布 34 批共 191 例指导性案例，在案由方面，全面覆盖民事类、刑事类、行政类、知识产权类、执行类、国家赔偿类等六大类。可见，为逐步统一法律适用，近年来最高人民法院积极探索并推进案例指导制度实施，这必将促进指导性案例在实务中的广泛应用，使得案例指导制度在司法实践中焕发生机和活力。而在学术界，相关研究已经关注判例自发引用的现象。[1]这进一步说明，运用指导性案例增强裁判文书说理已成为司法实践发展的重要方向。

然而，在司法实践中，实务界对指导性案例的法律效力定位不清，对于案例指导制度与司法解释制度的关系亦尚未厘清，再加上我国受大陆法系成文法国家司法传统的影响，以致实务中对指导性案例的引用率不是很高。但是，案例指导制度的生机活力不能因此而衰弱。案例指导制度的不断完善，这对完善裁判文书说理，统一审判标准，提高司法效率具有重要意义。事实上，案例指导制度作为一项司法实务性很强的制度，其生命力往往要放在司法实践中加以检验，让其在实践的土壤之中不断被激发和释放。只有将案例指导制度的活力彻底激发，才能将蕴含在典型案件中的法律原则、精神和原理以文本形式表达出来，并以说理的方法统一法律适用，有效转变司法理念，让司法判决经得起推敲，从而传递指导性案例作为公共政策的信号，增强人民群众的遵法、学法、守法、用法的意识。因此，为促使人民法院在加强指导案例引用方面有更多作为，让指导性案例引用在法官判案的思维中"内化于心、外化于行"，或许还应从以下三个方面着手：

第一，转变理念瓶颈，强化案例分析与应用思维。司法实务中，由于我国"只有成文法才具有法律效力，案例不具有法

---

〔1〕　顾培东：《判例自发性运用现象的生成与效应》，载《法学研究》2018 年第 2 期。

律效力"的理念瓶颈，使得在司法实践中指导性案例仅具有事实上的效力，处于"被选择适用"的尴尬境地。因此，加强指导性案例引用，就必须转变传统办案思维，强化对指导性案例的分析与应用，充分认识到指导性案例在统一法律适用和提高审判工作效率方面的重大作用。一方面，需要改革我国的法学教育模式，坚持"法条教育"与"案例教育"并重，让案例分析和应用进课堂、进考试、进考评；另一方面，多措并举提高司法人员应用指导性案例的能力。首先，需要加强对在职法官的培训，将最高人民法院、最高人民检察院发布的指导性案例切实纳入业务培训内容，使司法人员熟知指导性案例，从而主动学习指导性案例，强化他们的案例分析思维，进而在司法实践中自觉参照适用指导性案例。其次，在参照适用时，司法人员要主动转变法律思维方式。对于类似案件的判断，并非仅仅看案件事实是否类似、法律适用是否相似、体现的价值是否相似等单个方向或维度，而应当将目光不断往返于事实、法律和价值之间。最后，随着类案检索的信息技术不断完善，案例数据库建设不断更新，法院还应当专门加强对司法人员类案识别技术的培训，定期举办数字化类案检索案例的研讨会和分析会，不断提升案例检索能力与应用能力。与此同时，在指导性案例说理的理论层面还应该联系实践深化学习，通过理论与实践相结合进行研讨，让司法人员知晓在司法实践中，应从哪些方面对待解决案件与指导性案件进行对照，掌握判断案件事实相似性的方法，从而更好地应用指导性案例，激发案例指导制度的活力。

第二，加强信息化建设，便捷案例查询通道。指导性案例要被引用，前提是法官对指导性案例能够及时全面的掌握。实践中，随着司法工作与互联网技术的融合发展，关于裁判文书、审判案例的检索平台不断涌现，当前官方可供检索的平台主要有中国裁判文书网、地方人民法院的检索平台，如贵州高院的"类案裁判标准数据库"、北京高院的"睿法官系统"等，非官方检索平台主要有无诉案例、北大法宝、法信等，由于与指导性案例并存的其他典型案例的发布渠道不统一，使得法官不能在短时间内识别案例之间的相似性，因而在检索案例时花费了不少时间。为了节约检索案例的时间、提高审判工作效率，依托大数据信息技术，吸收现有的中国审判案例数据库和北大法宝等数据库内容，建立一个全国统一的指导性案例数据发布库实为必要。同时可利用现代信息技术，如运用微信公众号等及时发布指导性案例，这有助于法官尽早了解最新指导性案例发布的实况，及时为一线办案人员提供指导与参照。同时，要对引用指导性案例进行判决的案例进行数据汇总，并定期在法院内网中发布交流与研讨，为法官引用指导性案例进行公正判决创造良好的氛围，这不仅为法官引用指导性案例提供了"二次示范"，而且有助于激发法官引用指导性案例的积极性。

第三，完善奖惩机制，做好指导性案例援引信息统计反馈工作。现有法律并没有规定将法官援引指导性案例作为一项义务，而只是最高人民法院在司法工作中作出的一项规定，因此法官援引指导性案例的选择空间依然较大，需要在制度层面完善相关工作奖惩激励机制。由于没有法律规定，所以法官对应当引用指导性案例作出判决而未引用的行为并没有惩戒的依据，但作为践行司法正义的直接责任者，如果引用指导性案例进行判案能够维护社会公平正义、提高司法工作效率，这时引用指导性案例就义不容辞，而此时用相关奖惩机制激励法官援引指导性案例也是激励制度设计的初衷。因此，加强指导性案例的引用除了需要法官职业道德的约束之外，还需要外在的奖惩机制，尤其要对法官在审判中是否充分参照指导性案例的情况设置相应考评标准。一方面，要完善奖励机制，对于主动引用指导性案例取得良好法律效果和社会效果的，应当记入年终考核作为评优评先的依据。另一方面，要完善惩罚机制，对应当引用指导性案例作出判决而未引用的，抑或是消极引用指导性案例的法官给予适度惩罚。例如，对于应当引用而未引用，导致当事人上访或者二审改判，带来了司法不公的社会影响，此时应该纳入审判监督管理体系进行监督考核。通过上述奖惩机制的完善，从而切实推动案例指导制度得到真正的落实。此外，还需要建立指导性案例引用的司法统计工作，借助大数据技术监督各级人民法院在裁判文书中援引指导性案例的实际情况，并从动态和静态两方面监测法官引用指导性案例的情况，与此同时，地方各级人民法院应及时反馈指导性案例的引用情况，为最高人民法院作出相应决策提供事实支撑。

综合上述可知，增强司法裁判的说理性具有十分重要的意义，它具体可以通过融入社会主义核心价值观以及运用指导性案例的方式强化裁判文书说理过程中的可接受性。社会主义核心价值观从价值导向层面为法官在裁判文书说理过程中提供了裁判指引和方向，而指导性案例则从实践操作层面用具体案例的方式呈现了法律如何适用的问题，二者有机融合，为法官生成一份高质量的裁判文书提供了思维方向。

第三节 司法判决的强制执行性

诚如前述两节所述，司法判决的生成具有社会属性，同时说理性本身构成司法判决的内在属性，但司法判决生效后，关键在于让其产生法律强制执行力。由此，强制执行性便是司法判决另外一个重要的属性。当前，在法治社会建设过程中，离不开司法判决的价值引领。但司法判决要发挥价值引领的功能，其前提是要维护司法判决权威和提升司法公信力。只有维护并切实执行司法判决，才能不断提升司法公信力，群众才会相信法律，愿意遵守法律，进而运用法律维护自己的合法权益。而维护司法判决权威和提升司法公信力的关键是让判决得到有效执行。习近平总书记指出，法律的生命力在于实施。如果有了法律而不实施，或者实施不力，搞得有法不依、执法不严、违法不究，那制定再多法律也无济于事。司法判决书是人民法院根据法律规定在具体案件中确定权利义务的具有规范效力的文书，在本质上属于法律实施的具体化，当其生效后具有强制执行力。如果说法律的生命力在于实施，那么司法判决的生命力在于执行，因为公正的判决最终需要通过执行体现出来。司法判决所确定的权利义务能够得到有效实现本身构成了理解司法判决的重要维度，也是司法判决的重要属性，如果说法官依照法律对具体案件进行裁判构成一种法律的具体化规定，那么将这种具体化规定在社会中实施，其过程不仅是在涉案当事人之间实现法律所规定的权利义务，也是彰显司法权威、提升司法公信的重要体现，更是反映了法律的生命力所在。可以说，努力让人民群众在每一个司法案件中感受到公平正义，不仅体现在作出公平公正、有说服力的判决，更体现在让司法判决得到切实有效的执行。

一、司法判决的生命力在于执行

如果一纸司法判决无法得到执行，就犹如一部法律没有得到实施，必将破坏法律确定的精神以及损害法律权威，更不利于建设法治社会。由此，强化司法判决的权威，保障司法判决的有效执行，对于维护法律权威、建设法治社会具有重要意义。

在建设法治社会过程中，司法判决得到切实有效地执行，对于树立群众法治信仰具有重要意义。而在司法实践中，群众对法律的信任首先来源于对法官的司法行为的信任。与此同时，谈及法律权威和司法判决的强制执行性，如果领导干部以及司法人员带头维护和执行司法判决，无疑对于提升司法公信力、促进群众尊法守法用法护法具有十分重要的引领作用。

国家法律的强制性必然赋予司法判决强制执行性，这一点不仅可以从现代社会的法治精神出发进行阐释，还可以从中国古代先秦时期的法文化角度进行阐释。回顾中国古代传统法律文化，其中先秦时期商鞅《徙木立信》的故事对当今法治社会建设中充分发挥领导干部尊法、守法、护法等方面的示范带头作用，维护司法权威、提升司法公信力，强化司法判决的执行具有重要启发。[1]党的十八大以来，习近平总书记也多次引用该故事强调领导干部敬畏法纪、严格执行法纪的重要性。例如，习近平总书记在十八届中央政治局第四次集体学习时的讲话中提出，法律的生命力在于实施。如果有了法律而不实施。或者

---

[1] 参见王裕根、付可心：《从商鞅徙木立信说开去》，载《人民法院报》2023 年 2 月 24 日，第 7 版。

实施不力，搞得有法不依、执法不严、违法不究，那制定再多法律也无济于事[1]。接着习近平总书记以商鞅徙木立信的故事阐明严格执法的重要意义。再比如，习近平总书记在二十届中央纪委二次全会上发表重要讲话时指出，"制定实施中央八项规定，是我们党在新时代的徙木立信之举，必须常抓不懈、久久为功，直至真正化风成俗，以优良党风引领社风民风"[2]。

商鞅《徙木立信》的故事，记载于《史记·卷六十八·商君列传》，2000多年来，它作为一个关于诚信和智慧的故事一直被传述着。这个故事发生在春秋战国时期，公元前356年，秦国的秦孝公继位以后，决心图强改革，便下令招贤。商鞅自魏国入秦，提出了废井田、重农桑、奖军功，实行统一度量、建立县制和实行连坐之法等一整套变法求新的发展策略，深得秦孝公的信任。商鞅力主变法，想要实施变法图强政策，但在当时却阻力重重，除了既得利益者的反对，还在于国家长期缺失公信力，百姓难以信赖国家会兑现所许诺的变法之益，因而对新政策持有疑虑。商鞅制定好改革法令之后，并未马上公布，为解除百姓的疑惧，商鞅在秦国的都城里竖起了一根三尺高的木桩，并规定，如有人将其从南城门搬到北城门，可以得到十两黄金的赏赐。不过，要将这块木桩搬到北城门并不是轻而易举的事情，因此所有的百姓都站在原地看着，并没有人去搬运。商鞅又说，谁要是能做到，就给他五十两黄金。一个大汉走上

---

〔1〕《严格依法行政，加快建设法治政府》，载 http：//theory.people.com.cn/n/2015/0513/c40555-26993166.html，最后访问日期：2023年7月23日。

〔2〕《习近平在二十届中央纪委二次全会上发表重要讲话强调 一刻不停推进全面从严治党 保障党的二十大决策部署贯彻落实》，载《人民日报》2023年1月10日，第1版。

前去，把木头扛到了北城门，后面商鞅给他五十两黄金，以表明这不是欺诈。此事一时间一传十，十传百，商鞅通过徙木立信迅速在百姓之中获得信任并树立威信，为变法奠定了民心，使得新法顺利在秦国上下推行。可见，他在其中扮演了立法者和守法者双重角色，通过徙木立信，进而取信于民，在普通民众中才得以推动法律实施。

商鞅通过徙木立信顺利推行新法后，却受到了旧贵族的抵制，这时出现了第二件对推行新法有重要影响的事。太子犯法，"卫鞅曰：'法之不行，自上犯之。'将法太子。太子，君嗣也，不可施刑，刑其傅公子虔，黥其师公孙贾。明日，秦人皆趋令"。商鞅明白要让人们遵守新法，必须处罚带头犯法的王公贵胄，其中包括太子，如果只处罚王公贵胄而不处罚太子，人们必定还是不服。但太子是国君继承人，按照秦律令是不能处以刑罚的，于是商鞅想了一个变通的办法，处罚太子的老师，将太子的老师公孙虔、公孙贾处以黥刑，即在他们的脸上刻字，以惩戒他们没有教好太子。商鞅巧妙利用太子犯法这个契机，严格执行法律，处罚了太子傅，此举成功震慑朝野。此后，秦国就没有人敢再违反新法了，新法得以实施下去。可见，商鞅执法不畏权贵，这是秦国上下都能遵守法律的重要原因。任何法律，一旦没有严格执法，有个别漏网之鱼，极有可能会形成"破窗效应"。如果法律没有得到有效的执行，那么任何法律都是一张白纸，法律就会变成一种空谈。正如法谚所云："法律的生命在于实施。"只有当制定好的法律得以有效实施，并且人民群众积极响应政府的号召，积极拥护法律的公信力，国家才能够走向繁荣昌盛。

宋代王安石曾在评价商鞅时说，"自古驱民在信诚，一言为重百金轻。今人未可非商鞅，商鞅能令政必行。"意思是自古以来，治理人民就要依靠诚信，统治者言出必行，一诺千金才能取信于民。此外，司马光在《资治通鉴》中对"徙木立信"也有一段非常有名的评论，"臣光曰：夫信者，人君之大宝也。国保于民，民保于信。非信无以使民，非民无以守国。"从这段话中可以看出，司马光认为信誉是为人君主最重视的法宝，国家靠黎民百姓来保卫，百姓靠诚信来保护；若国家不讲信誉民众就不会服从，百姓不尽力便无法维护国家。王安石和司马光都共同关注治理者的信誉问题。信誉被认为是治理者与治理对象的连接纽带，如果很脆弱，那么治理对象与治理者之间的信任关系就不稳定，良法善治的目标也就很难实现。

"法令者，代谋幸福之具也。法令而善，其幸福吾民也必多，吾民方恐其不布此法令，或布而恐其不生效力，必竭全力以保障之，维持之，务使达到完善之目的而止。政府国民互相倚系，安有不信之理？"[1]这是毛泽东同志在上中学时所著的《商鞅徙木立信论》中的几句话。内容大意为：法律，是人民追求福祉的重要手段。如果法律本身是善的，那么它会使我们人民得到很多福祉，此时人民担心政府不能有效颁布这些法律，或者担心这些法律颁布后不能发生作用，因此政府就必须努力地维护它，务必使它实现最良好的良善目的为止。如果政府和人民都互相维护法律的尊严，法律哪有不信的道理？这段话揭示了法律的目的以及政府带头维护法律的重要意义，其重要启示在于：一方面，政府必须制定良善的法律。何谓良善的法律？

---

〔1〕 中共中央文献研究室、中共湖南省委《毛泽东早期文稿》编辑组编：《毛泽东早期文稿》，湖南人民出版社2008年版，第1页。

在西方法治思想中，亚里士多德的观点较为具有代表意义，亚里士多德认为，"法治优于一人之治""法治应该包含两重含义：已成立的法律获得普遍的服从，而大家所服从的法律又应该本身是制订良好的法律。"〔1〕可见，良法是法治的逻辑原点。又如上述毛泽东同志所述，良法应当是为人民谋幸福的工具，可见只有运行的法律良善，注重对人民福祉的保障，才能获得人民发自内心的认可和拥护，人们才会愿意遵守，从而进一步推进法治建设的进程；另一方面，也是最为关键的，即在法律制定后，政府官员必须带头守法，切实树立法律权威，提升政府公信力。信用是巨大的向心力，能积极推动目标实现。人无信不立，政府也是这样。政府在民众心中没有威信，也就没办法推行各种制定良好的变法措施。徙木立信的结果，就是开始激发出民众对官府的某种向心力。〔2〕只有这样，才能维护好法律，群众才能相信法律，进而遵守和维护法律。

回顾商鞅《徙木立信》的故事，对于认识法律乃至司法判决的强制执行性具有重要启发：

第一，司法判决的执行需要动员广大群众参与，才能赢得群众的支持，从而在动员中提升群众对司法乃至法律的认同感。毛泽东同志在《商鞅徙木立信论》中提出一个重要问题："商鞅之法，良法也……民何惮而不信？乃必徙木以立信者，吾于是知执政者之具费苦心也，吾于是知吾国国民之愚也，吾于是知

---

〔1〕 〔古希腊〕亚里士多德：《政治学》，吴寿彭译，商务印书馆1965年版，第167~168、199页。

〔2〕 王耀海：《商鞅变法研究》，社会科学文献出版社2014年版，第385页。

数千年来民智黑暗、国几蹈于沦亡之惨境有由来也。"[1]其大意是商鞅的法令是好法令，但人们为什么害怕而不相信呢？一定要通过搬移木杆来树立诚信，我从这里知道了执政者都费了苦心，我从这里知道了我国国民愚昧，我从这里知道了几千年来民众智慧缺乏、国家差点儿走向灭亡的悲惨境地是有原因的。由此可见，一个国家民众的参与程度以及民众意识的智明程度，对于良法的确立和实施都起着重要作用。因此，建设法治社会需要动员广大群众参与，群众参与的前提是对法律有足够信任。在此前提下，司法判决作为法律的具体化，在执行环节过程中也是需要动员群众参与进来，并尽可能得到群众的支持，让群众知晓国家法律在某些案件中态度，进而宣传和传播法律的精神与价值。否则如果脱离群众，即便人民法院作出了判决，也不一定能够得到良好的执行。推而广之，在法治社会建设过程中，要始终坚持以人民为中心，不仅要创造相关制度和环境使群众运用法律武器维护自身合法权益，也要在化解社会矛盾纠纷过程中积极贯彻群众路线，群策群力，开启民智，方能更好地、及时有效地化解各类矛盾纠纷，不断提升群众安全感、幸福感。可以说，群众对法治社会建设的参与程度在很大程度上影响了中国法治发展的广度与深度。

　　第二，领导干部在带头履行人民法院司法判决、带动群众守法、参与法治建设等方面具有重要示范作用。习近平总书记指出，各级领导干部要带头依法办事，带头遵守法律，始终对宪法法律怀有敬畏之心，牢固树立法律红线不能触碰、法律底

---

　　〔1〕　中共中央文献研究室、中共湖南省委《毛泽东早期文稿》编辑组编：《毛泽东早期文稿》，湖南人民出版社2008年版，第1~2页。

线不能逾越的观念，不要去行使依法不该由自己行使的权力，更不能以言代法、以权压法、徇私枉法。不懂这个规矩，就不是合格的领导干部。如果领导干部不遵守法律，怎么让群众遵守法律？为了贯彻落实这一点，不断扎牢防止领导干部干预司法判决执行的制度笼子，继中共中央办公厅、国务院办公厅印发《领导干部干预司法活动、插手具体案件处理的记录、通报和责任追究规定》和中央政法委印发《司法机关内部人员过问案件的记录和责任追究规定》之后，最高人民法院也先后出台了配套实施细则，并提出了明确要求，其目的是尽可能防止司法系统领导干部、工作人员内部产生干预司法活动、滋生司法腐败的情形。党的二十大报告中则明确提出，发挥领导干部示范带头作用，努力使尊法学法守法用法在全社会蔚然成风。这突出强调了领导干部在法治社会建设中的引领作用。各级领导干部，当然也包括司法系统领导干部要以身作则、以上率下，当好法治社会建设的"排头兵"，带头尊崇法治、敬畏法律，带头学法守法用法，捍卫法治，自觉运用法治思维和法治方式深化改革、促进发展、化解矛盾、维护稳定，带头营造办事依法、遇事找法、解决问题用法、化解矛盾靠法的法治环境，提高各项工作的法治化水平。通过带头将法治理念内化于心、外化于行，让权力在法律范围内良好有序地运行，才能使全民守法在社会中蔚然成风。

第三，党政机关领导干部和司法人员带头践行法治信仰才能提高司法公信力。司法公信力是社会公众对司法公正与否的一种判断和评价，反映出了社会公众对司法的信心与信任程度。司法公信力不足，不仅会阻碍社会公众对司法裁判的尊重与服从，还会造成司法制度难以获得社会公众的信任而运行受阻，从而破坏司法的公正性。[1]如果领导干部本身对法律权威不维护甚至肆意践踏法律，那么便不能奢望他们尊重法官作出的判决；如果司法人员本身不信仰法治，便谈不上一份司法判决能够得到有效执行。在《徙木立信》的故事中，商鞅在顺利推行新法后，并不是一帆风顺的。恰恰相反，新法实施过程中重重受阻，但即便如此，商鞅采取第二条措施严惩"贵戚"，这一举措极大地促进了法律的实施，提升了法律的权威。法治社会建设进程亦应如此。一方面，有必要多措并举，提升领导干部和司法人员的法治信仰，例如加强司法人员的综合素质培养，通过严格公正执法，减少司法腐败，通过司法公开等，持续提升司法公信力，推动司法文明进步，进而推动法治社会进程。另外一方面，还要完善相关制度，在法律遵守的一些日常生活细节规定严格的惩戒机制，防止形成守法的"破窗效应"。

二、辩证看待司法判决执行难问题

事物总是一分为二的。一方面，要把司法判决的有效执行摆在突出位置看待，但另一方面，也要看到司法判决执行过程中也会面临不少困境。近年来，人民法院面临的"执行难"问题反映出司法判决执行过程中总是面临各种各样的矛盾与困境，并且总是在破解各种困境中不断推进执行工作。

人民法院的强制执行工作是依靠国家强制力确保法律全面正确实施的重要手段，是切实执行司法判决、维护人民群众合法权益、实现社会公平正义的关键环节。在全国法院执行信访

---

〔1〕　胡铭：《司法公信力的理性解释与建构》，载《中国社会科学》2015 年第 4 期。

工作推进会中，原最高人民法院院长周强也多次强调，要用心用情解决好人民群众在执行领域急难愁盼问题。[1]然而，在现实司法实践中，执行难是长期制约法院切实执行判决和百姓反映最为强烈的突出问题之一。被执行人"下落不明"，房车钱款"无处找寻"，跨域执行"往返劳顿"，打击拒执"程序受阻"，审执协调"壁垒重重"，执行管理"上下不齐"……摆在人民法院面前的"执行难"，难在千头万绪，难在案件办理流程节点繁多，执行法官常常处于超负荷工作状态，破解执行难成为一项亟待解决的难题。在十二届全国人大四次会议上，原最高人民法院院长周强在报告最高人民法院工作时提出要用两到三年时间，基本解决执行难问题。这是中国司法制度史上划时代的重大工程，具有里程碑意义。[2]之后，各地法院对破解执行难问题纷纷进行大胆探索，在执行理念、执行队伍、执行行为等方面进行进一步完善，取得了一定成效。2022年8月，在第四届民营经济法治建设峰会上，原最高人民法院院长周强明确提出，用三年时间打赢"基本解决执行难"攻坚战，形成中国特色民事执行制度、机制和模式。之后，全国法院系统共同发力，紧锣密鼓地掀起一轮又一轮的执行风暴。应该说，在过去的几年时间里，人民法院的执行工作得到很大推进，部分案件的执行难问题也得到基本解决。但是，也应该用辩证的眼光看待执行难问题。在肯定既有的执行成就的同时，也应该反思其存在的一些体制机制问题。

---

〔1〕《周强：用心用情解决好人民群众在执行领域急难愁盼问题》，载 https://www. court. gov. cn/zixun/xiangqing/381871. html，最后访问日期：2023年7月21日。

〔2〕谷佳杰：《中国民事执行年度观察报告（2017）》，载《当代法学》2018年第5期。

　　事实上，执行难问题并不是现在才有的，它的发展和演变经历了一个漫长的历史过程，甚至与我国的法治建设历程有关。我国现代意义上的法治建设始于改革开放初期，此后随着法律制度体系不断健全，依法治国的理念逐步取得共识。与此同时，随着人民群众法律意识不断提高，司法公正、司法公信的观念亦深入人心。这一点最为明显的体现在，人民法院作出的生效判决应该得到尊重和维护，具有强制执行效力。正因此，最高人民法院将生效司法判决的执行摆在了重要位置。然而，部分社会群众对法律的信仰程度还不高，履行生效司法判决的意识还不强，因此不可避免带来了执行困境。最高人民法院提出用几年的时间去基本解决许多历史遗留案件的执行问题，这不仅要求人民法院系统真抓实干、敢于硬碰硬，更需要的是社会公众给予执行工作理解和支持。马克思主义唯物辩证法认为事物是普遍矛盾的、联系的和发展的，要用矛盾、联系和发展的观点看待事物的演变。同样，要正确认识"执行难"的问题也需要坚持用矛盾的、联系的以及发展的眼光看待。

　　第一，要用矛盾的观点看待执行难问题。事物是普遍矛盾的，用矛盾的观点看待和处理问题就需要清楚地知道各种矛盾的转化条件，分清问题的主要矛盾和次要矛盾以及矛盾的主次方面，并创造相关条件使矛盾的演变朝向问题解决的基本方向。应该说，执行难问题在社会中是客观存在的，被执行人法治意识缺失、申请执行人怠于行使自己的权力、执行机制和措施不健全、社会信用体系不够完善等都会导致判决难以顺利执行。但是，社会中也客观存在一些破解执行难的基本条件。例如动员群众参与、赢得当地社会组织、机构的支持等。与此同时在实践层面，又需要看到"执行难"与"难执行"、"执行难"与

"执行不能"、"执行不能"与"不能执行"是执行工作中时刻存在的基本矛盾。这就要求，在认识和解决执行难的过程中，需要具体矛盾具体分析，仔细分析具体案件执行难的根本矛盾，例如，到底是被执行人难找，还是被执行人拒绝执行导致判决执行困难，到底是跨地域执行比较困难，还是相关执行技术跟不上等阻碍判决顺利执行，在找到根本矛盾后着力解决根本矛盾。此外，还需要辨析各类矛盾性质转化的条件，并通过协同社会多个方面的力量创造有利于解决执行难问题的条件，从而逐步化解产生执行难的矛盾。

第二，要用联系的观点看待执行难问题。人民法院执行已经生效的司法裁判文书，本质上是法律实施的延伸，也是维护法律权威、增强社会成员守法意识的重要手段。然而，法律在实施过程中并不是孤立的，而是相互联系在一起的。法律实施过程总是与社会系统的诸多要素联系在一起，与一国的法治文化、公民法律素质、科学技术、制度环境有着密切关系。为使执行攻坚战取得较好成效，一是在执行高度层面，要始终坚持党委领导。各地法院要提高政治站位，坚持依靠党委领导，将破解执行难融入党委工作大局，确保破解执行难工作的正确方向。二是破解执行难是当前亟待解决的难题，需要坚持科技引领，通过科技赋能跑出执行"加速度"。执行难，查人找物困难是重要因素之一，在科技迅猛发展的当下，可以利用先进科技来解决相关难题。例如，在过去，"找车难，难找车"，这就像紧箍咒一般困扰着执行干警。长期以来，囿于传统"人盯车"找车手段的局限性，大量执行案件因无法实际扣押到被执行人车辆而久拖不决，为让此类案件"起死回生"，福建省罗源县法院谋新求变，与厦门能见易判信息科技有限公司合作，科技赋能车辆执行，利用"互联网＋大数据"，创新智能找车"e查车"平台，探索"智能找车、异地代管、云端拍卖"全流程车辆智慧执行模式，高效推进车辆处置进程，从而及时兑现申请人的合法权益。[1]可见，科技赋能，极大提升了执行效率，为攻克"执行难"增添了重要"利器"。三是从理想层面来看，法律实施的前提是要有一个好的遵法守法的社会环境，同时也需要良好的公民素质，这样才能为国家法律在社会落地奠定良好的社会土壤。而执行难的问题从侧面反映了社会成员遵法守法意识还不浓厚、法治信仰基础还不扎实的问题。因此，要解决执行难问题需要社会公众的参与和支持，鼓励和引导社会公众来监督那些不遵法、不守法、缺乏社会信用的"老赖"行为，从而为人民法院打好执行攻坚战提供良好的社会舆论氛围。

第三，要用发展的眼光看待执行难问题。事物总是在向前发展的，只是发展的过程中会遇到曲折。应当看到的是，基本解决执行难问题是人民法院提高司法公信力、践行司法为民的重要举措，也是人民法院朝着"努力让人民群众在每一个司法案件中感受到公平正义"的目标不断前进的重要举措。问题在于，破解执行难问题需要一个长期过程，而不仅仅是一个结果。同样，执行难问题基本解决之后，也会出现新的司法问题。因此，正确看待执行问题的解决，既不能盲目乐观和自信，也不能悲观面对，而应该以问题为导向，综合配套实施各项司法改

---

〔1〕　林珊：《罗源县人民法院探索创新全流程车辆智慧执行模式》，载 http://www.pafj.net/html/2022/zhihuizhengfa_1207/24981.html，最后访问日期：2023 年 7 月 21 日。

革举措，充分汲取一线执行法官在实践中的智慧，鼓励和引导各地法院结合本地实际探索解决执行难问题的各类方法，那么基本解决执行难问题将会是一个时间问题，而不是一个永久遗留下来的司法问题。

综上所述，辩证看待执行难问题，有助于准确定位人民法院在审判执行工作的现实处境，也能从更深层次上充分认识司法判决的强制执行属性。只有冷静、客观和正确地看待人民法院的执行难问题，才能准确评价人民法院在破解执行难问题中所做的努力以及沉稳应对未来面临的更多挑战。总体看来，破解执行难问题是一项社会系统工程，它是在全面依法治国伟大实践中重塑法律权威、再造社会共识以及凝聚社会人心的重要手段。因此，破解执行难问题并不能只依靠人民法院的力量，还需要多方力量多方面的参与，更重要的是社会公众以实际行动支持和参与到执行难问题的解决之中，汇聚强大"合力"，打通司法公正的"最后一公里"。

本章小结

区别于从抽象层面探讨司法原则与司法理念，本章主要从实践层面关注司法判决的社会性、说理性及强制执行性来切入司法之理，具体分析了司法判决的外在方面与内在方面，以及司法判决的强制执行性。

司法判决的外在方面表现为司法与社会的互动关系，即司法会受到特定社会结构的影响，同时司法也会塑造相关社会主体。这种社会结构既有来自涉案当事人的社会结构，也有来自法官判案时所处的社会结构。由于特定的社会结构会影响司法判决的产生，因此改变司法的社会环境、塑造有利于公平公正的社会结构是司法的改革方向。尤其是在中国特定文化背景下思考司法的社会结构，需要融合传统文化中的情理法看待司法判决的生成过程。司法判决生成后，不仅会影响不同个体的社会生活，也会产生一定的社会治理效应。这表现为司法判决作为一种法律讯息会被不同的社会个体或群体感知、接受并转化为内心认知，从而产生不同的行为。然而在这个过程中，不同个体或群体所接受的法律讯息不一样。社会公众大多关心与自己利益密切相关的司法判决。因此，在某种意义上司法判决所要实现的普法效果是有限的。从社会治理角度看，发挥司法判决的社会治理功能还需要在专业司法素养、组织协同等方面持续改进。

司法的内在方面表现为，形成高质量的司法判决必须增强司法判决的说理性，注重将社会主义核心价值融入裁判文书说理中，同时运用指导性案例增强裁判文书的说理性和可接受性。高质量的司法判决不仅强调法律形式上的适用，更需要结合案件本身深刻阐释和弘扬社会主义核心价值观，这是司法判决的实质推理层面。司法判决的实质推理依靠法官根据其掌握的法律推理和论证方法，将社会主义核心价值融入裁判文书说理中。与此同时，也需要精准运用指导性案例。指导性案例是一种具体意义上的法治，它能够帮助法官精准确定待决案件事实的法律适用问题，从而尽可能避免同案不同判的问题，逐步统一法律适用。无论是运用社会主义核心价值观还是借助指导性案例进行推理论证，都是为了增强裁判文书的说理性，从而在质的层面提升裁判文书质量。

综合司法判决的内在与外在方面，本章最后从整体层面分析了司法判决的强制执行性，指出司法判决的生命力如同法律一样，都在于执行。如果司法判决得不到执行和维护，那么司法判决犹如一纸空文，有损司法判决的权威性和公正性。然而，结合当前司法判决执行现状来看，也需要用发展、联系和矛盾的观点看待司法判决执行难问题。一方面，人民法院始终把生效裁判文书的执行摆在突出位置，但另一方面，司法判决的执行难问题又始终困扰着司法实践，必须多措并举，在波浪中不断破解执行难问题，逐步提升司法判决执行效率。

第四章　通过司法的乡村治理

诚如前述章节所述，司法通过发挥审判职能深入推进社会治理，对于推进国家治理体系和治理能力现代化具有重要的保障作用。那么，对于乡村社会的司法治理而言，该如何开展？显然，乡村社会有其固有的特殊性并且有其特定的社会结构，其治理模式将区别于城市社区。例如，乡村社会仍然是一个熟人社会，矛盾纠纷可以通过村庄内部的权威人士或者中间人进行调解，与之相反的是，城市社区是一个流动性较强的陌生人社会，发生了矛盾纠纷之后，在社区内部寻找中间人化解的可能性比较低。这种差异决定了通过司法的乡村治理模式必须考量乡村社会的实际。在持续推进乡村振兴的战略背景下，司法作为乡村社会治理的重要手段，如何与其他治理手段相互配合共同推进乡村善治，已然成为当前乡村振兴的重要问题。

乡村振兴，治理有效是前提。如何实现乡村治理有效，离不开司法保障。党的十九大报告首次提出要实施乡村振兴战略，在社会治理层面明确提出，加强农村基层基础工作，健全自治、法治、德治相结合的乡村治理体系。2017 年 6 月，《中共中央、国务院关于加强和完善城乡社区治理的意见》中指出："充分发挥自治章程、村规民约、居民公约在城乡社区治理中的积极作用，弘扬公序良俗，促进法治、德治、自治有机融合。"〔1〕2017年12月中央农村工作会议进一步重申了健全自治、法治、德治相结合的乡村治理体系对于实现乡村振兴战略的重要意义。2018年1月，《中共中央、国务院关于实施乡村振兴战略的意见》中明确提出，"必须把夯实基层基础作为固本之策，建立健全党委领导、政府负责、社会协同、公众参与、法治保障的现代乡村社会治理体制，坚持自治、法治、德治相结合，确保乡村社会充满活力、和谐有序。"〔2〕可见，构建自治、法治与德治相结合的乡村治理体系，这既是贯彻全面依法治国战略、提升基层社会治理法治化水平的实践要求，也是推进乡村治理体系和治理能力现代化的重要路径。2018年2月，最高人民法院发布《最高人民法院关于认真学习贯彻〈中共中央、国务院关于实施乡村振兴战略的意见〉的通知》，要求各级人民法院要充分发挥审判职能，创新司法方式，为实施乡村振兴战略提供有力的司法保障，这也意味着乡村振兴需要法治护航。通过发挥司法的审判职能，不断在乡村社会中传播法治精神，构建乡村社

---

〔1〕《中共中央、国务院关于加强和完善城乡社区治理的意见》，载 https://www.pkulaw.com/chl/ee5e7482a36e73bcbdfb.html?keyword = % E4% B8% AD% E5% 85% B1% E4% B8% AD% E5% A4% AE% E5% 9B% BD% E5% 8A% A1% E9% 99% A2% E5% 85% B3% E4% BA% 8E% E5% 8A% A0% E5% BC% BA% E5% 92% 8C% E5% AE% 8C% E5% 96% 84% E5% 9F% 8E% E4% B9% A1% E7% A4% BE% E5% 8C% BA% E6% B2% BB% E7% 90% 86% E7% 9A% 84% E6% 84% 8F% E8% A7% 81&way = listView，最后访问日期：2023年7月2日。

〔2〕《中共中央、国务院关于实施乡村振兴战略的意见》，载 https://www.pkulaw.com/chl/a6b7e29eb561b45dbdfb.html?keyword = % E4% B8% AD% E5% 85% B1% E4% B8% AD% E5% A4% AE% E5% 9B% BD% E5% 8A% A1% E9% 99% A2% E5% 85% B3% E4% BA% 8E% E5% AE% 9E% E6% 96% BD% E4% B9% A1% E6% 9D% 91% E6% 8C% AF% E5% 85% B4% E6% 88% 98% E7% 95% A5% E7% 9A% 84% E6% 84% 8F% E8% A7% 81&way = listView，最后访问日期：2023年10月18日。

会治理的公共法治空间，有利于推进法治乡村建设，促进乡村治理体系和治理能力现代化，从而实现乡村振兴的战略目标。

本章主要围绕司法的社会治理功能、乡村社会司法治理的具体实践方向等方面展开论述。具体论述思路如下：在理论层面，乡村社会的司法治理，其前提是要准确定位法律的社会治理属性，尤其要考虑乡村社会结构的特殊性，在此前提下要重点关注司法治理手段在乡村社会治理转型期间的职能定位；在实践层面，本章结合当前乡村矛盾纠纷多元化解机制建设中的问题，深入分析乡村司法治理的机制，并从建设法治乡村，构建自治、法治与德治相结合的乡村治理体系等方面分析乡村司法治理的实践方向与路径。

第一节　司法的社会治理之维

要考察司法的社会治理之维，需要从法理的高度看待法律之于社会治理的功能。法律本身以社会为基础，并且作用于社会，产生一定的社会治理效能。法律的这一属性可以看作是法律的社会治理之维，区别于法律的规范属性、法律的价值属性。法律的社会治理之维，在法治运行环节中，集中体现在司法的社会治理上。由于司法是维护社会公平正义的最后一道防线，司法判决具有重要的价值引领功能，而社会治理过程中又离不开法律手段，因此司法治理主要体现为司法对社会治理的价值引领与规范保障。有学者认为："当代中国的司法模式可以概括为一种'治理型司法'：从定位上看，司法是被镶嵌在国家整个政法体制中的一个环节，它与其他各个部分之间存在紧密的配合关系；从功能上看，司法审判不仅是个案中的纠纷解决和权利救济机制，而且也是党和国家实现总体目标和开展社会治理的重要手段。"[1]

一、法律的社会治理功能

司法是法律实施的重要环节之一，对司法过程的观察，亦是在考察法律的性质与本质。有关法律的性质与本质，则涉及法律的本体性问题的探讨。一直以来，不同学者对"法律是什么"从基本维度阐述过不同观点。英国法学家约翰·奥斯丁在《法理学的范围》一书中认为，法律是主权者命令，这"命令"包括做某事的要求和违背该要求而面临的"恶果"。[2]法国启蒙思想家卢梭在《社会契约论》一书中指出，法律乃是公意的行为，需要保障人的自由和平等权利;[3]然而与他们所不同的是，美国法学家庞德既不直接肯定法律的价值，也不直接否定法律是一套规则体系，而是分析法律如何调控社会，他将法律理解为"发达的政治上组织起来的社会高度专门化的社会控制形式，它是一种通过有系统有秩序地适用社会强制理论的社会控制。"[4]

庞德具体在《通过法律的社会控制：法律的任务》一书中系统阐述了法律的社会学立场，认为法律是一种有系统有秩序的社会控制。在庞德看来，社会控制是对人类内在本性的支配，

[1] 李红勃：《通过政策的司法治理》，载《中国法学》2020 年第 3 期。

[2] 参见付子堂主编：《法理学初阶》，法律出版社 2021 年版，第 89 页。

[3] [法] 卢梭：《社会契约论》，何兆武译，商务印书馆 1980 年版，第 37、50、51 页。

[4] R. Pound, "My Philosophy of Law", in C. Morris eds., *The Great Legal Philosophers—Selected Readings in Jurisprudence*, University of Pennsylvania Press, 1971, p. 532.

这种支配是通过对社会个体施加压力来完成的。在现代社会，法律是社会控制最主要的手段。在任何一种情况下，通过法律的社会控制，其有可能为最大多数人做最多的事情。[1]庞德关于法律的社会控制属性的论述对于理解法律的社会治理之维具有重要启发。一定程度上讲，通过法律的社会控制是为了实现社会治理，站在社会治理的角度看待"法律是什么"的问题，将有助于进一步明确法律在现代社会治理过程中的任务，以及司法在推进社会治理法治化过程中的角色定位。

通过法律的社会控制是为了实现社会治理，其前提应该是法律能够有效地实施于社会。那么，法律如何有效地实施于社会呢？这里又分为三个层次的逻辑，并在庞德的《通过法律的社会控制：法律的任务》一书中得到了系统阐述。首先，在庞德看来，不是法律创造利益，而是现实生活中的利益影响法律的形成、发展和实施，进而运用利益达到社会控制的目的。也即，利益是个体或集体所谋求和满足的一种需求或愿望，因此法律在安排人们关系和人们行为时必须综合考虑各种利益，尤其在法律的实施过程中必须看到不同的利益关系。正如庞德所说："法律发现这些利益迫切要求获得保障。它就把它们加以分类并或多或少地加以承认。它确定在什么样的限度内要竭力保障这样被选定的一些利益，同时也考虑到其他已被承认的利益和通过司法或行政过程来有效地保障它们的可能性。在承认了这些利益并确定其范围后，它又定出了保障它的方法。"[2]其

---

〔1〕 ［美］罗·庞德：《通过法律的社会控制：法律的任务》，沈宗灵、董世忠译，商务印书馆1984年版，第34页。

〔2〕 ［美］罗·庞德：《通过法律的社会控制：法律的任务》，沈宗灵、董世忠译，商务印书馆1984年版，第36页。

次，法律在实施过程中对不同利益加以分类并给予不同程度的承认和保障，是法律进行社会控制的前提。庞德认为，利益可分为三类：一是个人利益，即直接包含在个人生活之中并以这种生活的名义而提出的各种要求、需要或愿望；二是公共利益，即包含在政治组织中并基于这一组织的地位而提出的各种要求、需要或愿望；三是社会利益，即包含在文明社会的社会生活中并基于这种生活的地位而提出的各种要求、需要或愿望。[1]最后，不同利益的实现过程总会存在冲突，因而需要法律执行机关根据法律所承认的利益范围以及确认的一些规则来协调不同的利益关系。总体而言，庞德认为，法律是一项社会工程，其重心即在于调节各种利益冲突，在利益的调控过程中实现法律的社会控制。当然，这种利益的调控过程不仅包括立法层面的初始权利界定，更包括司法层面的定分止争。只有最终在司法层面实现了法律所确定的权利和义务，法律才能够产生良好的社会效果。这种社会效果可以认为是法律实施后在社会中的效果，其在中国语境中蕴含了一定程度上的社会治理意义。

庞德也十分关注法律在社会中的实施效果，并把法律的社会效果作为法律的任务和目的。在他看来，法律在协调不同社会主体之间的利益关系时，犹如承担了一项巨大的社会工程任务。这项社会工程并不仅仅表现为国家为社会提供一套权威的法律规范体系，而且表现为法律作用于社会的全过程，更表现为法律执行机关在协调不同利益关系时的重要职责和使命。由于社会生活中不同层次、不同类型的利益关系始终存在冲突，

---

〔1〕 ［美］罗·庞德：《通过法律的社会控制：法律的任务》，沈宗灵、董世忠译，商务印书馆1984年版，第37页。

因此法律执行机关在解释和运用法律的过程中需要准确区分各种利益关系，以保障各种利益关系能够得到协调，最大限度地实现法律调控社会的目的。当法律执行机关[1]运用法律调控社会的目的能够实现之时，就意味着法律在社会中的实施取得了良好效果。在我国，人民法院是宪法规定的国家审判机关，是推进法律实施的重要司法机关。人民法院依法审理各类案件既是宪法赋予的职责使命，也是推进社会治理法治化的重要保障。通过赋予人民法院审理各类案件的职权，从而全面推进法律实施，实现社会的有效治理。

法律执行机关在促进法律社会效果的实现方面非常关键。之所以突出强调法律执行机关在此过程中的重要作用，主要是因为在法律执行过程中会面临各种利益关系的冲突。而法律执行机关只有站在社会治理的维度去灵活运用法律，正确把握和处理个案中的各种利益关系，才能服务于社会治理目标的实现。一方面，现有的法律体系不可能对现行社会发展中的各种利益关系全部进行调整，总会存在法律的空白之处，因而法律执行机关在办案过程中需要依照法律的规定识别现实社会中的各种利益关系，努力协调好公共利益、社会利益和个人利益的关系，保障各种利益能够在法律的范围内基本得到实现。另一方面，从法律执行的过程来看，任何法律的执行并非直线地贯穿于社会，总是面临社会中各种既定的和潜在的利益关系干扰。从社会学的角度来看，如果国家不对各种利益关系的冲突进行有效

---

　　[1]　当然，在中国语境中，这里的"法律执行机关"并非限于司法机关，还包括行政执法机关。为了探讨方便，本章遵循庞德的分析语境，再结合中国法治实践，将法律执行机关限定为司法机关。

控制和协调，那么社会将会失范或者社会成员的越轨行为将会频繁出现。为了保障社会秩序的稳定，使得社会生活能够在良性的轨道上运行，就必须强化法律执行机关对法律基本精神和原则的准确理解和灵活适用。

从实践来看，有效区分各种利益关系，并通过法律手段进行调控，主要体现为人民法院在审理具体案件的过程中，通过司法对社会中的行为和活动进行评价和协调。然而，这些产生于社会中的行为和活动总是缠绕着多种不同的社会利益关系。例如，在审理生态环境领域的公益诉讼案件时，不仅涉及维护生态环境法律和政策权威所彰显的公共利益，也涉及人民群众对期待美好环境的社会利益，还涉及涉事企业和个人的经济利益，因此准确理解和灵活把握法律适用的尺度，实现公共利益、社会利益以及个人利益之间的协调是人民法院充分发挥审判职能参与环境治理的重要目标。此外，在运用法律对特殊群体的行为进行评价时，也需要对不同的利益关系进行协调。这不仅涉及对法律的准确适用，还涉及法律适用后的效果考量。例如，人民法院在审理未成年人犯罪案件中，虽然需要依照刑法规定进行依法判决，但法律并未明确规定量刑的力度和强度以及怎么更好地量刑，这就需要人民法院立足于司法的社会治理维度，综合考虑未成年人的家庭结构、成长环境、心理动机以及认知能力等因素，准确选择适用法律的标准和条件。尤其要考虑未成年人受到法律制裁后是否会留下心理阴影以及再犯罪的可能性，在此前提下还需要积极与相关部门合作，尽快使未成年人在教育和改造后能够有效融入社会。因此，人民法院在审理中需要综合考虑个案的各种因素和利益关系，才能不断提高自身准确适用法律以及参与社会治理的能力。

　　从世界各国法治建设的经验来看，为了推动法律在社会中的统一正确地实施，最大限度地发挥法律在社会治理过程中的效应，还必须在理念层面塑造司法机关。在我国司法实践中，避免"机械司法"最为关键的是，司法者要践行人民司法的理念、树立大局意识和服务意识，在具体个案中要统筹考虑法律效果、社会效果与政治效果，并实现三者的统一，增强司法的社会治理功能。在实践层面，社会治理需要人人参与，其中也离不开司法机关的法治保障。当前，司法机关参与社会治理的方式有很多，其中就包括通过审理具体个案彰显司法理念、回应社会关切、引导社会行为。人民法院在审理具体案件过程中，并不是机械适用法律，相反，其总是要站在社会治理的维度来看待司法的行为、过程和目标。与此同时，司法的行为并不是在真空中进行，其作出的判决将对社会公众的观念、价值与行为产生影响。当然，一定的社会舆论、文化观念也会对司法判决的作出产生影响，例如，近几年出现的山东"辱母案"、江苏昆山杀人案等，这些案件的特性是群众广泛关注、社会影响力大、法律适用过程中涉及道德观念的判断，因而成为疑难复杂案件。这些案件的办理，不仅仅是单纯适用法律那么简单，还需要考虑社会舆论的导向、价值观念、司法裁判的社会效果等因素，当考虑这些因素作出判决时，司法过程就变得复杂起来，其对社会的影响或许更应该在这些案件的裁判中占据更多的权重。由此可见，司法与社会始终处于相互塑造之中：司法影响社会价值观念、社会价值观念影响司法的判决导向。司法的社会治理功能往往需要通过一个个具体个案的判决来实现。此时，司法审理个案的意义并不限于准确地适用法律，而在于通过具体个案来实现社会治理。这也就决定了，人民法院在审理具体案件的过程中，应该把社会治理的维度纳入进来，尽可能避免"机械司法"。

新时代背景下，基于法律的社会治理功能，重新审视司法的社会治理之维，将给人民法院司法治理能力和水平提出新的要求。新时代人民群众对民主、法治、公平、正义、安全和环境等方面的利益诉求越来越高，但与此同时，法律制度可能并没有那么完善。为了有效回应人民群众的新要求和新期待，人民法院需要转变司法理念，践行以人民为中心的司法理念，不断创新司法回应群众诉求的方式，并立足审判职能，创新司法参与社会治理的方式，优化司法工作模式和资源投入，如此才能为社会提供最优的法治产品。尤其是，人民法院在审理一些新型权利保护或涉及公益诉讼案件时，在理念层面不应机械适用既有的法律规定，而应牢固树立司法审判的社会治理理念，在个案中融入社会主义核心价值观，通过司法参与推动社会治理。在此前提下，在审理具体个案时应该看到人民群众各种利益诉求的合法律性，综合考虑司法审判的政治效果与社会效果，从而实现法律效果、政治效果与社会效果相统一。

二、人民法庭在乡村治理中的职能定位

社会治理涵盖诸多方面，其中乡村治理是其重要领域。乡村社会的人民法庭作为基层人民法院派驻在乡村社会的审判组织，与人民群众接触较多，对乡村社会的风土人情较为了解，通过充分发挥自身的专业审判职能优势，积极践行群众路线，有利于为乡村社会矛盾纠纷化解提供法治保障，推进乡村治理法治化、促进乡村振兴、维护乡村社会稳定。[1]在新时代背景

---

〔1〕 顾培东：《人民法庭地位与功能的重构》，载《法学研究》2014年第1期。

下，人民法庭是乡村社会"在法治轨道上推进国家治理体系和治理能力现代化"的重要参与者，承担着通过乡村法治推进国家法治秩序生成的职责。[1]

从司法政策文件对人民法庭的定位来看，持续深化人民法庭改革和加强人民法庭基础能力建设在服务保障乡村振兴、推进乡村治理体系和治理能力现代化中具有重要地位。早在2019 年，中共中央办公厅、国务院办公厅印发的《关于加强和改进乡村治理的指导意见》就指出，要充分发挥人民法庭在乡村治理中的职能作用，不断健全自治、法治与德治相结合的乡村治理体系。同年，最高人民法院原院长周强在北京专题调研人民法庭参与基层治理、服务乡村振兴工作时也指出，人民法庭是人民法院工作的基础，是人民法院践行党的群众路线、密切联系群众的重要桥梁，在基层社会治理中发挥着至关重要的作用。2021 年 7 月，最高人民法院发布的《最高人民法院关于为全面推进乡村振兴 加快农业农村现代化提供司法服务和保障的意见》中指出，增加乡村地区司法资源供给，不断强化人民法庭建设。[2]2021 年 9 月，最高人民法院发布的《最高人民法院关于推动新时代人民法庭工作高质量发展的意见》中指出，更加注重强基导向，强化人民法庭建设，提升基层人民法院司法水平，更好服务全面推进乡村振兴，服务基层社会治理。2022 年，为深入贯彻《中共中央 国务院关于做好 2022 年全面推进乡村振兴重点工作的意见》，认真落实《乡村建设行动

---

〔1〕　冯兆蕙、梁平：《新时代国家治理视野中的人民法庭及其功能塑造》，载《法学评论》2022 年第 1 期。

〔2〕　宁杰、孙航：《加强人民法庭建设 促进基层社会治理》，载《人民法院报》2019 年 5 月 25 日，第 1 版。

实施方案》，切实推动乡村振兴促进法全面实施，最高人民法院相应印发了《"打造枫桥式人民法庭 积极服务全面推进乡村振兴"典型案例》，目的是推动人民法庭职能融入服务乡村振兴总目标。

从司法实践的角度来看，人民法庭作为人民法院"基层的基层"，是深化司法体制改革、全面推进依法治国的重要一环，必将面临更加严峻的考验，遇到更多复杂的问题，承担更加艰巨的任务。进入新时代，随着社会主要矛盾的转变，人民群众的法律意识和权利意识不断提高。乡村社会的矛盾纠纷大都涌向人民法庭，给人民法庭依法解决矛盾纠纷提出了新的要求和期待。一方面，人民群众对专业化法律服务的需求越来越大，法律在乡村治理中发挥的作用越来越明显；另一方面，可以看到的是，转型期的乡村社会，部分利益诉求在很大程度仍具有非适法性，基层群众多元化的利益诉求并非都能够得到法律的保护与支持。这也就意味着，人民法庭在履行审判职能时，既要依法回应人民群众对专业化司法服务的需求，更要立足于审判职能围绕矛盾纠纷有效化解，开展基层社会治理。与此同时在实践层面，当前乡村社会治理涉及基层社会事务的方方面面，完全用司法方式解决矛盾纠纷还面临一定的困境。这主要表现为以下三个方面：一是乡村社会事务仍然还具有不规则性。各种乡村社会事务的联系错综复杂，小到家长里短、邻里纠纷，大到房屋拆迁、土地争议等，并且很多矛盾纠纷夹杂着亲戚关系、邻里关系，有情感问题，也有利益纠纷，解决起来比较棘手。其中很多矛盾纠纷的发生并非因法律规定模糊不清而引起，很多利益诉求也并非现有法律规定所保护和支持，例如，有这样一起乡村社会中的家事纠纷：甲与乙同为丧偶老人，且甲的子女丙，乙的子女丁都已经成年。甲和乙相识投缘便结婚了，几年后，乙患老年痴呆症，甲患病需要家人照顾，遂向法院提起诉讼。丙以甲已经再婚，不跟随其生活为由拒绝履行照顾义务。本案中甲需要家人的陪伴和照顾，因此不同意请护工，倘若仅仅判决丙支付赡养费无法满足甲的诉求，但甲居住在乙处，丙确实无法对甲进行照顾。可见，此案件无法直接通过"依法办理"来达到预期效果。当然，乡村社会中还存在诸多类似的矛盾纠纷，这些矛盾的解决无法完全用规则进行框定。即便完全用司法的方式解决矛盾纠纷，人民法庭还需要考虑用法律解决之后的政治效果和社会效果。二是基层群众的利益诉求存在多元化，并且许多利益诉求具有乡土性，因此并非完全能用司法手段进行确认和保护。相反，在司法实践中，司法手段仅是回应人民群众诉求众多方式当中的一种，这也就决定了人民法庭在解决乡村社会矛盾纠纷时必须采用综合治理的手段而不是单一的法律手段去回应群众多元化的诉求。三是乡村社会的人际关系密度比较大，调整乡村社会关系不仅有国家法律，还存在大量的乡规民约、乡土人情、风俗习惯等社会规范，因此国家法律贯彻到乡村社会的过程中难免受到人情关系的影响。与此同时，人民法庭在司法过程中如何利用乡土人情、乡规民约等地方性知识服务于司法实践依然考验着法官的司法能力。正如有学者所指出的："基层社会治理中的法治必须遵守法律条文，但它更重要的是指法的精神，是指包括村规民约在内的一整套规则体系。"[1]因而人民法庭在处理乡村社会矛盾纠纷时，

---

〔1〕　郁建兴、任杰：《中国基层社会治理中的自治、法治与德治》，载《学术月刊》2018 年第 12 期。

不单单要依据国家正式制定的成文法律法规，还需要考量村规民约的司法适用，这就需要法官正确处理好法律法规和村规民约之间的关系。因此，无论是从构建多元化纠纷解决机制的角度，还是从推进人民法庭参与乡村治理的角度，人民法庭都需要在新时代背景下精准恰当履行自身司法职能，不断提升司法回应群众多元化诉求的能力，践行党的群众路线，积极参与基层社会治理。

从理论层面的角度看，乡村社会的人民法庭直接面对广大基层群众，其司法活动具有天然的亲民性，通过发挥人民法庭自身的审判职能作用，积极回应乡村社会人民群众多元化的利益诉求，是人民法庭践行司法为民最直接的体现。2014 年 12 月，最高人民法院发布的《最高人民法院关于进一步加强新形势下人民法庭工作的若干意见》明确指出，牢牢把握司法为民公正司法工作主线，代表国家依法独立公正行使审判权，是人民法庭的核心职能。依法支持其他国家机关和群众自治组织调处社会矛盾纠纷，依法对人民调解委员会调解民间纠纷进行业务指导，积极参与基层社会治理，是人民法庭的重要职能。在乡村治理中，人民法庭只有正确定位自身的核心职能和重要职能，才能把握新时代的新任务，充分发挥自身的职能作用，积极参与基层社会治理，推进乡村治理法治化。一方面，人民法庭在乡村治理中的职能定位，首要是恰当履行自身的审判职能，提高自身公正司法能力。转型期乡村社会的矛盾纠纷越来越多，也越来越复杂。矛盾纠纷越复杂，越需要产生公正的司法产品。复杂的矛盾纠纷往往蕴含着错综复杂的诉求利益，因此很多矛盾纠纷并不是都能通过村级组织和基层调解组织解决，相反，随着人民群众的法律意识不断提高，人民群众对公正的司法产品的需求越来越高。人民法庭在审理乡村社会比较复杂的矛盾纠纷时，应该加强自身的业务水平，立足乡村社会实际，积极履行审判职能，不断提高司法的公信力。在司法实践中，提高群众对乡村司法的满意度要求人民法庭的法官严格依法办事，做到不偏不倚的公正司法。对于那些带有普遍性和普法教育意义的乡土矛盾纠纷，人民法庭应立足于自身的审判职能，依法独立公正行使审判权，充分发挥法律定分止争的功能，及时回应人民群众对公正司法的期待。另一方面，人民法庭在履行好自身审判职能的同时，还应积极履行自身的延伸职能，要积极践行群众路线，做到司法为民。人民法庭身处乡村社会，不仅要把法律实施到田间村落，而且还要懂得做群众工作。司法工作不仅是一项法律工作，也是一种群众工作。因此，人民法庭的法官在办理具体案件时，需要继承人民司法的优良传统，践行群众路线，从群众中来到群众中去，充分了解案件发生的历史来由，熟悉基层群众的生活感情，力戒官僚主义和形式主义，不搞"机械司法"。这就要求，人民法庭要坚持坐堂办案与巡回审判相结合，充分发挥巡回审判在服务群众、践行司法为民和党的群众路线中的重要作用。而人民法庭的法官在具体办案的过程中，不仅要深谙法律的原则规定，也需要充分认识到乡村社会的情、理、法之间的冲突和张力，更需要充分调动人民群众的力量参与到矛盾纠纷化解中，不断在法律和案件事实之间寻找交叉点，最终使人民法庭的判决符合人民群众的期待，赢得人民群众的支持，从而做到法律效果和社会效果的统一。

乡村社会的人民法庭是人民法院派驻在基层的国家司法机关，站在以司法手段化解矛盾纠纷、维护公平正义的最前沿，是国家基层治理特别是乡村治理的重要组成部分。充分发挥人民法庭在乡村治理中的职能作用，有利于为推进乡村治理体系和治理能力现代化提供法治保障。与此同时，考虑到乡村社会的特殊性，乡村治理过程中不仅需要法治，更需要促进乡村社会自治和德治。由此，人民法庭在乡村治理中的总体职能定位应该是，要立足服务于基层社会稳定大局的基础上，充分发挥自身的专业审判职能优势，积极践行群众路线，不断推进自治、法治与德治相结合的乡村治理体系建设，为实施乡村振兴战略提供良好的社会环境。[1]

综合上述，法律具有社会治理功能，这也就意味着法律除了规范内涵、价值考量之外，还具有重要的社会治理属性。当从社会治理的角度重新思考法律的属性时，法律被视为国家治理的重要手段和保障，在实践层面考验着法律适用者的智慧。在新时代背景下，各种社会问题不断涌现，人民群众对美好生活的向往及其司法需求不断增加，如何通过法律手段调控社会利益、维系社会和谐稳定，已成为重要的时代课题。尤其是在全面依法治国战略布局中，运用法律推进基层社会治理被提上了重要议程。而司法作为公平正义的象征，通过司法的社会治理亦成为司法改革的新方向与目标。司法的社会治理之维是法律社会治理功能的具化，但考虑到乡村社会治理的特殊性，作为派驻在乡村社会的国家司法机构，人民法庭在乡村振兴战略中无疑被赋予了较高的使命和任务，既要有效履行自身的核心职能，也要积极发挥自身的延伸职能，开展能动司法，创新诉

---

〔1〕 参见王裕根：《充分发挥人民法庭在乡村治理中的职能作用》，载《人民法院报》2019 年 7 月 29 日，第 2 版。

源治理方式，不断回应群众对美好生活的利益诉求。

第二节　乡村司法治理的实践方向

如前文所述，乡村司法治理，在法理层面体现为法律的社会治理功能，并且它是司法政策层面的实践要求，也是推进乡村治理法治化的现实需要。在前述理论基础上，接下来，本节以乡村矛盾纠纷多元化解、激活村庄内生性治理资源、构建"三治融合"的乡村治理体系等方面探讨乡村司法治理的实践方向。

一、推进乡村矛盾纠纷多元化解

进入新时代，随着社会主要矛盾发生变化，基层群众对美好生活的期待越来越高，其中伴随而来的利益诉求也愈来愈多元，进而增加了各种矛盾纠纷发生的频率，并且部分矛盾纠纷并非仅仅依靠诉讼手段就能完全化解，需要对矛盾纠纷开展多元化解。随着乡村社会结构的转型，乡村社会关系日益理性化，许多矛盾纠纷不断产生。与此同时，内生于村庄社会的治理权威（例如，村民小组长、村干部、宗族权威等）防范和化解乡村矛盾纠纷的能力比较弱，宗族力量、伦常秩序、道德规范、风俗习惯、面子人情等传统治理术明显式微，难以自成体系地独立完成某些规制功能。[1]在此背景下，乡村社会的矛盾纠纷难以内化在村庄社会中，从而使得许多矛盾纠纷溢出了村庄而流向了人民法院。显然，费孝通先生在《乡土中国》谈到的

---

〔1〕　粟峥：《国家治理中的司法策略：以转型乡村为背景》，载《中国法学》2012 年第 1 期。

"无讼"理念已经在发生改变。不过，许多矛盾纠纷涌向人民法院之后，并不意味着都需要通过法律手段解决。考虑到乡村社会的矛盾纠纷还具有一定的乡土性，乡村矛盾纠纷的解决还追求一种"乡土正义"。[1]这里面也涉及基层群众"乡土正义"的观念表达：一方面，乡村社会结构转型，乡土正义也发生嬗变，表征出乡土利益的权利化、乡土正义基准的混融化和乡村秩序需求的司法化；但另一方面，农民在选择解决纠纷的法律资源的过程中，正以高度工具主义的态度追逐法律。[2]这进一步反映出，社会结构转型使得原有的乡土正义系统日趋瓦解，凸显出乡土良序社会建构的法治困境。[3]而从矛盾纠纷司法处理过程的田野调查经验来看，当前乡村社会的矛盾纠纷在很大程度上还不具有适法性，如果用司法手段解决矛盾纠纷，不仅无法有效解决矛盾纠纷，而且也必然浪费国家司法资源。因此，为促进乡村矛盾纠纷能够及时有效化解，乡村司法过程中还必须调动诉讼外的解纷资源参与进来，不断促使诉讼与诉讼外纠纷解决形成一种良性共生关系。从这个意义讲，乡村司法的功能定位应被置于多元纠纷解决体系中加以考察。[4]

此外，转型期乡村矛盾纠纷的特点与类型也区别于传统社会，这也决定了乡村矛盾纠纷必须多元化解。从转型期乡村矛

〔1〕 栗峥：《乡土正义：鲁南周村的纠纷解决》，载《法制与社会发展》2010年第1期。

〔2〕 印子：《乡土正义的法治困境：田野纠纷的启示》，载《南京农业大学学报（社会科学版）》2018年第6期。

〔3〕 印子：《乡土正义的法治困境：田野纠纷的启示》，载《南京农业大学学报（社会科学版）》2018年第6期。

〔4〕 张青：《乡村治理的多元机制与司法路径之选择》，载《华中科技大学学报（社会科学版）》2020年第1期。

盾纠纷的特点来看，有别于传统社会矛盾纠纷，当下的矛盾纠纷呈现出主体多元化趋势，在过去，主要是熟人社会里同一地理空间内个体与个体间的碰撞居多，随着乡村振兴战略的深入推进，乡村旅游经济的迅速发展，农村人口流动性的增大，使得不同领域、不同群体间相互交织，相应的社会矛盾纠纷的主体呈现出多元化特征，表现为个人与法人之间、个人与其他组织之间、法人与法人之间及个人或法人与有关部门之间的人身权益和财产权益争议；而从矛盾纠纷的具体类型来看，呈现出类型多样化趋势：一方面，乡村社会常见的传统矛盾纠纷如婚姻家庭纠纷、赡养继承纠纷等方面出现新情况，例如两头婚、以房养老等新型矛盾纠纷。另一方面，基层群众日益关注的个人信息、家庭养老、劳动者权益保障、网络空间等新领域新问题层出不穷，这些都与基层群众的日常生活息息相关。而从矛盾纠纷的具体内容来看，日益呈现出内容复杂化趋势，具体表现为乡村社会的民事纠纷与刑事纠纷交织、民事纠纷与行政纠纷交织、行政纠纷与经济纠纷交织等，这无疑增加了乡村社会矛盾纠纷的复杂程度。可见，当前乡村社会矛盾纠纷总体呈现出多要素的相互交织性。但是，要有效化解这些矛盾纠纷，并不能仅仅依靠人民法院。人民法院在转型期乡村矛盾纠纷化解过程中是重要的法治供给力量，但也应看到的是，基于不同矛盾纠纷的类型和特点，需要精准施策才能实质化解。这里的"精准施策"强调的是人民法院要依据不同矛盾纠纷的类型和特点，充分调动和引导相关行业组织、调解组织和社会力量参与多元解纷机制建设，搭建多元解纷的联动平台，精准、及时、有效地回应不同类型矛盾纠纷的利益诉求，从而实质化解矛盾纠纷，推进诉源治理体系建设。

从顶层设计看，中央也高度关注基层社会矛盾纠纷多元化解的问题。基层安，则天下安。在社会转型期，各种矛盾风险隐患频发，防范化解各种基层社会矛盾纠纷和风险隐患始终关系一个社会的稳定。以基层社会矛盾纠纷多元化解为例，结合实际构建符合中国国情的矛盾纠纷多元化解机制始终是国家推进社会治理的重要主题，其中推进适应解纷供给与解纷需求的变化，推进多元化纠纷解决机制建设始终是国家治理中的重要变革。[1]2014 年 10 月，党的十八届四中全会提出，要健全社会矛盾纠纷预防化解机制。2015 年，中共中央办公厅、国务院办公厅联合印发《关于完善矛盾纠纷多元化解机制的意见》从顶层设计对多元化纠纷解决机制建设进行战略安排。2019 年 1 月，在中央政法工作会议上，习近平总书记进一步把多元解纷机制建设提到了新高度。而《法治社会建设实施纲要（2020－2025年）》则对多元化解纷机制做了具体制度设计，提出要"坚持和发展新时代'枫桥经验'，畅通和规范群众诉求表达、利益协调、权益保障通道，加强矛盾排查和风险研判，完善社会矛盾纠纷多元预防调处化解综合机制，努力将矛盾纠纷化解在基层"。[2]党的二十大报告再次明确提出，要"在社会基层坚持和发展'枫桥经验'，完善正确处理新形势下人民内部矛盾机制，加强和改进人民信访工作，畅通和规范群众诉求表达、利益协调、权益保障通道，完善网格化管理、精细化服务、信息化支撑的基层治理平台，健全城乡社区治理体系，及时把矛盾纠纷

---

〔1〕 顾培东：《国家治理视野下多元解纷机制的调整与重塑》，载《法学研究》2023 年第 3 期。

〔2〕《法治社会建设实施纲要（2020－2025 年）》，人民出版社 2020 年版，第 16 页。

化解在基层、化解在萌芽状态"。为了贯彻落实中央文件精神，最高人民法院亦出台了一系列相关配套实施意见。例如，2019年7月，最高人民法院发布《最高人民法院关于建设一站式多元解纷机制 一站式诉讼服务中心的意见》，2021年，最高人民法院又印发《最高人民法院关于深化人民法院一站式多元解纷机制建设推动矛盾纠纷源头化解的实施意见》。同时，在2022年《最高人民法院工作报告》中明确宣示："经过三年多不懈努力，集约集成、在线融合、普惠均等的中国特色一站式多元纠纷解决和诉讼服务体系全面建成。"[1]由此可以看出，中央高度重视推进矛盾纠纷多元化解，人民法院作为预防化解矛盾纠纷、多元解纷机制建设的重要主体，在构建中国特色一站式多元纠纷解决机制和诉讼服务体系方面亦做了大量工作。这进一步反映出，新时代随着社会主要矛盾的变化，人民法院不断创新多元解纷方式以回应人民群众日益增长的解纷需求。人民法院持续深化多元解纷机制建设，不断回应人民群众对美好生活和公平正义的需要，既是人民法院深化司法改革、体现公正司法及践行司法为民的重要举措，也是促进社会公平正义、维护社会和谐稳定的必然要求，有助于推进国家治理体系和治理能力现代化。

当前，随着立案登记制改革，基层群众寻求司法手段化解矛盾纠纷的案件越来越多，进一步加剧了法院内部"案多人少"的矛盾。与此同时，面对基层群众对司法正义的新期待、新要求，为妥善化解进入人民法院的各类复杂矛盾纠纷，回应基层群众多

---

〔1〕《最高人民法院工作报告——2022年3月8日在第十三届全国人民代表大会第五次会议上》，载 https://www.chinacourt.org/article/detail/2022/03/id/6563667.shtml，最后访问日期：2023年8月3日。

元化的利益诉求，人民法院也在不断创新审判职能的履行方式，并结合转型期乡村社会的实际，深入推进多元解纷机制建设，同时还不断加强人民法庭基础能力建设，以夯实基层司法治理能力。

首先，坚持把立案登记制与多元解纷机制建设统一起来。改革案件受理制度，变立案审查制为立案登记制，是党的十八届四中全会作出的重大决策。改革以来，各地人民法院全面贯彻落实，确保立案登记制改革顺利实施，做到有案必立、有诉必理，以实际举措切实保障人民群众的诉权，有效提升了基层群众对司法的获得感。改革牵一发而动全身，伴随着立案登记制改革的进行，立案和审判的压力进一步增大，这就倒逼法院进一步进行审判机制改革，进一步完善调解、仲裁、行政裁决、行政复议、诉讼等有机衔接、相互协调的多元化纠纷解决机制，加强诉前调解与诉讼调解的有效衔接，为基层群众提供更多纠纷解决方式。因此，为妥善化解转型期乡村社会的各类复杂矛盾纠纷，回应人民群众多元化的利益诉求，人民法院始终坚持站在人民群众多元化解纷诉求的立场上，把立案登记制与构建多元解纷机制统一起来。一方面，落实立案登记制是保障当事人诉权的需要，与此同时结合案件的具体诉求、复杂程度以及综合考虑其他因素，在机制建设层面赋予基层群众更多的选择权。2023年《最高人民法院工作报告》中指出，在全面实行立案登记制、破解长期以来群众解纷立案"门难进"问题后，还要让群众化解矛盾"事好办"；[1]另一方面，考虑到乡村社会基

---

〔1〕《最高人民法院工作报告——2023年3月7日在第十四届全国人民代表大会第一次会议上》，载 http://www.gongbao.court.gov.cn/Details/0cf2ab48a3d2a9cd604af4991aa7d7.html，最后访问日期：2023年8月3日。

层群众对法律的理解与法律的实际规定还存在差异，群众心目中的正义与法律规定彰显的正义还存在一定差距，因此在注重司法裁判法律效果的同时，也考虑到非诉方式在解决具体矛盾纠纷时的社会效果，坚持把法律效果和社会效果统一起来，努力实现案结事了人和，把审判提速增效与当事人行使诉讼权利统一起来，保障基层群众多元化的利益诉求能够通过多元解纷机制得到实现，从而真正实现为群众解忧、帮法官减负、让正义提速。

其次，利用互联网技术搭建平台简便偏远山区和交通不便的基层群众起诉和解纷。当今时代，互联网技术迅猛发展，越来越多的基层群众在网络平台上表达或反映其利益诉求。因此，人民法院在深入推进多元解纷机制建设过程中，应从当前乡村社会发展的实际出发，立足于网络时代人民群众对解纷的新诉求和新期待，以信息化智能化建设为依托，深化系统集成和功能整合，全面推动线上多元化纠纷解决平台建设。一方面，人民法院积极组织和协调多方面力量，利用互联网平台参与多元化纠纷解决机制建设，成立网上人民调解委员会，对于那些事实清楚、证据确实充分的矛盾纠纷，人民法院充分借助互联网技术平台，利用网上人民调解委员会的优势，开展网上群众路线，创新化解方式，注重从源头上化解矛盾纠纷。例如，与村（居）委员会、乡镇综治办、交警部门、工会、工商联、妇联、消协等相关组织和单位协作，形成覆盖多个领域的一站式在线多元调解平台，成立网上人民调解委员会，将一些事实清楚、证据确实充分的矛盾纠纷及时进行化解。另一方面，实现线上矛盾纠纷多元化解平台与法院办案系统的无缝对接，将网上立案的案件自动推送到平台，通过"线上"与"线下"相结合的方式，实现线上多元化解决与线下实体化司法裁判有机结合，不断提升化解矛盾纠纷和服务人民群众的能力，把司法服务真正送到群众身边，努力让人民群众在每一起司法案件中真真切切地感受到公平正义。

最后，积极调动社会力量参与纠纷解决，提升基层社会治理社会化与法治化水平。转型期的乡村社会，基层群众的多元化利益诉求产生于各种纷繁复杂的社会关系之中，化解人民群众的矛盾纠纷需要调动社会力量参与其中。积极调动社会力量参与到纠纷解决之中，是纠纷解决社会化的本质要求。为此，人民法院积极搭建司法部门与乡村社区组织良性沟通的平台，建立制度化的工作渠道，并且把相关平台设施建设纳入财政保障体系。一方面，对于家事案件、邻里案件、宅地基案以及小额标的案件，积极调动乡村社区和组织参与到纠纷调解和化解中，充分发挥社区组织在查明案件事实、组织双方调解方面的社会优势，从源头上解决矛盾纠纷。例如，人民法院主动走出机关大楼，将调解资源与力量嵌入到乡村、社区、网格当中去，致力于及时把矛盾纠纷化解在基层、化解在萌芽状态；另一方面，对于一些专业性、行业性的矛盾纠纷，人民法院指导相关行业组织建立专门的调解委员会，并建立行业性调解委员会参与纠纷解决、事实查明和案件调解的制度渠道，例如，湖北荆门东宝区法院成立"法院＋工会"劳动争议专业调解委员会，以适应新形势下的必然趋势，让劳动争议的处理工作变得更加快捷[1]，还比如福建省泉州市主要针对物业纠纷、旅游纠

---

〔1〕《法院＋工会成功化解劳资纠纷 筑牢和谐防线》，载 http://www. jmzgh. gov. cn/news/detail/7527，最后访问日期：2023 年 8 月 3 日。

纷、价格争议、金融纠纷、渔业纠纷、鉴定纠纷、涉诉纠纷、驾校纠纷以及商会纠纷等10个系统和领域成立了37家行业性专业人民调解委员会等。[1]人民法院通过指导这些专业性解纷组织的成立，充分利用专业仲裁组织、行业协会、专业调解委员会等社会组织的智力优势化解专业性的矛盾纠纷，不断构建和完善开放共享的多元解纷机制，从而回应人民群众多元化的解纷诉求。[2]

综合来看，新时代背景下，转型期乡村矛盾纠纷有效化解需要构建多元纠纷解决机制。对于乡村社会而言，深入推进多元纠纷解决机制的建设，是回应转型期乡村治理的必然要求。而多元纠纷解决机制的建设离不开人民法院的司法引领与保障，与此同时，深入推进多元解纷机制和现代化诉讼服务体系建设是近年来人民法院司法治理改革的重中之重，也是统筹平衡新时代背景下人民群众的司法需求和司法供给的关键举措。在实践路径层面，深入推进乡村社会多元解纷机制建设，基层人民法院应坚持把立案登记制与多元解纷机制统一起来，充分利用互联网技术搭建线上多元化纠纷解决平台，并且引入多方社会力量参与到纠纷解决中去，努力满足基层群众日益增长的多元化纠纷解决诉求，不断提升基层司法治理能力和水平，进而为推进基层治理体系和治理能力现代化提供法治保障。

---

〔1〕《［聚焦］泉州市新成立37家行业性、专业性人民调解委员会》，载 ht-tps://mp. weixin. qq. com/s/－7wroZPWmN8WoYC4fi2cYg，最后访问日期：2023 年 8 月 3 日。

〔2〕 参见胡娴：《推进多元解纷机制 提升司法治理能力》，载《人民法院报》2020 年 6 月 15 日，第 2 版。

二、激活内生性治理资源助推法治乡村建设

2020 年，中央全面依法治国委员会印发的《关于加强法治乡村建设的意见》提出，法治乡村建设要坚持法治与自治、德治相结合。以自治增活力、法治强保障、德治扬正气，促进法治与自治、德治相辅相成、相得益彰。2022 年，《中共中央 国务院关于做好 2022 年全面推进乡村振兴重点工作的意见》指出，切实维护农村社会平安稳定。推进更高水平的平安法治乡村建设。可见，党中央始终把建设平安法治乡村工作摆在重要位置。为深入贯彻落实党中央相关决策部署，切实推进平安法治乡村建设，2020 年 4 月，最高人民法院发布的《最高人民法院关于为抓好"三农"领域重点工作确保如期实现全面小康提供司法服务和保障的意见》指出，积极参与基层社会治理，助力构建自治、法治、德治相结合的乡村治理体系。2021 年 7 月，最高人民法院发布的《最高人民法院关于为全面推进乡村振兴加快农业农村现代化提供司法服务和保障的意见》明确指出，坚持强基导向，积极服务全面推进乡村振兴和基层治理。2022 年 3 月，最高人民法院发布的《最高人民法院关于为做好 2022 年全面推进乡村振兴重点工作提供司法服务和保障的意见》进一步明确指出，夯实乡村振兴基层基础，大力提升乡村治理质效。从上述文件中可以看出，建设法治乡村是乡村司法治理的重要目标。这一系列有关法治乡村建设的文件的发布，对于各级人民法院立足司法工作实际，推进乡村司法治理、助推平安法治乡村建设具有重要的指导意义。

从上述关于法治乡村建设的文件的内容上看，法治乡村建设的核心是在乡村社会贯彻法治精神、塑造法治生活方式、营

造法治氛围。这些内容也是乡村司法治理最终要实现的目标。然而在实践过程中，国家法律所倡导的理念和生活方式与当前乡村社会内在生活秩序之间还存在一定的差距。在乡村司法治理过程中，如果把国家法律视为一种外在性治理资源，那么可以把乡村社会固有的内生性权威视为一种内生性治理资源。在法治乡村建设过程中，乡村司法治理不能忽视乡村社会内生性的治理资源。乡村司法在调动内生性治理资源参与乡村治理过程中，本质上也是在推进法治乡村建设。在哈耶克的理论中，法治是良善法律的规范性标准。法治是一种"元法律原则"，它自己并不是法律，确切地说它是对良法的一种描述。[1]当然，这里法治乡村建设中的"法治"，显然与"法治中国""法治社会""法治政府"等相关法治概念，共同构成了中国特色社会主义法治理论和话语体系的重要组成部分。[2]在我国法治乡村建设的语境中，"法治"本身蕴含了更多的治理成色。从乡村治理实践看，法治乡村建设既要充分发挥法律在乡村治理过程中的重要作用，为乡村振兴提供基础保障，也要看到乡村社会自治与德治方面的内生性治理资源的作用。内生性治理资源是生发于乡村社会内部、具有一定的自治性和伦理性且能够调整乡村社会生活的制度权威和规范力量。乡村社会内生性治理资源在纠纷化解、公共物品供给以及意见收集和表达等方面具有重要功能。通过司法力量有效激活乡村社会的内生性治理资源，为国家法律进入乡村社会创造条件，既是乡村司法治理的重要手

---

〔1〕　Nientiedt D. , "Hayek's treatment of legal positivism", *European Journal of Law and Economics*, Vol. 51, No. 3, 2021.

〔2〕　参见王裕根：《法治乡村的治理机制与路径构建》，中国社会科学出版社2022年版，第1~5页。

段，也是法治乡村建设的重要内容。

首先，要尊重和维护村级党组织的治理主体权威。转型期乡村社会的利益诉求日益多元，使得乡村社会治理面临利益协调难题。而要有效解决利益协调难题，关键是要有一个强有力的战斗堡垒。村级党组织作为村庄经济社会的政治领导核心，内生于村庄社会生活，总领村庄社会生活秩序，在乡村治理过程中应发挥组织协调作用。只有强化村级党组织的治理主体权威，才能为解决乡村社会各方面利益矛盾纠纷奠定前提和基础。具体来看，一方面，乡村司法要在村级党组织的统筹协调下，积极回应基层群众反映比较强烈的利益问题，调动各方资源和力量参与到矛盾纠纷化解之中，不断在法律的框架下寻求各方都能够接受的方案；另一方面，村级党组织应该积极引导基层群众客观认识利益问题的复杂性，理性看待自身诉求的合法性和合理性。对于那些无法达成共识而群众又反映强烈的利益诉求问题，村级党组织要善于引导群众通过法律的方式解决，逐步引导村民运用司法手段化解矛盾纠纷，塑造法治生活方式。

其次，要重视乡村社会治理的道德力量和风俗习惯。当前乡村社会的传统道德、伦理观念在调节乡村社会生活、规范基层群众行为等方面依然发挥着重要功能。与此同时，在不同村庄中还存在风格迥异的风俗习惯，这些风俗习惯虽然不以公开文本的形式存在，但调整着基层群众的行为方式。有效激活这些内生性治理资源，可以厚植法治乡村建设的道德基础。基于此，乡村司法过程中，一方面，要充分吸纳"乡贤"和道德权威参与到乡村矛盾纠纷化解中。乡村社会的"乡贤"和道德权威往往熟悉乡村社会中的各种运行规则，也相对熟悉当前国家法律的一些基本规定。通过调动"乡贤"和道德权威的力量参与纠纷解决，充分发挥他们人熟、地熟、村情熟的优势，有利于缓解现代法律体系与乡村社会传统观念之间的矛盾，调和法治与德治之间的冲突，优化法律在乡村社会治理中发生作用的方式；另一方面，要充分尊重村庄长期以来所形成的风俗习惯。长期以来，各地风俗习惯都是乡村治理的重要手段之一，因此加强平安法治乡村建设，要在充分尊重村庄风俗习惯的基础上，有效引导基层群众对国家法律的认知，尽可能寻求法律与村庄风俗习惯之间的最大公约数。

最后，要充分发挥乡村社会组织在弥合社会关系、凝聚社会团结等方面的重要作用。乡村社会组织在密切联系群众、反映和表达群众利益等方面具有重要作用，亦是乡村司法治理过程中不可或缺的内生性治理资源。充分发挥乡村社会组织在乡村司法治理中的作用，有利于弥合乡村社会关系，供给乡村治理资源，实现乡村社会治理的组织化和有序化。一方面，要在《中华人民共和国村民委员会组织法》的框架下，创造相关条件激活并保障村民委员会各专业委员会常规运行，调动村民委员会各专业委员会参与村庄事务管理的积极性，优化村级组织的决策机制，保障各专业委员会能够依法表达群众利益；另一方面，要充分发挥乡村社会自治组织的功能。积极吸纳自然村理事会、老年人协会以及基于各种兴趣爱好而结合的专业协会或委员会参与到乡村纠纷调解和国家政策宣传实践中，鼓励自治组织代表群众依法维权和表达利益诉求。与此同时，还要创造更多的条件和环境，完善相应的激励机制，不断释放自治组织供给村庄公共物品的潜能，促进乡村社会自治与法治的结合。

乡村司法治理过程中，有效激活乡村社会的内生性治理资源，可以厚植法治乡村建设的社会土壤。国家司法力量要有效进入乡村社会，并不能完全依靠国家权力的单向度进入，必须调查和了解乡村社会的内生性治理资源，分析国家法律进入乡村社会的有利因素和不利因素，寻求国家司法力量与乡村内生性治理资源双向互动机制和条件，如此才能有效推进法治乡村建设。[1]

三、构建自治、法治、德治相结合的乡村治理体系

乡村司法治理的方向目标是实现乡村社会善治。有学者指出："乡村社会的司法治理意味着司法善治，司法实践必须在法治论立场和治理论立场之间求得平衡，只有这样，才能在社会主义法治与和谐社会建设中实现目标合理性与过程合理性的有机统一。[2]这意味着，乡村社会的司法治理并非完全是为了实现现代意义上的法治，而是寻求法治论与治理论二者的统一，有学者把这种治理结构称为乡村司法的"双二元结构"。[3]当前，这种治理结构在乡村司法治理过程中依然存在。诚如前述，法律在进入乡村社会的过程中，需要激活内生性治理资源助推法治乡村建设，但最为根本的是构筑一套治理体系，这套治理体系既能够保障党的政策与国家法律融入乡村治理中，也能够激活乡村社会内生性治理资源，从而促进乡村社会善治。这套治理体系是中央政策文件中反复提到的，也是最高人民法院在相关配套政策文件中多次强调的，即在农村基层党组织领导下，

---

〔1〕 参见王裕根：《激活村里"人和力"助推法治乡村建设》，载《人民法院报》2020 年 11 月 23 日，第 2 版。

〔2〕 姚建宗：《乡村社会的司法治理》，载《人民法院报》2012 年 1 月 12 日，第 5 版。

〔3〕 陈柏峰、董磊明：《治理论还是法治论——当代中国乡村司法的理论建构》，载《法学研究》2010 年第 5 期。

推进自治、法治、德治"三治"融合的乡村治理体系。

（一）自治、法治与德治相结合的法理逻辑

针对自治、法治与德治相结合的法理逻辑，进一步需要追问的是，在乡村治理过程中，为什么需要促进自治、法治、德治相融合？当在乡村社会中追问"为什么"的问题时，法律在乡村社会的实施效果、基层群众对法律的认知等便成了法社会学关心的重要问题。从法社会学角度重新阐释自治、法治与德治相结合的法理逻辑，有助于准确定位法律（司法）在乡村社会中的运行实况。

法社会学研究的主要问题是法律在社会中的功能实现情况以及社会中的法律是如何运行的。法学家的任务是从经验层面理解与终极价值相关的多样性的大众愿望，以便在不同的法律实践中平衡这些价值。[1]如果从国家与社会关系的视角进一步分析法社会学研究的问题，那么在国家法律已经生效的情况下，法社会学研究者比较关心的问题是法律在何种社会中怎样发挥功能以及在不同社会中法律运行的情况如何。而在乡村社会中具体考察法律的功能与法律的运行情况会发现，构建自治、法治、德治"三治融合"的治理体系为法社会学研究提供了新的实践论题。

从社会学的角度来看，社会生活存在包括法律在内的多种社会规范，各种规范之间如何和谐共处、共同调整社会生活，使社会生活既充满秩序又充满活力，需要分析各种社会规范在一定时空场域下的实践逻辑。而由于不同国家的文化传统、社

---

〔1〕　ROGER C., "A socio-legal quest: from jurisprudence to sociology of law and back again", *Journal of Law and Society*, Vol. 50, No. 1, 2023.

会环境以及制度体制不一样，所以法律在不同国家和社会中的实践过程也不一样。为了探索当代中国社会人们的信仰、权威和法律问题，王铭铭、王斯福（Stephan Furtwangler）较早地倡导在乡村社区中用民族志（Ethnography）方法研究乡村社区的权威、秩序和公正问题，后来这一理念被法人类学研究者深化和拓展，产生了一批有影响力的学术成果。如赵旭东的《权力与公正：乡土社会的纠纷解决与权威多元》、朱晓阳的《罪过与惩罚：小村故事 1931－1997》等。法人类学学者在乡村社区中调查、描述和感知社区居民心中的权威、信仰以及公正等问题，为深入理解法律实施的社区土壤提供了有益借鉴。此后，法人类学的民族志方法也渐渐被引入法社会学的研究范式中。

除了法人类学传统的研究范式之外，法社会学的研究问题还更加注重分析特定社会结构对社会成员的影响，并在结构——功能视角下分析行动者的约束条件和行为逻辑。不过，在结构——功能视角下分析具体行动者的行为逻辑并不是抽象的理论分析，而是致力于发展罗伯特·K. 默顿在《社会理论和社会结构》中所主张的一种中层理论。[1]这种中层理论既在具体社会结构的背景下考察行动者的约束条件，也深入分析结构影响行为的具体过程。就中国乡村社会的法律实践而言，考察国家法律在乡村社会的运行实践需充分关注乡村社会结构，并在整体把握乡村社会结构背景下深入分析法律实施者的行动条件、过程和目标。

乡村社会结构影响着法律发生作用的条件和实施效果。费

---

〔1〕 ［美］默顿：《社会理论和社会结构》，唐少杰等译，译林出版社 2015 年版，第 59～105 页。

孝通在《乡土中国》中曾指出,"中国正处在从乡土社会蜕变的过程中,原有对诉讼的观念还是很坚固地存留在广大的民间,也因之使现代的司法不能彻底推行"。[1]具体来说,当前乡村社会中还存在许多与现代法律制度不同的风土民情、道德、习惯等结构性要素。为了发挥法律在乡村社会中的最大功效,实现法律与乡村社会其他规范的和谐共处、多元共生,需要国家法律在进入乡村社会的过程中充分考虑与乡村社会的自治力量、道德权威有机融合。因此从法社会学角度看,由于当前乡村社会并没有完全蜕变为与现代法律相适应的社会结构,所以国家法律进入乡村社会时需充分考量法律与其他社会因素相互作用的机制,也即在法律进入乡村社会的过程中,既要充分关注乡村社会既有的秩序维系机制,也应创造相关条件让法律的实施得到乡村社会自治力量和道德权威的有效支持。具体来看,在乡村司法治理过程中,要注意乡村社会的特有结构,在强化法治力量保障的同时,注重融合乡村社会固有的自治基础、德治权威,构建乡村社会自治、法治、德治"三治"融合的治理体系,这应该是乡村司法治理过程中的重要方向目标。

从法理角度看,在乡村司法治理过程中,深入推进"三治"融合的治理体系,这是由法律在乡村社会中运行的空间、文化以及善治三个维度所决定的。

首先,法律实施于特定空间之中。从现实层面来讲,任何社会关系的产生、发展以及消亡大都需要依赖一定的物理空间。在一定空间范围内,不同社会主体依据各自的利益偏好、习惯、情绪和目的产生各种行为,而行为与行为之间的交互就会产生

---

〔1〕 费孝通:《乡土中国》,北京出版社 2011 年版,第 84 页。

一定的社会关系。法律作为调整社会关系的重要手段，虽由国家制定并具有国家强制执行力，但法律所调整的对象也即社会关系都是某种空间下具体现实的社会利益关系，因此要回到具体空间下现实的社会关系中去理解法律实施情况，使法律实施于特定空间之中。相比城市社会而言，乡村社会的利益关系密集程度比较高。现实中，乡村社会生活大都还嵌入在熟人社会关系网络中，很多矛盾纠纷基本上在熟人社会关系网络中就能够化解，而国家法律相对处于比较边缘的地位。在乡村社会的日常生活中，生活在具体时空场域下的农民所经历和体验的国家法律运作相对较少，其空间生产的关系并不是主要靠法律来调控，还依赖道德伦理和风俗习惯。因此相比城市社会而言，国家法律在乡村社会中的适应性较差。质言之，相比城市的陌生人社会而言，乡村的熟人社会特质相对浓厚，这一特殊的空间属性决定了国家法律的实施效果，也决定了司法治理过程中应该采取的司法策略是方式多元的。正因此，在乡村司法治理过程中，既需要坚持法治，也需要考虑融合自治和德治。

其次，法律实施蕴含文化底色。现代意义上的法律代表了现代化的一种文化，然而这种文化在进入乡村社会的过程中，免不了会与乡村传统文化产生冲突。实际上，梁治平在《法律的文化解释》一书中较为系统地阐述了传统文化如何影响现代法律的生存和发展，其重要观点是"用文化阐释法律、用法律阐释文化"。这与孟德斯鸠在《论法的精神》中所倡导的"用历史阐明法律、用法律阐明历史"的分析范式颇为相似。当前，尽管经历过时代的演变与发展，但传统意义上的道德、礼义及廉耻等文化观念依然相对稳定地保留在农村。因此，法律在进入乡村社会过程中需要充分考量具体村庄社会的风俗习惯以及村落固有的传统文化。当法律进入乡村社会之后，并不意味着通过强制实施就能够实现其效果。相反的是，法律进入村庄后，需要与村落固有的传统文化和谐相处，才能发挥它的最大功能。这凸显了法律实施的文化底色。相比法律的普适性价值而言，村落文化作为一种具体文化，承载着村落社会集体成员的历史记忆和风俗信仰，具有特殊的文化价值。而在中国乡村社会中，不同区域、不同民族、不同地理条件下的村落之间存在显著的文化差异。因此法律的普适性价值如何落实到不同村落社会中，需要充分关注不同村落的地方性文化传统，这种地方性文化传统类似于格尔兹所说的"地方知识"。[1]法律作为一种外生性权威，其利用过程中需要依靠一套"地方知识"，这套"地方知识"内生于村落社会中，只有借助和利用这套"地方知识"，法律才能够在村庄社会中发生作用。从某种意义上讲，当法律利用这套"地方知识"发挥作用时，任何法治都是具体的，[2]它需要在具体时空中借助"地方知识"才能充分发挥其力量。

最后，法律的实施目标是走向善治。国家法律进入乡村社会之后，乡村社会政治秩序的理想状态是走向善治。由此，保障国家法律实施走向良善，助力形成乡村社会善治，是法律实施过程中的关键问题，也是乡村司法治理最终需要回应的治理目标。然而，国家法律进入乡村社会之后，必然会遭到乡村社会的各种结构性力量的抵制，例如乡村社会传统意义上的道德观念、本地风土人情以及风俗习惯等与现代法律的规定可能存

---

〔1〕　参见〔美〕格尔兹：《地方知识——阐释人类学论文集》，杨德睿译，商务印书馆2014年版，第167～271页。

〔2〕　苏力：《二十世纪中国的现代化和法治》，载《法学研究》1998年第1期。

在一定的冲突。由此，国家法律如何与其他乡村社会的治理资源和力量进行整合是关键。为了避免国家法律与内生性资源之间发生冲突导致各种乡村治理资源之间的内耗和流失，此时需要一个中心权威力量来整合各种资源力量，使得各种纠纷解决资源和力量在一个中心权威的统筹下能够恪守各自的权威边界，充分发挥各自的优势，不断促成乡村善治的形成。农村基层党组织是村庄社会政治、经济、文化的领导核心。只有通过农村基层党组织的统筹协调，才能够使国家法律在实施过程中充分注意其局限性和优势，保障国家法律实施坚持正确的政治方向，推进社会主义核心价值观融入乡村社会治理。因此，在农村基层党组织领导下，统筹和整合法律的权威资源与乡土社会之中客观存在的自治力量和道德权威，可以促使乡村社会自治、法治、德治三者走向实质意义上的融合，不断提升乡村社会善治水平。也即，"三治"融合治理最终是走向乡村善治，而不仅仅是实现乡村法治。可以说，实现乡村善治为乡村司法推进"三治"融合的治理体系提供了正当性。[1]

（二）自治、法治、德治相结合的实践路径

在肯定"三治融合"的治理体系是乡村司法治理的方向目标的前提下，如何在实践中推进"自治、法治、德治"相结合便是另外一个关键问题。当前，我国乡村社会正在发生结构性变迁，农民的思想观念、利益诉求变得日趋多元。中央先后多次提出自治、法治、德治相结合的乡村治理模式不仅回应了转型期乡村社会治理的需求，也为乡村社会的转型发展指明了方

---

〔1〕 参见王裕根：《"三治融合"之法社会学阐释》，载《中国社会科学报》2021 年 4 月 14 日，第 5 版。

向，有利于推进乡村社会治理体系和治理能力现代化。但是，如何在司法实践中有效推进乡村治理自治、法治、德治相结合，形成"三治融合"的乡村治理格局，这就需要结合乡村社会治理实践具体分析。

首先，乡村司法要引导基层党组织不断完善基层组织体系。农村基层党组织是战斗的堡垒。乡村治理没有强有力的组织基础将难以贯彻自治、法治、德治相结合的战略思想。取消农业税后，乡村社会的组织体系涣散，村庄的利益诉求难以通过村级组织有效表达。伴随着社会流动性不断加大，全国部分农村出现了空心化状态，这不仅影响到农村的人居环境，造成农村土地资源浪费，也极大制约着农村经济发展，因此在实现乡村振兴的道路上，如何有效治理"空心村"，成了一道必答题。在乡村司法治理过程中，通过引导基层组织完善相关组织制度建设，有利于发挥乡村社会基层党组织在协调各方利益、组织群众开展村民自治等方面的功能。一是通过不断强化农村基层党组织建设，有助于增强党在乡村社会中执政的组织基础。党具有总揽全局、协调各方的作用。党的农村基层党组织是党在农村全部工作和战斗力的基础，也是推动乡村治理的有力引擎。为有效推进乡村治理自治、法治、德治相结合，全面推进乡村振兴，亟待加强乡村党组织建设，提升乡村党组织组织力，充分发挥其战斗堡垒作用。乡村党组织不仅要把握村民自治正确的政治方向，也要加强乡村党支部班子建设，在既有的法律体系下，积极引导、组织、带领村民群策群力，搞好乡村自治，此外，还要组织和调动相关道德权威人物的力量调解矛盾纠纷。二是用典型司法案例对乡村干部进行普法，不断增强乡村干部运用法治思维和法治方式开展工作的能力。在乡村治理过程中，基层村干部扮演着重要角色，他们是推动乡村社会发展的先行者和引路人。为有效推进乡村治理自治、法治、德治相结合，村干部自身的法治意识和思维就显得尤为重要。因此，村干部应该带头学习和遵守《中华人民共和国宪法》《中华人民共和国村民委员会组织法》等相关法律规定，不断强化村民自治的法治意识。同时，在处理矛盾纠纷时，应该根据不同矛盾纠纷的性质采取相应的治理手段，既要强化道德的约束力量，也要积极引导村民通过法律途径解决。三是引导村民自治组织加强制度建设，不断创新村民自治的组织形式，鼓励乡村社会自治组织的发展。通过发布一些司法典型案例维护村民自治组织的法律地位，鼓励村庄结合本地实际创新村民自治组织形式，积极引导村庄老年人协会、专业技术协会、环保协会等自治组织的发展，激活自治组织在村民自治和德治中的重要功能。

其次，乡村司法要善于运用村规民约释法说理，引导村民在村规民约中充分自治。村规民约作为基层社会治理的重要规范，是村民进行自我管理、自我服务、自我教育和自我监督的重要行为规范。在乡村司法治理过程中，促进和引导村民把传统优秀道德文化、现代法治精神以及村庄历史风俗融入村规民约的具体内容中，并在村庄治理中依照村规民约引导村民活动，促进自治、法治、德治相结合。为此，一是要通过典型司法案例引导村民认识到村规民约的法律效力，充分调动村民的积极性，参与村规民约的制定，引导村民从乡村治理的"旁观者"变为"当事人"，在让村规民约获得权威性，得到多数人承认的同时，努力让每一个村民能够在村规民约的制定过程中感受主体地位，让村规民约中的内容、形式以及效力存在于每一个村民心中。二是要结合村庄发展的实际，事先参与并引导村庄制定符合本村庄历史传统以及现实发展需要的村规民约，切实让村规民约发挥其作用，保障村民权益，维护乡村秩序。三是要发布典型案例加强村规民约的合法性审查，引导村规民约制定与现代法律体系相衔接的司法服务条款。为切实发挥村规民约的规范作用，村规民约的制定要接地气，但也必须合理合法，符合国家法律的相关规定。因而在制定过程中要以国家法律为基本参照，结合村情社情，制定出既符合国家法律又符合乡村实际的规约，既要引导村民在既有的村规民约中开展自治，同时又要回应村民对现代法律的制度需求。

最后，乡村司法要在具体案件中大力弘扬优秀传统文化，把社会主义核心价值观融入基层社会治理中。尽管现代乡村社会结构正在发生变迁，但是中国传统文化仍然存在于广大农村中，传统文化依然影响着村民的日常实践。大力弘扬孝道文化、仁爱文化、家国文化以及社会主义核心价值观，有利于充实乡村治理中自治、法治与德治的文化基因。一是法治是现代治国理政的基本方式，化抽象为具体，在把传统文化融入基层治理的同时，要通过具体案例增强村民的现代法治文化观念，创新司法案例的普法方式，不断培育和增强村民的法治意识。二是乡村司法要利用现代网络手段传播中华民族传统优秀文化，让中华民族传统优秀文化以村民喜闻乐见的方式呈现在村民生活中，同时要大力宣传社会主义核心价值观，将社会主义核心价值观与村规民约等各项章程结合起来，教育引导村民该做什么，不该做什么，努力培育新时代懂技术、辨是非、知荣辱的农民，增强道德教化在村庄治理中的力量。三是要以点带面，发挥典型案例的示范带头作用，树立遵守传统优秀文化的典型，充分发挥榜样的示范带头作用，广泛开展好媳妇、好儿女、好公婆等评选表彰活动，开展寻找最美乡村教师、医生、"村官"、家庭等活动[1]，鼓励和引导村民相互促进和学习，不断激活村民心中的传统文化基因，为村庄开展道德教化和村民自治营造良好的思想氛围。

构建自治、法治、德治"三治"融合的治理体系是乡村司法治理的重要方向，也是全面贯彻依法治国与以德治国相结合的法治建设原则，有利于实现乡村社会的善治。在乡村司法中，通过自治、法治、德治三者有效结合，并在乡村治理实践中逐步形成"三治融合"的治理格局，有利于为乡村振兴战略的实施提供司法保障，进而为促进实现基层治理体系和治理能力现代化奠定前提基础。

本章小结

本章主要回答"通过司法的乡村治理该如何开展"的问题。无疑，区别于司法理念的探讨，这是关于司法实践层面的深入探讨，更加关注乡村司法如何在国家治理转型过程中的功能定位与实践路径问题。在这一问题下，试图从"为什么可以通过司法手段进行乡村治理""怎样开展乡村司法治理"等方面进行理论阐释。首先，通过司法的乡村治理，其正当性在于法律具有社会治理功能。法律的社会治理属性更加凸显出法律对社会问题的回应性。司法作为法治运行的重要环节之一，其过程将直接体现这一属性。特别在新时代背景下，基层社会结构发生

---

〔1〕《中共中央国务院关于实施乡村振兴战略的意见》，载《人民日报》2018年2月5日，第4版。

深刻变迁，与此相对的是，国家治理方式发生深刻转型。人民法庭作为乡村社会的司法机构，直接与人民群众打交道，是推进乡村治理法治化的最前哨，因此在乡村治理过程中将赋予其新的时代功能定位。其次，推进乡村矛盾纠纷多元化解，始终是乡村司法治理过程中关注的重要问题。乡村社会固有的社会结构，决定了乡村矛盾纠纷化解难以完全依靠法律手段，必须在司法的引导和保障下推进乡村矛盾纠纷多元共治。最后，结合中央政策文件的要求，以及当前转型期乡村社会的结构以及乡村司法实践面临的问题，未来的乡村司法治理，应该充分激活内生性治理资源不断推进法治乡村建设，与此同时还应着力构建自治、法治、德治"三治融合"的乡村治理体系，为实现乡村善治贡献司法力量。

第五章　面向数字社会的诉源治理改革

进入新时代以来，大量矛盾纠纷不断涌向人民法院，日益加剧法院系统"案多人少"的矛盾。诉源治理是人民法院坚持和发展新时代"枫桥经验"的重要创新，也是缓解法院系统"案多人少"矛盾的重要举措。随着社会不断发展变迁，人民法院率先提出诉源治理理念，意味着人民法院将积极延伸司法职能，在诉前引导、推动、规范和保障多元解纷，这不仅有助于改变以往多元化纠纷解决机制联动不畅、治理碎片化等问题，也是适应新时代人民法院参与社会治理的需要。诉源治理本质上是司法参与社会治理的创新，其形式和内容区别于以往的司法治理模式。尤其是相对于以往的多元化解纷机制而言，诉源治理更加强调矛盾纠纷实质化解在诉前，注重对不同矛盾纠纷适用不同的解纷方式，其拓展和延伸了多元纠纷解决机制的广度和深度。[1]

与此同时也应该看到，新信息技术革命日益改变了法律的实施形态，正在重塑司法治理模式。法院诉源治理模式也将随着数字技术的发展而发生新的变化。借助数字技术赋能法院诉

---

〔1〕　四川省成都市中级人民法院课题组：《内外共治：成都法院推进"诉源治理"的新路径》，载《法律适用》2019 年第 19 期。

源治理模式转型，已成为法院破解"案多人少"矛盾的重要举措，并日益嵌入新时代数字社会治理体系变革。2021 年 2月，中央全面深化改革委员会第十八次会议审议通过的《关于加强诉源治理推动矛盾纠纷源头化解的意见》（本章以下简称《意见》）中指出，充分运用大数据、人工智能、区块链等信息化手段，加强在线矛盾纠纷多元化解平台建设，提高司法大数据分析应用能力，推动诉源治理工作数据化、可视化。在新时代背景下，持续深化法院诉源治理数字化转型、推进诉源智治建设，对于及时预防化解社会矛盾纠纷、维护社会稳定具有重要意义，是深入推进国家治理体系和治理能力现代化的重要一环。

本章拟在数字社会背景下，分析新时代人民法院参与社会治理面临的新形势和任务，深入探讨社会治理语境中诉源治理的本体性内涵及法治意蕴，并在此基础上分析数字技术对人民法院诉源治理模式的改变与塑造，重点探讨数字技术对法院诉源治理模式的塑造机制，最后落脚点在于分析法院诉源治理数字化转型的现实困境与突破方向，以此回应数字社会背景下人民法院诉源治理模式转型的实践问题。

第一节　诉源治理内涵辨正

2021 年，《意见》从源头预防、多元化解及关口把控等方面明确了司法部门、行政部门、群团组织、基层组织、行业协会等不同主体在诉源治理中的职责。然而在实践中，共建共治共享的诉源治理理念还未形成统一共识。在一些行政部门和行业组织看来，"诉源治理"涉及"诉"，是人民法院的事情，参与诉源治理实际上是"帮法院打工"。与此同时，理论界与实务界对"诉源治理"概念亦存在认识分歧。有学者认为，诉源治理包括四个层次的基本内涵：深化社会基层治理、及时调和矛盾纠纷、减少纠纷进入诉讼、诉讼解纷。[1]也有学者提出了三个层次的基本内涵：源头预防在先、非诉机制挺前、法院裁判终局。[2]有学者从时间序列和治理层级的角度将诉源治理内涵概括为：矛盾纠纷源头治理、诉前治理、诉中治理。[3]有学者认为，"诉源治理"在2016年之后的司法实践中就已经开始出现较为明显的扩张倾向，[4]甚至存在异化风险和功能错位。[5]对此，有学者试图从诉讼法的角度重新厘定人民法院在诉源治理中的程序定位，以匡正角色定位偏差。[6]综合来看，当前理论界与实务界对"诉源治理"概念并未形成统一的共识。这表现为：一是，当前学界还没有在同一概念内涵基础上进行学术对话；二是，诉源治理实践的观念并未达成共识，同时人民法院在诉源治理中的角色定位亦存在一定偏差。基于此，有必要对诉源治理的本体性内涵进行辨正，准确定位人民法院在诉源

---

〔1〕 四川省成都市中级人民法院课题组：《内外共治：成都法院推进"诉源治理"的新路径》，载《法律适用》2019年第19期。

〔2〕 薛永毅：《"诉源治理"的三维解读》，载《人民法院报》2019年8月11日，第2版；钱弘道：《诉源治理的基本内涵和数字化进路》，载《人民法院报》2022年10月27日，第8版。

〔3〕 杨力：《诉源治理理论》，法律出版社2022年版，第5页。

〔4〕 张卫平：《"案多人少"问题的非讼应对》，载《江西社会科学》2022年第1期。

〔5〕 周苏湘：《法院诉源治理的异化风险与预防——基于功能主义的研究视域》，载《华中科技大学学报（社会科学版）》2020年第1期。

〔6〕 曹建军：《诉源治理的本体探究与法治策略》，载《深圳大学学报（人文社会科学版）》2021年第5期。

治理中的角色，推动诉源治理实践朝着正确方向发展。本节首先回到诉源治理的政策话语，梳理政策层面诉源治理的语境，进而为诉源治理的本体性内涵辨正提供基本方向，接着对诉源治理蕴含的中国特色社会主义法治意蕴进行辨析，从而解析诉源治理的基本路径。

一、"诉源治理"的政策话语

当前，对于"诉源治理"理念，理论界和实务界普遍认为是人民法院最先提出来的。2016 年，为了减少诉讼案件增量、缓解"人案矛盾"，四川省成都市中级人民法院在创新和发展新时代"枫桥经验"的基础上，率先提出"诉源治理"理念，并进行了相关实践探索。[1]此后，浙江、湖北、上海等地法院先后试行诉源治理的司法政策与理念。2019 年 2 月，最高人民法院在总结试点经验的基础上，将完善"诉源治理"机制纳入《最高人民法院关于深化人民法院司法体制综合配套改革的意见——人民法院第五个五年改革纲要（2019—2023）》中。2021 年，习近平总书记在中央全面深化改革委员会第十八次会议上指出，法治建设既要抓末端、治已病，更要抓前端、治未病。为贯彻落实习近平法治思想，2021 年 2 月，中央全面深化改革委员会第十八次会议审议通过《意见》，至此，诉源治理被正式纳入国家战略中，此后最高人民法院也相应出台了配套文件。当前，有关"诉源治理"的主要政策文件如下表 5.1：

---

〔1〕　四川省成都市中级人民法院编著：《诉源治理：新时代"枫桥经验"的成都实践》，人民法院出版社 2019 年版，第 72～131 页。

表 5.1   有关诉源治理的政策文件[1]

序号	发文时间	发文单位	文件名称	文号	相关内容提要
1	2019 年 2 月	最高人民法院	《最高人民法院关于深化人民法院司法体制综合配套改革的意见——人民法院第五个五年改革纲要（2019－2023）》	法发〔2019〕8 号	创新发展新时代"枫桥经验"，完善"诉源治理"机制，坚持把非诉讼纠纷解决机制挺在前面，推动从源头上减少诉讼增量。
2	2019 年 7 月	最高人民法院	《最高人民法院关于建设一站式多元解纷机制 一站式诉讼服务中心的意见》	法发〔2019〕19 号	主动融入党委和政府领导的诉源治理机制建设。切实发挥人民法院在诉源治理中的参与、推动、规范和保障作用，推动工作向纠纷源头防控延伸。
3	2020 年	中央全面依法治国委员会	《关于加强法治乡村建设的意见》	中法委发〔2020〕1 号	坚持和发展新时代"枫桥经验"，加强诉源治理，畅通和规范群众诉求表达、利益协调、权益保障通道，完善社会矛盾多元预防调处化解综合机制，努力将矛盾化解在基层，做到"小事不出村、大事不出乡"。

---

〔1〕 表格内容由作者根据相关文件整理而成。

序号	发文时间	发文单位	文件名称	文号	相关内容提要
4	2021 年 2 月	平安中国建设协调领导小组	《关于加强诉源治理推动矛盾纠纷源头化解的意见》	平安中国组〔2021〕1 号	加强组织保障、凝聚诉源治理合力；推动健全促进诉源治理和矛盾纠纷多元化解的机制
5	2021 年	最高人民法院	《最高人民法院关于深化人民法院一站式多元解纷机制建设推动矛盾纠纷源头化解的实施意见》	法发〔2021〕25 号	形成适合地区实际的诉源治理模式；既积极参与、主动融入党委领导下的诉源治理工作，发挥专业优势，为非诉讼方式解决纠纷提供司法保障；又认真把好案件"入口关"，对起诉到人民法院的纠纷发挥主导作用，促进纠纷一站式多元化解；以诉讼服务中心、人民法院调解平台作为人民法院参与诉源治理、开展分流对接总枢纽；将人民法院参与诉源治理，推动矛盾纠纷源头化解作为"一把手"工程统筹谋划部署；积极运用大数据、人工智能等信息化手段，实现人民法院参与诉源治理工作数据化、可视化。

序号	发文时间	发文单位	文件名称	文号	相关内容提要
6	2021年9月	最高人民法院	《最高人民法院关于推动新时代人民法庭工作高质量发展的意见》	法发〔2021〕24号	探索建立符合人民法庭工作规律的专门考核办法，综合考虑执法办案、指导调解、诉源治理等因素，适当增加诉源治理、诉前调解等考核权重，重点考核"化解矛盾"质效。
7	2022年	中央全面依法治国委员会	《关于进一步加强市县法治建设的意见》	中法委发〔2022〕5号	强化诉源治理，把非诉讼纠纷解决机制挺在前面，加快推进人民法院调解平台进乡村、进社区、进网格，推动将民事、行政案件万人起诉率纳入地方平安建设工作考核，依靠基层、发动群众实现矛盾纠纷就地发现、就地调处、就地化解。

梳理上面政策文件名称、内容及其诉源治理的相关政策话语可知：

第一，诉源治理已经上升为平安中国建设的重要战略。当前，诉源治理已成为深化共建共治共享社会治理理念、维护社会大局稳定的重要战略部署。2021年《意见》从"加强源头预防，止矛盾于未发""加强前端化解，解矛盾纠纷于萌芽""加强关口把控，终矛盾纠纷于始发""加强组织保障、凝聚诉源治理合力"四个方面对诉源治理工作做出战略规划，其战略导向是为了贯彻落实习近平法治思想，将矛盾纠纷及时化解在基层、化解在萌芽状态，从而减少诉讼性案件，维护社会大局稳定，建设平安中国。值得注意的是，该份文件是以平安中国建设协调小组名义印发，其内容不仅涵盖政法部门的职责，还包括其他行政部门、治理单位、社会组织的职责，强调的是多个组织与多个部门的协同治理。这反映出在平安中国建设中，贯彻的是社会共建共治共享理念，更加强调的是诉源的整体性治理。[1]

　　第二，诉源治理与基层法治建设密切相关。不难看出，上述有关法治建设的文件将诉源治理也纳入进来，例如，中央全面依法治国委员会印发的《关于加强法治乡村建设的意见》中提出"加强诉源治理，畅通和规范群众诉求表达、利益协调、权益保障通道，完善社会矛盾多元预防调处化解综合机制"。[2]这意味着加强诉源治理是基层法治建设的重要内容。这是因为，诉源治理强调对矛盾纠纷多元预防调处化解，而其中离不开法治的引领和保障。新时代背景下，诉源治理本身属于基层法治建设的一部分，其更加强调在法治思维下将矛盾纠纷预防调处与多元化解，这也是建设法治社会的重要体

---

〔1〕　整体性治理理念最早运用于政府内部多个部门的协同性治理，参见竺乾威：《从新公共管理到整体性治理》，载《中国行政管理》2008 年第 10 期。

〔2〕　《中央全面依法治国委员会印发〈关于加强法治乡村建设的意见〉》，载 http://www. moj. gov. cn/pub/sfbgw/qmyfzg/202101/t20210122_150391. html，最后访问日期：2023 年 6 月 24 日。

现。"完善社会矛盾纠纷多元预防调处化解综合机制"既包括了法治方式和手段，也涵盖了其他解纷方式，各种解纷方式相互配合与协调的过程体现出以诉源治理方式推进基层法治建设的新理念。

第三，人民法院高度重视诉源治理工作并用了较多文件配套落实。从上述文件制发的时间可以看出，自诉源治理被纳入国家战略以来，法院系统先后出台了若干配套措施来推进诉源治理工作。这表明，诉源治理是新时代司法治理改革的重要方向。与此同时，近些年的新闻报道，也都意在推广不同地区法院诉源治理的创新实践，例如，《中共中央 国务院关于做好2022年全面推进乡村振兴重点工作的意见》中指出，要创建一批"枫桥式人民法庭"，此后最高人民法院专门就人民法庭创新和发展新时代"枫桥经验"的典型案例进行分类汇总，意在推广人民法庭参与基层社会诉源治理的典型经验。[1]但正因为此，长期以来，一提到"诉源治理"，大多数行政部门、基层治理单位和组织都认为是人民法院的职责。实际上，这是一种认识误区。为深入把握诉源治理的内涵边界，亟须对"诉源治理"的认识误区进行正本清源。

二、"诉源治理"的本体性内涵

界分概念的内涵是认识世界和改造世界的前提和基础。界分"诉源治理"本体性内涵是推进诉源治理工作的前提。最初，人民法院提出"诉源治理"的目的是减少诉讼案件增量、缓解

---

〔1〕《最高法发布第四批新时代人民法庭建设案例》，载 https://www.china-court.org/article/detail/2022/11/id/7001367.shtml，最后访问日期：2023年6月24日。

人案矛盾。从人民法院审判职责角度看，当时"诉源治理"中的"诉"指的是"诉讼案件"。[1]但是，按照2021年中央全面深化改革委员会通过的《意见》所规定的相关部门职责来看，"诉源治理"更加强调多个组织、部门共同参与，突出的是综合性治理，强调的是治理合力。同时，梳理上述政策话语不难看出，诉源治理指涉的是潜在或已发矛盾纠纷中利益"诉求"的预防调处化解与综合治理，其最终指向的是社会稳定与平安中国。那么，诉源治理中的"诉"到底是指"诉讼案件"还是指潜在或既有矛盾纠纷的"利益诉求"？这个问题涉及对"诉源治理"本体性内涵的探究。

（一）"诉"指"利益诉求"而非仅指"诉讼案件"

近年来，各地法院、行政部门将诉源治理作为治理改革的现象级词汇，但实践中，有关诉源治理的观念并没有形成统一的认识。例如，有的职能部门认为"诉源治理"是人民法院的事情，纠纷调解工作不属于其职责范围，当出现矛盾纠纷之后，只需引导当事人去人民法院起诉。[2]虽然《意见》中明确了相关行政部门、组织及基层治理单位的诉源治理职责，并且最高人民法院也先后出台《最高人民法院关于深化人民法院一站式多元解纷机制建设推动矛盾纠纷源头化解的实施意见》《关于加快推进人民法院调解平台进乡村、进社区、进网格工作的指导意见》等相关文件以搭建诉源治理的协同机制和平台，但实践中仍然存在多元解纷力量联动不畅、一站式多元解纷机制运行

---

〔1〕　郭彦：《共建共赢　内外并举　全面深入推进诉源治理》，载《人民法院报》2016年12月28日，第8版。

〔2〕　四川省成都市中级人民法院编著：《诉源治理：新时代"枫桥经验"的成都实践》，人民法院出版社2019年版，第40页。

效能不高等问题。

与此同时，在法院内部也还存在一些认识误区。2019 年，习近平总书记在中央政法工作会议上作出重要指示，明确提出要"坚持把非诉讼纠纷解决机制挺在前面"。[1]在此背景下，部分法院把诉源治理简单地理解为运用非诉方式化解矛盾纠纷，于是将诉源治理简单地等同于法官诉前司法调解。特别是在法院系统内部自上而下的诉源治理考核指标压力下，为了完成考核指标，一些法院配置更多的司法力量推动和参与诉前调解，甚至存在强制调解、诱导调解、延时调解等异化现象，[2]不仅影响当事人正常行使诉权，也无法实质化解矛盾纠纷，反而加剧了"案多人少"矛盾。

由于法院系统内部和其他治理主体对诉源治理的理念并没有形成统一的认识，再加之法院系统内部对诉源治理指标考核的压力，导致人民法院的诉源治理实践存在一些困境。这主要表现为：一是诉源治理工作合力不强。实践中，人民法院要在诉前化解一些复杂且涉及众多利益主体的矛盾纠纷，通常需要联动多个部门、行业组织及基层治理单位，但由于相关部门和单位难以形成诉源治理工作合力，所以联动起来存在一定困境。二是诉源治理运动化。部分法院为了提高诉源治理工作绩效，提升法院参与社会治理的政治地位，往往在一定时期内制定考

---

〔1〕《把非诉讼纠纷解决机制挺在前面 推动行政争议多元化解 ——最高人民法院行政审判庭负责同志就〈关于进一步推进行政争议多元化解工作的意见〉答记者问》，载 https://www.chinacourt.org/article/detail/2022/01/id/6493626.shtml，最后访问日期：2023 年 6 月 23 日。

〔2〕周苏湘：《法院诉源治理的异化风险与预防——基于功能主义的研究视域》，载《华中科技大学学报（社会科学版）》2020 年第 1 期。

核文件激励法官提前介入矛盾纠纷的诉前化解。虽然在一定程度上减少了矛盾纠纷演变为诉讼案件的概率，但过多引导法官参与矛盾纠纷化解反而浪费了司法资源，这或许与缓解法院内部"人案矛盾"的目标渐行渐远。三是法院系统内部考核"内卷化"。在实践中，部分法院为了完成诉源治理考核，往往围绕指标或数据来开展工作。尤其是填写数据考核指标时需要掌握一定技巧或策略。当诉源治理数据考核在同一张屏幕或者同一网络平台中展示时，大多数法院往往忙于思考怎么填好各项数据，而忽视矛盾纠纷实质化解的进程和效果，以至诉源治理陷入数字化考核"内卷化"的困境。

产生上述实践困境，主要原因在于对诉源治理的"诉"定位不清。从人民法院自身职责角度来看，"诉"指的是"诉讼案件"，但事实上，这并不符合诉源治理的实践规律。应该看到的是，进入新时代以来，人民法院受理的诉讼案件数量逐年不断增加，但法院"案多人少"矛盾是一个世界性难题，诉源治理也只是缓解"案多人少"矛盾的方法之一。[1]并且，从转型期矛盾纠纷化解的实践来看，很多矛盾纠纷在演变为诉讼案件之前，往往涉及多方面的利益主体和复杂的社会关系，特别是针对一些非常规性矛盾纠纷的解决，往往需要调动政治、司法和各种社会资源综合治理，[2]而非仅仅依靠法院的力量就能实质化解。由此，虽然"诉源治理"在字面上出现了"诉"，但并不意味着人民法院仅靠自己的司法力量就能预防和化解所有矛

---

〔1〕　程金华：《中国法院"案多人少"的实证评估与应对策略》，载《中国法学》2022 年第 6 期。

〔2〕　顾培东：《试论我国社会中非常规性纠纷的解决机制》，载《中国法学》2007 年第 3 期。

盾纠纷，实际上，人民法院大多从司法角度将可能演变为诉讼案件的部分矛盾纠纷在诉前借助多元解纷力量调处化解，在这个过程中要坚持以人民为中心、贯彻人民民主的原则。如果把诉源治理看作是矛盾纠纷全过程的社会治理，[1]那么人民法院只是诉源治理的一个环节或者说一个重要部门。从这个意义上讲，诉源治理的"诉"指的是指潜在或已发矛盾纠纷中的利益"诉求"，并突出强调多方力量参与，从而减少矛盾纠纷进入诉讼环节。事实上，《意见》也明确了化解矛盾纠纷的各相关部门和单位的职责，其中不仅包括人民法院，还包括人民检察院、公安、行政部门、基层组织、行业组织等。这也就意味着，新时代诉源治理中的"诉"的治理语境容纳了多元主体参与共治的社会治理新情境。

（二）"溯源治理"统一于诉源治理中

如果说人民法院诉源治理也只是社会治理环节中的一段，那么可以进一步区分人民法院的"诉源治理"与人民检察院"溯源治理"理念。在强调"诉源治理"的同时，"溯源治理"也被司法机关尤其是检察机关频频提及和强调，[2]意指人民检察院在履职过程中通过收集线索，主动发现一些社会治理问题，并以检察建议的方式推进相关部门改进监管模式，消除或者减小引发社会矛盾纠纷的隐患。例如，2022年最高人民检察院提出"八号检察建议"，明确要求各级检察机关要"有效

---

〔1〕 莫纪宏：《以"全过程"为尺度 推进国家治理体系和治理能力现代化》，载 http://www.chinanews.com.cn/gn/2022/07-02/9794220.shtml，最后访问日期：2023年6月24日。

〔2〕 薛永毅：《彰显融入社会治理责任担当》，载《检察日报》2022年7月28日，第3版。

推进溯源治理"。[1]这里的"溯源治理"是检察机关基于自身职责而提出来的，反映出新时代检察机关适应职能转变不断创新参与社会治理的模式。这一理念虽与人民法院提出的"诉源治理"理念在概念上有所差异，但本质上都强调在源头上减少或预防化解社会矛盾纠纷。诚如上述，诉源治理并非仅是人民法院的职责，人民法院率先提出诉源治理观念，是希望包括人民检察院在内的司法机关、行政机关、基层单位及行业组织参与进来共同减少和预防化解矛盾纠纷，尽可能减少或避免矛盾纠纷进入法院转为诉讼案件。从这个意义上讲，"溯源治理"是人民检察院基于履行自身职责参与社会治理的新方式，其统一于诉源治理的全过程中，目的是预防和减少社会矛盾纠纷。

不过，"溯源治理"统一于诉源治理中，并不意味着人民检察院的工作统一于人民法院的工作。应当看到，人民法院率先提出"诉源治理"，主要是基于其自身作为"维护社会公平正义的最后一道防线"的语境。在整个社会不可避免存在矛盾纠纷的大前提下，如果所有利益矛盾纠纷一开始都涌向人民法院，不仅会造成当事人讼累，也进一步加剧法院系统内部"案多人少"的矛盾。但是，如果经过各种非诉方式和手段还难以化解矛盾纠纷，那么人民法院作为维护社会公平最后一道防线的司法机关，此时应站在维护社会稳定大局、推进社会治理法治化的政治立场，对可能形成诉讼案件的矛盾纠纷，积极履行司法

---

〔1〕《最高检制发八号检察建议 助推安全生产溯源治理》，载 https://www.spp.gov.cn/spp/xwfbh/wsfbh/202203/t20220318_549461.shtml，最后访问日期：2023年6月24日。

延伸职能，加强对可能形成诉讼案件的矛盾纠纷进行诉源治理。因此，人民法院和人民检察院都是诉源治理过程中的重要主体，但产生于不同环节、不同时段。就人民法院的环节和时段而言，或许将人民法院对未受理但已经形成案件的矛盾纠纷进行治理的过程称为"案源治理"，才能够准确辨析人民法院与人民检察院各自基于自身职责提出的"案源治理"与"溯源治理"的差异，并且也能够深刻认识到，在诉源治理的全过程理念下，"案源治理"与"溯源治理"都同属于诉源治理体系，都是社会治理体系不可或缺的部分。[1]

因此，从诉源治理的实质内涵来看，人民法院对可能形成诉讼案件的矛盾纠纷利益诉求进行治理，是一种"案源治理"，虽与人民检察院提出的"溯源治理"存在含义上的差别，但二者共同之处是，它们都基于各自的职责从源头上预防和化解矛盾纠纷，从而尽可能把矛盾纠纷及时化解在基层、化解在萌芽状态，实现诉源治理目标。

（三）诉源治理的语境重心在"治理"而非"诉源"

"诉源"只是当初从人民法院办案的角度提出来的分析语境，意指演变成诉讼案件前的潜在利益矛盾纠纷的源头。而潜在利益矛盾纠纷的源头存在于社会各方面、各领域，加强诉源治理的目的是将利益矛盾纠纷实质化解在源头场域，以减少或者防止利益矛盾纠纷演变为法院受理的诉讼案件。由于社会中不可避免会产生或即将产生各种各样的利益矛盾纠纷，所以采取科学的治理理念、有效的治理方式与手段就显得十分重要，

---

〔1〕 四川省成都市中级人民法院课题组：《内外共治：成都法院推进"诉源治理"的新路径》，载《法律适用》2019 年第 19 期。

其最终目标指向的是通过形成治理合力促进矛盾纠纷实质化解。[1]由此，诉源治理的语境重心应是"治理"，诉源治理是构建新时代社会治理格局的重要内容。[2]而社会治理是国家治理的重要组成部分，从国家治理定位"诉源治理"的内涵重心，在本质上也符合在中国语境中准确定位多元解纷机制内涵。[3]这显著区别于国外以实用理性为主的 ADR 机制。[4]

如果说诉源治理的重心在社会治理，那么新时代社会治理的理念与方式基本上可以运用于诉源治理的全过程。新时代社会治理的基本理念强调打造共建共治共享的社会治理格局，以及建设人人有责、人人尽责、人人享有的社会治理共同体。[5]将全过程人民民主的治理理念融入诉源治理中，要求多个部门、社会组织、基层单位、公民等社会治理主体参与进来。例如，预防和减少青少年犯罪、基层单位和组织主动发现矛盾纠纷并将其化解在萌芽状态、相关行业组织参与行业矛盾纠纷的非诉化解等，这些都需要多个部门和组织联合起来开展行动。由此，仅靠一个部门、一套制度、一个角色扮演是很难完全实现社会治理目标。诉源治理应是包含了多个部门和多个角色的扮演，并且只有各个部门和角色扮演形成分工合作的关系，才能形成

〔1〕 李占国：《诉源治理的理论、实践及发展方向》，载《法律适用》2022 年第 10 期。

〔2〕 四川省成都市中级人民法院课题组：《内外共治：成都法院推进"诉源治理"的新路径》，载《法律适用》2019 年第 19 期。

〔3〕 顾培东：《国家治理视野下多元解纷机制的调整与重塑》，载《法学研究》2023 年第 3 期。

〔4〕 熊浩：《知识社会学视野下的美国 ADR 运动——基于制度史与思想史的双重视角》，载《环球法律评论》2016 年第 1 期。

〔5〕 张文显：《新时代中国社会治理的理论、制度和实践创新》，载《法商研究》2020 年第 2 期。

一个完整的社会治理体系。而为实现高效而完整的诉源治理体系，就需要一个中心权威或组织机构通过强制性规范或措施来协调多个部门和组织开展集体行动。实践中，有效开展诉源治理往往需要依靠党委的领导，借助党委政法委的力量统筹协调多方解纷力量，实现从解纷"场所一站式"到"功能一站式"的实质化升级。[1]与此同时，还需要适应数字科技带来的发展成果，主动借助数字技术搭建共建共治共享平台，解决多个部门联动信息联动不畅、解纷资源不共享、基层群众不方便触及司法等问题。[2]例如，浙江省率先利用数字技术发展的成果在法院系统推行"共享法庭"，[3]建立法院与其他部门、基层治理单位、行业组织的共享平台，让司法资源在虚拟空间中得到优化配置，极大地方便了人民群众与法官的近距离接触，展现了数字赋能诉源治理的优势。

三、诉源治理的法治意蕴与路径构造

（一）诉源治理的法治意蕴

由上可知，诉源治理的对象是社会潜在的利益矛盾纠纷，而非仅只人民法院受理的诉讼案件，其本体性内涵或许天然地与矛盾纠纷源头预防与多元化解始终关联在一起，且其过程在于调动多元解纷力量参与矛盾纠纷化解，减少矛盾纠纷演变为诉讼案件。事实上，对矛盾纠纷的源头预防与多元化解，也始

---

〔1〕 王聪：《诉源治理的现实困境与完善路径》，载《人民法院报》2022 年 9 月 29 日，第 5 版。

〔2〕 钱弘道：《诉源治理的基本内涵和数字化进路》，载《人民法院报》2022 年 10 月 27 日，第 8 版。

〔3〕《浙江 2.4 万个"共享法庭"协奏社会治理和谐曲》，载 https://legal. gmw. cn/2022 –05/16/content_35736415. htm，最后访问日期：2023 年 5 月 7 日。

终是法治社会建设的重要内容。在法治社会建设中，要依法有效化解矛盾纠纷，就包括要完善社会矛盾纠纷多元预防调处综合机制。例如，《法治社会建设实施纲要（2020－2025年)》中就明确指出，"坚持和发展新时代'枫桥经验'，畅通和规范群众诉求表达、利益协调、权益保障通道，加强矛盾排查和风险研判，完善社会矛盾纠纷多元预防调处化解综合机制"。[1]

不过，在法治社会建设中，依法有效化解矛盾纠纷，并不是说要等矛盾纠纷发生后演变为诉讼案件之前才依法化解矛盾纠纷，除此之外，还应包括矛盾风险隐患排查、预防与风险研判。这就需要配置更多法治力量进行引导与疏导，以及加强相关预防性法律制度的建设。例如，村庄或城市社区基层组织要定期排查和上报矛盾风险隐患，如果发现矛盾纠纷风险或隐患要及时预防处置。这种预防矛盾纠纷发生的理念构成了诉源治理的重要组成部分，也深刻反映了习近平法治思想中的法治社会建设理论创新，即法治社会建设既要抓末端、治已病，更要抓前端、治未病。这种理念进一步贯彻了党的十八届四中全会提出的，坚持系统治理、依法治理、综合治理、源头治理"的社会治理理念。在实践中，"抓前端、治未病"既是法治建设的重要内容，也是司法机关的重要职责。例如，2022年《最高人民检察院工作报告》中提出："司法办案既要抓末端、治已病，更要抓前端、治未病。检察机关依法能动履职，更深融入社会治理，共筑长治久安基石。"2023年《最高人民检察院工作报告》又再次提出"检察建议推动诉源治理。从个案办理到类案

---

〔1〕《法治社会建设实施纲要（2020－2025年)》，人民出版社2020年版，第16页。

监督再溯源促标本兼治，是法治中国建设更高要求"。[1]因此，预防矛盾纠纷产生并从源头上排查社会矛盾纠纷风险隐患是诉源治理的重要内容，与此同时，其本身亦构成法治社会建设的重要内容。

当预防矛盾纠纷和排查矛盾风险的诉源治理理念纳入到"法治"社会框架之后，此时的"法治"更像是一种秩序生成机制。这种秩序生成机制，法律的元素虽参与其中，但其更多地是由政治压力、考核激励以及社会动员综合而成。[2]如果"法治"包括预防矛盾纠纷和风险排查的治理内涵，这就意味着其与西方经典法治[3]理念不太一样。由此，中国特色社会主义法治理念与西方法治理念在本质上是不一样的，它蕴含的是大国的国情，即习近平总书记指出的，我国国情决定了我们不能成为诉讼大国。为了防止成为诉讼大国，其中较为有效的措施是通过贯彻自上而下风险排查与矛盾预防化解的政治责任机制，并通过属地责任制组织和动员基层治理单位和组织参与矛盾纠纷预防化解。[4]只有如此才可能减少矛盾纠纷发生并演变为诉讼案件，避免我国成为诉讼大国。

---

〔1〕《最高人民检察院工作报告——2022年3月8日在第十三届全国人民代表大会第五次会议上》，载 https://www.spp.gov.cn/spp/gzbg/202203/t20220315_549267.shtml，最后访问日期：2023年4月22日；《最高人民检察院工作报告——2023年3月7日在第十四届全国人民代表大会第一次会议上》，载 https://www.spp.gov.cn/spp/gzbg/202303/t20230317_608767.shtml，最后访问日期：2023年4月22日。

〔2〕喻中：《论"治-综治"取向的中国法治模式》，载《法商研究》2011年第3期。

〔3〕例如，古希腊哲学家亚里士多德提出良法之治与守法之治。参见［古希腊］亚里士多德：《政治学》，吴寿彭译，商务印书馆1965年版，第167～168、199页。

〔4〕王裕根：《基层政府综合治理的体制基础与实践机制——以一起林权纠纷为个案分析》，载《中国农村研究》2018年第1期。

在我国，如果"法治"还包括预防矛盾纠纷和风险排查，那么此时的法治就不仅仅是一种制度建设与执行问题（立法与执法），还蕴含一套政治行为逻辑。因为矛盾纠纷预防与风险排查，在很大程度上涉及一个地方或单位的稳定问题。"压到一切的是稳定"，[1]其高度概括了稳定与发展的政治命题：社会向前发展，必然需要稳定作为前提。社会稳定是最大的政治。实现"稳定政治"，需要依托相关制度安排，这主要体现为政府内部自上而下的维稳目标管理考核体系。[2]其中，地方政府属地矛盾风险预防与排查的履职情况是重要的考核内容。矛盾纠纷预防与风险排查，在手段上，既涉及法律层面的工作，也涉及通过道德、政治、思想教育、社会工作等方式化解矛盾，这就是学者常说的综合治理方法，其反映了我国已经孕育出一种具有内在生命力的法治模式。[3]这套方法在一定程度上反映了法律在实践层面如何被运用来维护社会稳定及在我国特定的历史和文化背景下法律运用观念的转变[4]。由此可以认为，矛盾纠纷预防与矛盾风险隐患排查蕴含了中国特色社会主义法治内涵，但其背后最为根本的是政法逻辑。"政法"始终构成理解中国法治建设的基本语境，在某种意义上构成一个总体性概念。[5]

---

〔1〕 邓小平：《邓小平文选》（第3卷），人民出版社1993年版，第284页。

〔2〕 容志、陈奇星：《"稳定政治"：中国维稳困境的政治学思考》，载《政治学研究》2011年第5期。

〔3〕 喻中：《论"治－综治"取向的中国法治模式》，载《法商研究》2011年第3期。

〔4〕 谌洪果：《"枫桥经验"与中国特色的法治生成模式》，载《法律科学（西北政法大学学报）》2009年第1期。

〔5〕 邵六益：《政法传统研究：理论、方法与论题》，东方出版社2022年版，第3页。

因此，加强诉源治理需要依法有效化解社会矛盾纠纷，其既是法治社会建设的内容，也是新时代贯彻落实习近平法治思想的重要体现。在诉源治理过程中，既包括矛盾纠纷多元化解，也包括矛盾纠纷源头预防与风险隐患排查。此时，加强诉源治理蕴含了特定的法治秩序生成机制，这种秩序生成机制背后深刻揭示了中国特色社会主义的"政法"哲学，最终指向的是平安中国建设。[1]

（二）诉源治理中的路径构造

为了实现诉源治理的法治目标，在路径构造层面应进一步强化源头治理，在方式和理念层面要坚持和发展新时代"枫桥经验"。

1. 强化源头治理是诉源治理的题中之意。源头治理是指对矛盾纠纷产生之讼争源头进行实质化治理。源头治理更加强调矛盾纠纷未产生或产生之初的治理模式。如当矛盾纠纷产生之后并发展演变为诉讼性纠纷之前，如果采取多种方式和手段将矛盾纠纷实质化解在诉前，这其实涉及诉源治理。由此，诉源治理不仅强调在矛盾纠纷产生之前或产生之初的源头治理，而且还强调矛盾纠纷产生发展演变后未进入诉讼环节之前，采用法治思维、系统思维和综合思维进行治理，目的是针对已经产生的矛盾纠纷进行实质性化解，阻断矛盾纠纷继续演变为诉讼性纠纷。党的十八届四中全会提出"系统治理、依法治理、综合治理、源头治理"的社会治理模式又可称为四维治理模式，是社会治理能力的集中体现，充分体现了新时代社会主义治理

---

[1] 黄文艺：《"平安中国"的政法哲学阐释》，载《法制与社会发展》2022年第4期。

理论和方法论的创新。[1]而诉源治理本质上是坚持"四维治理"的具体实践,因此,强化源头治理是实现诉源治理目标的题中应有之义。

不过,对于人民法院而言,推进矛盾纠纷源头治理不仅表现在诉前推动矛盾纠纷源头化解,还体现在防止法院审理后的衍生案件产生,即法院经过诉讼程序审理的案件要达到的理想效果是要让当事人服判息诉,尽可能避免当事人涉诉、涉法、信访或者二审、再审率偏高。如果法院审理的案件能够令当事人满意,那么意味着涉诉信访率或者二审、再审改判率就会降低,这也可以反映出法院审判质效。从某种意义上讲,法院防止或者减少衍生案件的产生既是一种诉讼案件的源头治理,对于二审或者信访部门来讲也是一种诉源治理。因此,对于法院而言,参与诉源治理不仅包括诉前引导矛盾纠纷多元化解,也包括对法院内部衍生案件源头的治理,其目的是防止涉诉、涉法、信访或者减少上诉再审的概率,后者往往也是法院内部审判监督管理的重要方向,因此加强这方面的审判监督管理始终是提高案件审判质效的重要方式。

当然,分析人民法院衍生案件源头治理的语境是社会矛盾纠纷已经演变为诉讼案件的情况下,但从诉源治理的本体内涵来看,矛盾纠纷的源头治理显然不是要等矛盾纠纷进入诉讼程序,而是希望在进入诉讼程序之前,减少矛盾纠纷发生或者对矛盾纠纷进行实质化解,进而有效缓解人民法院长期以来的"人案矛盾"。因此,诉源治理的主要阶段是在法院立案前从源

---

[1] 张文显:《新时代中国社会治理的理论、制度和实践创新》,载《法商研究》2020年第2期。

头上实质化解社会矛盾纠纷。

从战略层面上看，中央提出诉源治理战略并不仅仅为了减轻法院的工作压力或社会治理任务，而是从社会稳定大局来定位，也即在法院正式介入矛盾纠纷化解并扮演维护社会公平正义最后一道防线的角色之前，相关行政部门、基层组织、治理单位、行业部门应按照自己的职责化解一部分矛盾纠纷，进而减少社会中的不稳定因素和风险隐患，推进平安中国建设。之所以作出这样的战略部署，主要是考虑当前在法治建设进程中，法律信仰还没有在全社会中完全树立起来，部分基层群众对法律的理解与现代法治意义上的规定还存在很大差距。许多基层群众遇有矛盾纠纷，虽然想到去法院进行诉讼，但群众对法律的理解与法律实际上的规定存在一定差距，这导致事后法官的判决与他们的司法期待也存在差距，进而产生"讼累"。于是就会产生法律运用的异化现象，也即法律与基层群众的距离虽然越来越近，但人们"依法纷争"越来越多，民间纠纷也越来越难化解。[1]为了防止矛盾纠纷化解异化，就必须在矛盾纠纷产生之初或者讼争源头开展源头治理。在源头治理过程中，通过采用多种方式回应群众利益关切，解决基层群众身边发生的矛盾纠纷，推动更多的法治力量向矛盾纠纷发生场域的源头延伸，这将有利于及时回应群众的解纷需求和利益关切，贯彻以人民为中心的法治建设立场，进而避免成为我国成为"诉讼大国"。

2. "枫桥经验"是诉源治理实践的基本方式。进入新时代以来，习近平总书记也多次批示，把"枫桥经验"坚持好、

---

〔1〕 陆益龙：《乡村民间纠纷的异化及其治理路径》，载《中国社会科学》2019年第10期。

发展好，把党的群众路线坚持好、贯彻好。发动和依靠群众就地解决矛盾，是新时代"枫桥经验"的"真经"。[1]而依靠群众把矛盾纠纷化解在基层、化解在萌芽状态，是诉源治理的核心理念。因此，坚持和发展新时代"枫桥经验"是诉源治理的基本实践方式，也是在党的领导下探索和拓展中国特色社会主义法治道路的一个生动典型和实践缩影。[2]

诉源治理的实践对象是社会中潜在或已经形成的矛盾纠纷。任何社会都存在矛盾纠纷。在社会运行过程中，由于不同行业、不同区域、不同身份而产生或引发不同类型的矛盾纠纷。社会冲突论者认为，矛盾纠纷反映出社会冲突无时无刻不在，矛盾纠纷的存在具有"安全阀"的功能。[3]这是因为矛盾纠纷的产生，在一定程度上可以释放社会累积的压力，减缓社会运行的负荷，帮助当局者改进政策实施方向和方式，促进社会进步。因此，产生了矛盾纠纷并不可怕，关键是要根据矛盾纠纷特点和性质，及时化解矛盾纠纷，把社会的矛盾冲突调和或者缓和在一种可控的范围内，只有这样才能真正维护社会稳定。

上述冲突论者的观点隐含的一个前提是：虽然矛盾纠纷在社会中时刻存在，但通常而言能够在诉源治理体系内得到有效化解。那么，如何在诉源治理体系内化解矛盾纠纷？新时代

---

〔1〕 张文显：《新时代"枫桥经验"的核心要义》，载《社会治理》2021年第9期。

〔2〕 李林：《推进新时代"枫桥经验"的法治化》，载《法学杂志》2019年第1期。

〔3〕 〔美〕L.科塞：《社会冲突的功能》，孙立平等译，华夏出版社1989年版，第137页。

"枫桥经验"要求坚持以人民为中心、贯彻落实群众路线，解决群众最盼、最急、最忧、最怨的问题，坚持社会治理依靠人民、为了人民、成果由人民共享。[1]在诉源治理过程中，这一理念仍然有很大的适用空间。这是因为，矛盾纠纷本身产生于社会之中，寻求纠纷解决办法，还必须从矛盾纠纷产生的源头和场域深入分析其解决办法。例如，在当今网络社会，各种网购平台产生的消费纠纷不断频发，很显然，要化解此类纠纷，单靠法律手段很难取得预期效果，必须从矛盾纠纷产生的社会场域中寻求解决办法，综合考虑纠纷发生的虚拟性和脱域性，并根据具体特点联动不同主体、整合多元规则、开展多元化解，形成一种合作治理模式。[2]从整体上看，无论社会形态如何变化，化解社会矛盾纠纷应该在社会中动员与矛盾纠纷当事人相关的多元主体参与进来共同化解。正如有观点认为："多元解纷机制必须嵌入社会生活过程之中，即解纷组织或其他主体应分布并配置在社会生活各个领域和社会生活过程的各个环节，同时，不同社会生活都应有与其相适应的纠纷解决手段或方式。"[3]因此在诉源治理过程中，"枫桥经验"的基本方式并没有过时，这是由矛盾纠纷化解的社会规律决定的。"枫桥经验"揭示了矛盾纠纷化解的社会规律，也即矛盾纠纷产生于具体社会情境，必须调动多元主体参与进来共同化解。

---

〔1〕 张文显：《新时代"枫桥经验"的核心要义》，载《社会治理》2021年第9期。

〔2〕 王裕根：《迈向合作治理：通过法律规制平台经济的制度边界及优化》，载《河北法学》2021年第1期。

〔3〕 顾培东：《国家治理视野下多元解纷机制的调整与重塑》，载《法学研究》2023年第3期。

不过，矛盾纠纷多元化解对于不同主体而言，存在不同的介入时机，这反映出每个解纷主体在化解矛盾纠纷过程中的功能是有限的，需要综合多个主体的优势才能实现最大治理效能。对于人民法院而言，如果要实现诉前矛盾纠纷实质化解，通常而言，需要调动多元解纷力量合力化解。因为矛盾纠纷在正式演变为诉讼案件之前，通常冲突性很大，此时即使人民法院单方面提前介入，也未必能够通过司法力量化解，而需围绕矛盾纠纷当事人的核心利益关切、个人情绪、法律认知等方面综合施策、多元化解。此时，人民法院参与诉源治理在本质上属于矛盾纠纷的社会治理而非通过审判的社会治理。[1]但是，对于基层治理单位和组织而言，如村（居）社区，他们处在矛盾纠纷发生场域的一线，对于那些苗头性和潜在性的矛盾纠纷，基层治理单位和组织最先发现，也最了解情况，因此通常能够及时处理。即便没有及时处理，也可以配合司法机关开展工作，在诉前多元化解时可能会成为缓解当事人情绪的重要力量。[2]与此同时，对于一些行业性矛盾纠纷，在化解过程中可能需要相关行业协会参与进来，尤其是针对一些行业性规则认定的争议时，法院直接介入治理的效果并不会太好，而是需要借助行业组织的专业力量来辅助司法。因此，矛盾纠纷的多元化解需根据矛盾纠纷产生的社会情境调动多元主体和资源适时介入，这是坚持和发展新时代"枫桥经验"的重要体现。

诚如前文所述，"诉源治理"的重心是社会治理，且强调的

<hr>

[1] 曹建军：《诉源治理的本体探究与法治策略》，载《深圳大学学报（人文社会科学版）》2021年第5期。

[2] 熊浩：《认真对待情绪：论纠纷化解的感性向度》，载《政治与法律》2023年第5期。

是矛盾纠纷深层次的社会治理，因此，深刻把握新时代诉源治理中"枫桥经验"的创新发展，还需要从社会治理意义层面深化。也即坚持和发展新时代"枫桥经验"需要与时俱进，容纳更多的社会治理经验，覆盖更为丰富的社会治理内涵与目标。之所以如此，主要是考虑到新时代社会治理任务、形势和目标发生了新的变化，这主要反映在社会治理的技术性与空间转向等方面。新时代以来，随着社会主要矛盾发生变化，人民群众的纠纷利益形态也发生了新变化，特别是随着网络社会的崛起以及数字技术的普及推广，许多新型矛盾纠纷形态不断出现，给诉源治理带来了新的挑战。例如，近年来，随着网络技术的发展，许多矛盾纠纷从现实社会逐渐向网络社会延伸，而传统的治理方式和手段难以适应网络社会的虚拟性和脱拟性，从而给网络社会诉源治理带来了新挑战。因此人民法院在诉源治理过程中必须结合社会治理的新形势创新治理方式，不断深化人民法院诉源治理数字化转型。[1]与此同时，要坚持网上"枫桥经验"，走网上群众路线。[2]通过践行网上"枫桥经验"，才能适应新时代矛盾纠纷发展演变的态势，回应网络社会治理的新需求。

四、通往实质正义的诉源治理

当人们探讨正义时，或许想到的是：正义不仅要实现，而且要以看得见的方式实现。其中"以看得见的方式实现正义"

---

〔1〕 参见王裕根：《深化法院诉源治理数字化转型》，载《中国社会科学报》2023 年 6 月 7 日，第 6 版。

〔2〕 参见王裕根：《走网上群众路线 提升基层司法能力》，载《人民法院报》2021 年 10 月 29 日，第 5 版。

常见的形式是：人民法院在司法过程中要尽可能做到司法公开，并尽可能通过公开审理有重要影响并且得到社会公众广泛关注的诉讼案件，及时回应人民群众的社会关切，从而让人民群众感受到司法正义就在身边。这种正义期待，不仅暗含了司法始终是实现法律正义价值的重要载体，而且也反映出法律上的形式正义与人民群众实际所感知或接受的实质正义之间还存在不少差距。为有效弥合法律上的形式正义与人民群众心目中实质正义的差距，人民法院应主动适应新时代人民群众对司法正义的新期待、新要求，坚持以人民为中心的司法立场，不断创新实质正义实现的制度理念和方式。

在新时代背景下，随着人民群众权利意识不断提高，"接近正义"（access to justice）理念盛行。在这一理念下，传统自由主义脉络中的"法律形式主义"（Legal Formalism）受到了补充或者修正，一些更为广泛地带有实质正义色彩、同情底层的权利意识被要求纳入到作为主体的权利叙事中。[1]而在国内，随着立案登记制改革后，更多矛盾纠纷涌向人民法院，"诉讼爆炸"现象日益显现，这在深层次上反映出人民群众对司法正义的需求与司法正义高效供给之间还存在一定矛盾。如何创新审判职能履行方式并及时回应人民群众的高效解纷需求，同时兼顾人民群众对司法的实质正义期待，始终是司法治理改革的重要主题。其中，诉源治理作为近年来人民法院坚持和发展新时代"枫桥经验"的重要创新，在一定程度上弥合了法律上的形式正义与人民群众心目中的实质正义的差距，有效回应了新时

---

〔1〕　熊浩：《知识社会学视野下的美国 ADR 运动——基于制度史与思想史的双重视角》，载《环球法律评论》2016 年第 1 期。

代人民群众多元化的司法正义需求。区别于通过严格依照审判程序得出法律意义上的形式正义，通往实质正义的诉源治理，要求以矛盾纠纷实质化解为目标，更加注重在诉前采取多元方式联动多元主体化解矛盾纠纷，并精准回应矛盾纠纷所涉利益各方核心的关切点，以期具体回应解纷情境中当事人心目中的实质正义，从而防止矛盾纠纷演变升级为诉讼性案件。

第一，精准有效延伸司法职能。司法是维护社会公平正义的最后一道防线，这不仅体现在通过司法审判实现个案正义，还体现在通过精准延伸司法职能推动诉前矛盾纠纷实质化解，从而促进实质正义的高效实现。相比事后履行司法的审判职能而言，新时代通往实质正义的诉源治理，更加要求在事前精准延伸司法职能。其中包括两方面：一方面，在能动司法理念指引下，在诉前主动精准延伸职能，推动和保障多元解纷机制规范化运行，优化多元解纷主体力量有机配置，沟通涉案当事人的情感诉求与法律硬性规定的认知隔阂，及时弥合法律上的正义与当事人心目中的正义的差距。另一方面，正确处理好能动司法与维护司法权威的关系。司法职能延伸不以牺牲司法权威为代价，在诉前化解矛盾纠纷时应该恪守司法权力被动性的制度边界。在此基础上，要注重将司法职能精准延伸到矛盾纠纷产生的讼争源头，让矛盾纠纷及时化解在当地、化解在萌芽状态。此外，司法职能的精准延伸，还意味着法官要认识到司法手段在矛盾纠纷化解中的不足，认识到法律在矛盾纠纷化解中的局限性。由此，在诉源治理中，既要发挥能动司法对多元解纷机制的推动与保障功能，也要注重创新司法职能的延伸方式和形式。如此才能真正做到司法职能的精准延伸，并服务于新时代面向实质正义的诉源治理模式改革。

第二，构建适应矛盾纠纷差异性的多元解纷机制。面向实质正义的诉源治理，将更加注重依照矛盾纠纷性质和特点的不同构建差异化的多元解纷机制。例如，针对行业领域矛盾纠纷的专业性和特殊性，及可能涉及法律与行业行规的衔接与协调问题，人民法院主动与行业协会或者行业主管部门搭建多元解纷机制平台，目的是调动行业组织参与矛盾纠纷化解，尤其是针对矛盾纠纷的实质利益争议点，围绕当事人的核心利益关切，通过听取行业专业人士的看法与意见，避免法律机械适用而忽略行业领域的习惯利益，从而促进行业矛盾纠纷在诉前实质化解，既提高了司法解纷效率，也维护了司法的实质正义。此外，通往实质正义的诉源治理，还体现在人民法院在化解涉及特殊身份或特定社区矛盾纠纷时的多元解纷机制构建。在侨乡或少数民族地区，其生活方式与思维习惯存在一些差异。之所以产生利益矛盾纠纷，大都是因为不同身份主体之间对利益可得性认知存在差异。针对侨乡或者少数民族聚居地区对法律认同及其正义理念的认知差异，为了实质化解涉侨及少数民族的利益矛盾纠纷，人民法院通常需要联合当地侨联组织或少数民族地区权威人物建立多元解纷联动机制。这种多元解纷机制的建立，其主要目的是围绕矛盾纠纷所涉利益的争议焦点，参照法律的规定与当事人的心理预期，做好心理和情绪上的疏导工作，并在法律和事实之间寻求矛盾纠纷解决的折中方案，以期实现涉案当事人之间的实质正义，从而让当事人的利益纠纷止于诉前。

第三，强化诉源治理数字化技术运用。在数字化背景下，数字赋能社会治理的方式和模式在逐渐发生变革。在诉源治理中，要实现实质正义，还可以通过信息技术赋能。因此，面向实质正义的诉源治理，还具体表现在适应社会治理新形势、新变化，推进信息技术与诉源治理深度融合，精准回应当事人的解纷需求等方面。当前，诉源治理数字化转型已成为法院司法治理改革的重要趋向。一方面，人民法院通过建设多元解纷数字平台，建立当事人与法官对话交流的平台机制，同时汇聚多方调解组织和调解资源，让当事人根据自身的解纷需求通过网络进行传输与比对，从而生成法律决策方案，促进司法正义实现更便利、更可触及的目的。另一方面，人民法院借助信息技术汇聚海量案例数据库、判例库，并打开信息接入口开放给公众查询，让当事人在诉前准确判断自己的诉讼结果与风险，进而减少当事人向法院起诉的可能性。与此同时，法官借助人工智能、大数据技术平台的自动决策与案例推送功能，可以实时了解与匹配当事人的利益争议焦点和核心解纷需求，并围绕利益争议焦点进行"一案一策"化解矛盾纠纷，促进矛盾纠纷实质化解，从而高效便捷地实现当事人的实质正义，减少涉诉、涉法、信访案件的发生率。

从本质上看，通往实质正义的诉源治理改革，是新时代坚持以人民为中心的司法立场的重要体现，也是深入贯彻落实习近平法治思想的重要实践。人民法院通过采取多种方式精准延伸司法职能，引导和推动保障多元解纷，并适应数字技术发展及时回应人民群众的高效解纷诉求，将矛盾纠纷化解在基层、化解在萌芽状态，尽可能实现人民群众心目中的实质正义，从而不断推进社会治理法治化。这彰显了人民法院在打造新时代共建共治共享的社会治理格局中的司法担当。[1]

---

〔1〕 参见胡恋梅、王裕根：《通往实质正义的诉源治理》，载《人民法院报》2023 年 12 月 1 日，第 7 版。

综合前述，从推进国家治理体系和治理能力现代化的角度看，加强诉源治理与平安中国建设目标紧密关联。而平安中国建设涉及社会各个方面和各个领域的部门和组织的协同治理，并要求不同领域的组织机构、治理单位、群团组织、社会组织共同参与，因此诉源治理并非仅是人民法院的职责。诉源治理的"诉"应该从社会治理体系角度将其理解为对潜在或已发矛盾纠纷利益的"诉求"，而不应仅从人民法院履职角度将其理解为"诉讼案件"。虽然人民法院积极推进诉源治理工作，但并不意味着人民法院在诉源治理中扮演主导者的角色，其实践过程需要多个部门协同与合作。诉源治理是一种整体性治理、全过程治理，其重心在于社会综合"治理"。

在界分"诉源治理"本体性内涵的基础上，可以进一步辨析其法治意蕴与路径构造。也即从法治社会建设的角度来定位诉源治理，会发现诉源治理本质上体现了中国特色社会主义的"政法"理念，推进诉源治理是新时代深入贯彻落实习近平法治思想的重要体现。诉源治理并不等同于源头治理，但加强源头治理是诉源治理的题中应有之义。诉源治理中，"枫桥经验"是其基本理念与实践方式，只有坚持和发展新时代"枫桥经验"，才能有效实现矛盾纠纷实质化解的目标。从整体上看，推进矛盾实质化解的目标是为了实现实质正义。通往实质正义的诉源治理区别于以往法律上的形式正义，它更加关注司法职能的精准延伸，并依照矛盾纠纷差异性来构建多元化解纷机制，同时还侧重与数字技术的深度融合。从理论层面来定位诉源治理的内涵研究，未来应转向新时代社会治理语境中诉源治理的实践探索与制度经验，同时注重关注诉源治理新技术、新方式与新趋势，并在实践基础上提出相关理论，不断推进中国特色社会主义法治理论创新，建构中国自主的法学知识体系。

第二节　数字技术对人民法院诉源治理模式的塑造

新时代背景下，数字技术日益嵌入社会治理，并日益改变着社会治理的形态，其中也将塑造人民法院参与诉源治理的组织结构和司法资源整合方式。基层司法组织形态的改变，得益于数字技术的嵌入。人民法院在适应数字技术嵌入司法治理过程中，也在不断调试自身的组织结构。例如，利用以人工智能、大数据、网络信息平台为主的数字信息技术，人民法院凭借其独特的技术刚性在一定范围内重塑着司法的组织结构，影响着司法组织的复杂性、规范性和决策权。信息技术的运用不断受到当下中国司法组织结构的影响和塑造，并从组织既有环境中获得赖以生存的物质性资源和嵌入的合法性。[1]从基层群众解纷需求的角度看，这得益于数字技术的发展，许多利益矛盾纠纷化解从以往的线下实体场所逐渐转为线上的远程互动场景，极大地回应了基层群众对司法的高效解纷需求，让司法更加具有可接近性。[2]解纷需求的高效回应，提升了人民法院诉源治理的效能。国内有些学者也肯定司法大数据技术深度应用诉源治理的意义，并通过应用大数据技术分析诉源产生的原因进而

---

〔1〕　郑智航：《"技术—组织"互动论视角下的中国智慧司法》，载《中国法学》2023 年第 3 期。

〔2〕　参见［美］伊森·凯什、［以色列］奥娜·拉比诺维奇·艾尼：《数字正义：当纠纷解决遇见互联网科技》，赵蕾、赵精武、曹建峰译，法律出版社 2019 年版，第 53~80 页。

提供诉源精准化治理对策[1]。同时围绕诉源治理的文化内涵、历史演变、发展趋势、数字赋能等方面提出了相关思考。[2]因此，本节主要通过深入分析法院诉源治理数字化转型的实践场景，考察数字化转型的主要表现形态，从而深刻把握数字技术塑造人民法院诉源治理的机理和发展方向。

一、解纷场景的技术改造

在基层司法的场景形态中，比较常见形态是法官践行群众路线，走进群众中间、走向矛盾纠纷发生地，并在群众中释法说理。在这个过程中，既追求法官司法的法律效果，更追求法律实施的政治效果和社会效果。要实现这些效果的统一，其前提是需要法官知识在地化、法官经验生活化以及司法形式的大众化。苏力在《送法下乡：中国基层司法制度研究》一书中讲到依法收贷案中"炕上开庭"案件的具体过程，具体解释了基层司法过程中的各种权力互动关系，也深刻揭示了基层司法过程中法官借助"地方知识"辅助司法规训的重要意义。[3]可见，传统意义的基层司法实践中，不仅要求基层法官具备专业上的司法能力，而且要求基层法官具备较高的群众工作能力，从而力图使法官的判决能够融入情理法，让司法判决更加具有可接受性。

---

〔1〕 钱弘道：《诉源治理的基本内涵和数字化进路》，载《人民法院报》2022年10月27日，第8版。

〔2〕 李占国：《诉源治理的理论、实践及发展方向》，载《法律适用》2022年第10期。

〔3〕 参见强世功：《乡村社会的司法实践：知识、技术与权力——一起乡村民事调解案》，载《战略与管理》1997年第4期。

除了践行群众路线之外，当前基层司法形态中还比较常见的解纷场景形态是开展巡回审判或车载法庭流动审判。这种司法审判的组织形式灵活多变，主要是考虑基层群众生产生活的分散性、解决基层群众出门诉讼不便的问题。尤其是在山区或者偏远地区，人民法庭的法官经常采取灵活的方式开展巡回审判、流动审判，把法庭搬向村庄、搬进祠堂、搬到广场，并试图通过这种司法形式，让基层群众参与法官审判过程，进一步推进和创新释法说理工作。

从历史传统来看，中国共产党在陕甘宁边区推广的马锡五审判方式开创了中国共产党新的法律传统。其中尤为典型的是，在这种审判方式中，既贯彻党的路线、方针和政策，也教育和引导了人民群众，同时还融入了中国传统上的无讼文化。例如，马锡五在审判过程中，将党的群众路线融入传统和合文化中，并且在具体实践中把判决的过程与调解的过程统一起来，坚持在群众中实现调审结合，所作出的司法判决和决定得到当时边区群众的拥护。[1]这种人民司法传统至今被人民法院广泛传承，其中许多做法也得到了最高人民法院的肯定，并写入相关司法政策文件中。例如，原最高人民法院院长周强2023年3月7日在第十四届全国人民代表大会第一次会议上的《最高人民法院工作报告》明确提出："加强新时代人民法庭建设""大力创建'枫桥式人民法庭'""继承和发扬马锡五审判方式"等。[2]

---

〔1〕 参见张希坡：《马锡五与马锡五审判方式》，法律出版社2013年版，第192～194页。

〔2〕《最高人民法院工作报告——2023年3月7日在第十四届全国人民代表大会第一次会议上》，载 http://gongbao.court.gov.cn/Details/0cf2ab48a3d2a9cd604af4991aa7d7.html，最后访问日期：2023年7月7日。

　　然而，时代总是在变化，社会也在不断发展进步。当前，基层社会的司法环境也发生了很大变化。一方面，社会结构呈现出离散化，社会流动性不断加大，以往基层社会中相对团结性的社会关系也开始松动。基层群众因各种现实利益关系而产生互动的频次多了起来，许多新的利益诉求不断被表达出来，遂产生很多矛盾纠纷。另一方面，基层群众的人际关系日益陌生化，接触性的情感交流较少，大多数群众从线下生活逐渐转为线上互动。再如，基层社会不少村庄或社区都建有物流快递站，闲暇之余部分基层群众通过刷抖音、玩微信等方式转移以往线下生活的接触性交往，人们的生活方式日益网上化。再如，不少媒体报道也反映，各大城市正在建立"指尖"生活圈——大部分的生活事项可以通过手机 App 完成。在这种便捷和高效的生活方式面前，转型期许多新型矛盾纠纷不断涌现，解纷主体和方式也将随之而改变。

　　社会生产生活方式的变化也给司法组织的场域环境带来一定变化。上述变化给基层司法治理带来的挑战主要有：一是，在社会中寻求权威人士参与矛盾纠纷调解的成本不断增加。由于社会结构发生变化，社会流动性增加，社会道德观念发生变化，社会矛盾纠纷化解的力量也相对分散化。这表现为，在村庄或社区中的权威人士参与矛盾纠纷调解的意愿和动力并不是很足。基层法官在社会中寻求有权威的人参与矛盾纠纷化解时，往往需要动员多方面力量、协调多方面关系才能寻求到社会力量的支持。二是，传统司法审判方式难以回应新时代基层群众的解纷需求。随着基层群众生活的"指尖生活圈"的建立，基层群众对高效便捷的司法需求越来越高。这就要求，司法应建立与基层群众生活方式相适应的司法审判和服务方式。如果司法依然遵循着固定的审限、程序以及审理方式，将难以及时回应基层群众对司法高效的要求。三是，随着数字经济的到来，现代科技逐渐嵌入到人们的日常生活，使得人们的日常生产生活日益脱嵌于原来相对固定的生产生活空间，因而容易产生许多跨界的矛盾纠纷，并且这些矛盾纠纷往往具有一定"脱域性"。在这种背景下，传统的举证、开庭方式显然面临新的挑战，司法对社会的整合功能也将受到一定程度的制约。

从理论层面讲，虽然司法在数字社会背景下既面临一系列新的挑战，但也面临新的改革机遇。作为维护社会公平正义的最后一道防线，司法不断适应数字社会中人们对公平正义不断变化的需求，主动应对数字技术带来的系列变革，调整司法方式和策略，才能最大程度上发挥司法的社会整合功能。为了适应数字科技对人们社会生活的改变，把握数字经济时代的矛盾纠纷化解规律，近年来人民法院开始探索一些新举措、新方法。例如，最高人民法院提出建立"智慧法院"建设行动方案、加快建设一站式纠纷解纷平台与诉讼服务中心转型改造、推进人民法院调解平台"三进"等。而在地方层面，浙江地区法院借助数字经济发展与改革的经验，全域融入地方司法改革层面。例如，浙江地区法院主动融入地方党委政府的社会治理格局，创新和发展新时代"枫桥经验"，将法院的诉讼服务中心整体并入县级矛盾纠纷调处中心，有些地方还整合了多个信息平台开展诉源治理，实现"一网统管"，推动形成可视化诉源治理数据分析，为县域诉源治理科学决策提供了指引。[1]值得注意的是，

---

〔1〕 李占国：《诉源治理的理论、实践及发展方向》，载《法律适用》2022 年第 10 期。

在这些诉源治理改革实践中，数字赋能诉源治理的实践优势不断得以体现，与此同时，基层司法的解纷场景也随着数字技术发展而改变。

数字技术对基层司法的解纷场景的塑造主要表现为两个方面：一方面，数字技术搭建了司法活动向网上延伸的实践平台，使得司法从法院实体办案场所延伸到线上无形立体服务空间。数字技术对司法解纷的功能进行拓展和延伸，通过延伸司法服务让纠纷止于萌芽状态。在民众观念中，人民法院是一个象征着公正和权威的国家机关，且司法资源配置呈现科层化。但随着智慧法院建设的深入推进，在线司法逐渐兴起，司法资源配置呈现扁平化趋势，法院的功能在线上也得到延伸和拓展，在一定程度上解决了部分群众难以接触司法正义的问题。例如，随着移动微法院、"共享法庭"等数字平台的推广运用，其功能不限于对矛盾纠纷的司法判决，还更加表现在通过这些数字平台主动延伸法律咨询、纠纷评估、纠纷调处等功能。法庭不仅是象征公正和权威的实体场所，在数字技术支持下其还成为一种司法服务机构。当事人登录平台进行身份认证后可以享受在线咨询、在线评估、在线调解、案例推送及在线司法确认等方面的司法服务。在此过程中，法院充分发挥数字技术在案例自动推送、诉讼风险评估等方面的决策与评价优势，对矛盾纠纷进行诉前"关口把控"，有效分流一批案件，一定程度上缓解了法院办案压力。另一方面，以"共享法庭"、在线争端解决机制（Online Dispute Resolution，简称"ODR"）作为代表的数字信息平台不断重塑司法治理的组织形态，并在一定程度上延展了司法对社会的影响方式。"共享法庭"虽然是一个虚拟法庭，且不属于法院的科层机构，但是它已经嵌入到基层诉源治理的各个环节中，并且在及时化解基层矛盾纠纷方面具有重要作用。例如，浙江省宁波市已将"共享法庭"的建设融入基层诉源治理体系中，并出台了相关制度保障[1]。从实践层面看，"共享法庭"的建设回应了数字社会背景下基层群众高效的解纷诉求。对于基层司法而言，利用数字技术对司法组织形态进行创新，适应了基层社会治理的需要。

马克思主义政治经济学理论揭示出，经济基础决定上层建筑，经济基础发生变化后，上层建筑也随之发生变化。根据马克思主义政治经济学原理可知，由于数字社会的经济形态和生产方式发生变化，导致基层群众的生产关系发生变革，与之相应的是上层建筑（如法律实施方式）也应该做出改革和调整。基层司法的组织结构作为上层建筑的重要组成部分，应该适应经济生产方式的变革，不断调整基层司法的组织形态，才能最大限度发挥基层司法适应数字社会背景下的治理功能。

当然，适应数字技术变化后的司法解纷场景，一些司法传统也必须得到坚持和传承。例如，基层司法一以贯之的群众路线司法传统，应该在新时代背景下，结合矛盾纠纷的演变和发展的新形势和新特点，主动创新群众路线践行的方式。在坚持走好网上群众路线的同时，还应该看到线下群众路线对于面对面情感交流、情绪疏导、实质化解矛盾纠纷的重要意义，尤其是基层社会涉老、涉家庭等方面的矛盾纠纷，这些矛盾纠纷的

---

〔1〕《全面推进"共享法庭"建设！宁波召开全市"共享法庭"建设工作协调小组会议》，载 https://mp.weixin.qq.com/s?__biz=MzA3NzY3MjMxOQ==&mid=2651972111&idx=1&sn=192e11d23a722aca90ae32a1cfb5b54c&chksm=84ab381fb3dcb1095b5580521b96fbc4a6913de8fbe98329ff56b1440e621ee259918733f484&scene=27，最后访问日期：2023 年 8 月 13 日。

处理涉及情感交流与情绪疏导，在很大程度上需要法官面对面与当事人进行情感对话、心理疏导，从而让司法彰显人文关怀，使司法判决具有可接受性。此外，也应该看到数字赋能基层司法治理改革后，司法解纷的场景虽然发生了改变，但不是完全得到改变，具体的"变与不变"应该根据矛盾纠纷的性质和特点进行灵活调整，这需要依赖基层法官的智慧和经验来拿捏司法的技术化与人性化。这从另外一个角度说明，数字赋能基层司法诉源治理的实践路径还有一定的限度，这种限度必须依照实践的发展不断优化调整。

二、解纷力量的技术整合

长期以来，在基层司法过程，有些矛盾纠纷并不需要依靠法律手段解决，或者说用司法手段化解乡村矛盾纠纷所带来的社会效果并不是很好，此时则需要法官调动多元化纠纷解决的主体力量参与。通常而言，基层法官往往要做通村（社区）干部的工作，让村（社区）干部以人情和面子的方式说服更多的与纠纷当事人有联系的关系人参与矛盾纠纷化解，[1]尽快就矛盾纠纷的利益争议点达成妥协或者调解方案，实现案结、事了、人和。在这个过程中，多元纠纷解决力量参与进来更多的是一种情感力量支撑，也即其他社会力量之所以参与纠纷解决，主要是因为当事人存在亲情关系，或者与纠纷解决主体存在感情联系。

然而，随着乡村社会结构不断变迁，乡村社会内生性治理

---

〔1〕　陈柏峰：《乡村干部的人情与工作》，载《中国农业大学学报（社会科学版）》2009 年第 2 期。

权威不断流失，以往以情感或道德权威支撑的社会力量日渐式微，基层组织化解矛盾纠纷的能力日益变弱。而在转型期，随着群众法律意识不断提高，基层群众接触法律的场合越来越多，运用法律的能力也越来越强，于是，基层社会中许多矛盾纠纷往往会溢出特定村庄或社区而流向司法机关。但是，流向司法机关的矛盾纠纷并不是说一定要用法律手段来化解，事实上，其中很多矛盾纠纷本可以由基层组织化解，但由于基层组织并没有积极履行矛盾纠纷化解职责，使得本应由基层组织化解的矛盾纠纷，却流向了人民法院，这给基层司法带来很大的困境：一方面，现有的司法力量有限，不可能对每一起矛盾纠纷都依法审理；另一方面，即便依照法定程序审理，但由于基层群众心目中的正义与法律所规定的正义之间还存在很大差距，所以当前普遍存在的问题是"判决难以息诉"，从而造成涉诉信访，甚至"缠访""闹访"。因而有学者认为，在乡村礼治机制和法治机制双失灵的条件下，民间纠纷会出现纠纷解决过程、目标和法律运用方式等方面的异化，也即法律与乡村的距离虽越来越近，人们"依法纷争"越来越多，但民间纠纷也越来越难化解。[1]

　　基于上述矛盾纠纷化解过程中法律运用的异化现象，再加之基层司法本身一直存在"案多人少"的矛盾，如果不有效激活基层解纷力量，从源头上化解矛盾纠纷，反而会妨碍基层司法权的正常行使。为把矛盾纠纷有效化解在诉前，从源头上防范和化解矛盾纠纷，减轻人民法院日益增加的案件审理压力，

---

　　〔1〕 陆益龙：《乡村民间纠纷的异化及其治理路径》，载《中国社会科学》2019年第10期。

因此有必要整合多元纠纷解决主体的力量。但关键是，如何创新相关机制的有效整合？以往常见的方式是司法机关借助党政体制的制度优势，并通过党委政法委的组织协调，充分发挥党政体制集中力量办大事的制度优势，动员和调动多个部门和单位以及社会中各种有利于矛盾纠纷化解的力量参与进来，及时把矛盾纠纷化解在基层，做到"小事不出村、大事不出镇、矛盾不上交"。[1]在新时代背景下，这是坚持和发展"枫桥经验"的重要体现。不过，在谈到纠纷解决力量整合时，虽然党政体制能够动员各方面力量来维护社会稳定，但其成本相对较大，存在相应的改进空间。有些学者担心，这种维稳方式会以牺牲法治的方式来求得一时的稳定，需要从刚性稳定转变为韧性稳定。[2]这就意味着，在整合多元解纷力量时，要尽可能减少党政体制协同起来的运行成本并兼顾法治的平衡。而以往的矛盾纠纷化解实践中，党政体制协同解决的矛盾纠纷通常是社会影响面比较大且需要协调众多相关部门解决的矛盾纠纷，如果这些矛盾纠纷能够从源头上化解，或许可以减少党政体制组织协同的运行成本。当前，人民法院提出诉源治理，旨在从源头上化解矛盾纠纷，或许既符合司法的工作方向，也符合地方党委政府以最小成本维护社会稳定的需要。

　　问题的关键是，怎么才能减少人民法院诉源治理体系运行过程中的运行成本。不可否认的是，矛盾纠纷诉源治理光靠司法机关的单独力量是难以取得预期目标的，这个过程其实也就

---

　　〔1〕　王裕根：《基层政府综合治理的体制基础与实践机制——以一起林权纠纷为个案分析》，载《中国农村研究》2018年第1期。

　　〔2〕　于建嵘：《从刚性稳定到韧性稳定——关于中国社会秩序的一个分析框架》，载《学习与探索》2009年第5期。

涉及多元纠纷力量整合的问题。从减少运行成本来看，党委政府组织协调只是充当一个政治上的兜底保障的功能，不可能任何矛盾纠纷都需要党委政府来协调化解，由此就涉及矛盾纠纷解决力量整合方式的创新。而随着信息技术的发展，当前一些地方法院诉讼服务中心融入地方综治中心，并联动地方矛盾纠纷调解中心，加快建设"一站式"多元解纷平台。这反映出人民法院主动将自己的立案工作变成一种诉讼服务和矛盾纠纷多元化解的工作，并将其融入地方党委政府的社会综合治理大局工作中，这不仅整合了各种纠纷解决的主体力量（如村社、行业组织等），而且通过数字技术赋能法院诉源治理工作，让基层司法的职能履行更加顺畅，减少了基层法院和其他部门相互协调和沟通的时间成本，提高了办案效率。与此同时，数字技术嵌入司法治理，可以拓宽司法治理边界，重塑基层治理流程，优化基层治理工具，进而提升基层治理效能。[1]

具体来看，数字技术对法院诉源治理的改造，主要体现在线上技术平台将以往分散的解纷资源与力量汇聚在一起。矛盾纠纷产生于社会，化解矛盾纠纷也应在社会中进行，这就要求人民法院要践行群众路线，坚持和发展"枫桥经验"，调动社会多元解纷力量参与矛盾纠纷诉前化解。而随着数字技术的深入发展，数字技术为人民法院在数字平台汇聚多元解纷资源、推动矛盾纠纷多元化解提供了便利条件，在一定程度上突破了以往线下多元解纷资源分散化的困境。通过互联网数字平台可以有效整合多元解纷资源，解决信息不对称难题、快速汇聚解纷

---

[1] 黄新华、陈宝玲：《治理困境、数字赋能与制度供给——基层治理数字化转型的现实逻辑》，载《理论学刊》2022年第1期。

力量，让当事人足不出户即可化解矛盾纠纷。以"一站式"纠纷解决平台建设为例，通过建设"一站式"纠纷解决平台，人民法院的司法力量和其他机关的解纷力量在线上能够同时呈现，并且通过数字技术的程序设置、自动推送、有序引导，供纠纷当事人选择自己解纷主体和解纷方式，从而精准回应当事人的解纷需求。例如，交通肇事、金融证券等行业领域矛盾纠纷化解需要相关政府部门、行业协会组织、调解组织等解纷力量共同参与，由于专业性比较强、涉及部门单一，所以各方在实践中基于共同的治理需求，容易打破数据壁垒、形成数据共享。近年来，部分地区法院因地制宜，为推进行业矛盾纠纷多元化解，成立了专门人民法庭、建立数字一体化处理平台，构建了"法院＋交警""法院＋工商联"等多元解纷平台，在诉前高效地化解了许多行业矛盾纠纷，避免了矛盾纠纷演变升级以及衍生案件的发生。[1]

当然，数字技术平台为人民法院搭建多元解纷力量联动的基础设施的同时，司法理念也因此发生了一定的改变。相比以往司法权相对封闭的运行现状而言，数字社会背景下，司法权的运行日益开放。司法权力的运行通过技术化改造，虽然在一定程度上方便司法机关整合其他纠纷解决主体的力量，但也使得更多的社会主体分享到了部分司法权。在这个过程中，线上技术平台的应用无形当中扩大了纠纷解决的社会力量。此时，依靠社会力量化解矛盾纠纷因为有数字技术的支持提高了解纷效率，回应了新时代人民群众对司法的高效解纷需求。并且可

---

〔1〕《完善一站式解纷服务，打造诉源治理新模式》，载 https://www.rmfz.org.cn/contents/944/558328.html，最后访问日期：2023 年 8 月 13 日。

以看到，以往人民法院相对科层化的组织形态，被数字技术改造为相对扁平化的纠纷解决力量，并且日益走向去中心化的司法理念。在这种司法治理改革理念的影响下，司法的职能履行方式也发生了变化，它通过改变以往"坐堂问案"的职能履行方式，借助"一站式"多元解纷平台，将职能履行的方式从权力的单向度形式到多维度的权力行使和服务。例如，在人民法院调解平台的运行过程中，通过整合村社、网格、各类调解组织的功能，使得针对同一纠纷可以在一个平台里面调动多种纠纷解决力量，提高了司法调解的效率。

与此同时也可以看到的是，各种数字技术平台将纠纷解决资源和力量整合在一起，在一定程度上也是在创新共建共治共享的社会治理方式。党的二十大报告提出，健全共建共治共享的社会治理制度，提升社会治理效能。伴随着数字技术的发展，数字技术日益嵌入社会治理各领域和各环节，在此过程中不同社会主体和组织参与矛盾纠纷化解的场景日益多元化，这为健全共建共治共享的社会治理制度提供了前提条件。也正因此，共建共治共享的社会治理理念因为有新的技术支撑，使其理念逐步转为现实，并且在实践中不断丰富形式，推进社会治理共建共治共享制度不断完善。共建共治共享的社会治理制度需要每个社会主体共同参与，但是如何参与进来必须与社会主体的生活方式和利益关切结合起来。其中就需要相关的利益连接机制。很明显的是，在数字社会时代，大多数人的生活方式都与数字平台相关联，每个人的身份特征和调解技能都可以进行数字画像。通过同一个平台整合多种不同主体的力量，不仅实现了基层司法解纷资源的优化配置，也为不同社会主体参与矛盾纠纷化解提供了接入口。并且由于这种接口是开放和多元的，所以数字化技术赋能让基层诉源治理的主体也更加多元，这在一定程度上解决了基层司法诉源治理"单打独斗"的局面，必将进一步提升社会治理效能。

第三节　深化人民法院诉源治理数字化转型

在准确把握数字技术对法院诉源治理模式塑造机理的前提下，站在社会治理深刻转型的时代背景，需要深刻回应法院诉源治理数字化转型的发展方向，而这又离不开准确定位当前法院诉源治理数字化转型中的现实困境。在分析现实困境的基础上，应从法院整体和法官个体的角度综合分析法院诉源治理数字化转型的实践路径。总体来看，当前对于法院而言，推进诉源治理数字化转型亟待进一步完善数字治理基础设施建设，不断扩大和共享诉源治理数据、汇聚诉源治理合力；而对于法官个体而言，应善于运用互联网数字技术，践行新时代网上群众路线，不断提升自身的数字司法能力。

一、法院整体层面：完善数字治理基础设施

法院作为诉源治理的一个重要环节，其作为整体是相对于其他治理单位或组织而言的。从现实层面来，法院作为治理主体之一，必然涉及与其他单位分工与合作的问题。当前，在整体推进诉源治理数字化转型过程中，法院作为一个治理主体，在推进诉源治理数字化转型中仍然面临以下困境：

第一，诉源数据共享不够，数据孤岛依然存在。法院诉源治理数字化转型是新时代深化社会治理的重要内容，但社会治理涉及方方面面，需要不同组织、部门、个体协同参与，尤其

是在诉源治理数字化转型过程中需要多个管理部门的诉源数据共享，才能真正形成解纷合力。但是，当前法院诉源治理数字化转型实践中仍然存在数据孤岛问题。这表现为，政府部门在社会治理过程中对可能产生矛盾纠纷的数据信息还没有在一个综合平台里面呈现，部门数据壁垒情况依然存在。要从源头上化解矛盾纠纷，就必须对多个部门的数据进行整合。但目前，除少数地区法院在省级层面有统筹调度之外，大多数地区的法院司法数据与其他部门的数据还没有完全共享，尤其是涉及部门较多、协调起来较困难的数据，目前还存在数据孤岛，这使得数字赋能法院诉源治理难以发挥其最大效能。

第二，在社会层面，解纷过程中当面现场辩论的传统仪式文化还没有根本改变。在传统观念上，法院是一个讲理、代表国家权威、实现公平正义的解纷场所，但这一法文化观念在一定程度上束缚了诉源治理数字化平台的运用。虽然相比传统的常规办案流程而言，在线司法技术平台优化了司法资源配置，让更多人及时接触司法正义，但从基层群众对法律乃至司法的传统正义观念来看，基层群众对司法的信任与正义感知目前还无法完全折射到数字解纷平台上。当出现矛盾纠纷后，部分基层群众还是愿意在线下物理空间中协调纠纷解决事宜。尤其是针对一些家庭、邻里、土地等方面纠纷，许多基层群众还是愿意当面协商与协调，而不太愿意通过"一站式"解纷平台在网上进行互动。由于部分基层群众对纠纷解决的仪式文化、权威象征存在一定的思维固化，进而影响法官运用线上多元解纷平台的积极性。

第三，数字技术供给与人民法院诉源治理的现实需求之间还存在一定张力。数字技术供给的目标在于更好履行法院的基本职能和延伸职能，及时将矛盾纠纷化解在基层、化解在萌芽状态。然而在实践中，自上而下数字技术算法程序供给的标准化总是无法适应法院在诉源治理中案件的多样性与复杂性。实践中，人民法院运用在线多元解纷平台通常只适用事实清楚、争议不大的部分民商事矛盾纠纷的预防化解，并且其中有些矛盾纠纷还不能完全用线上多元解纷平台进行诉前调解，例如，知识产权方面的纠纷，还是需要当面庭审。此外，发生在基层城乡社区中的矛盾纠纷，常涉及面对面的情感交流和关系修复，并且由于部分基层群体的数字素养还比较低，以致在线多元解纷平台供给与治理需求之间存在一定张力。例如，涉老纠纷的诉前调解，很多老年人无法准确运用智能化技术平台，此时法官选择运用在线多元解纷平台的阻力比较大。

基于上述客观存在的现实困境，为深化人民法院诉源治理数字化转型，可从扩大治理数据共享、改进数字司法软环境、完善数字解纷平台规则等方面进一步完善数字治理基础设施。

首先，破除数据壁垒，强化数字技术驱动治理的大司法理念。诉源治理是人民法院在新时代社会治理中践行源头治理、依法治理、系统治理、综合治理的创新实践，在此过程中，人民法院诉源治理贯彻的是大司法理念。大司法理念意味着各个部门、行业、社会组织、基层治理单位都应参与社会矛盾纠纷的诉源治理。诉源治理数字化转型的前提是各方面数据共享的基础设施是较为完善的。在这个理念下，应尽可能破除部门与行业之间的数据壁垒，并逐步扩大诉源数据共享的内容与范围。例如，可在省级层面自上而下地推进各种矛盾解纷平台融合，推动人民法院司法大数据与社会治理综治中心、矛盾调解中心、公共法律服务中心、非公维权中心等数字平台相融合，逐步完善"互联网＋诉源治理"模式。[1]在融入县域社会治理层面，人民法院应借助政法综治平台，采用大数据平台监测基层社区、乡镇矛盾纠纷排查数、化解数及上访数，并作为村社、乡镇年终综治考评的重要依据。与此同时，对各职能部门和单位联合调处的化解矛盾纠纷数据进行实时追踪，并进行排名、考核及通报，让诉源治理数据可视化，如浙江省的"龙山经验"。[2]

其次，提升数字司法治理的软环境，让更多社会主体融入在线诉讼场景。数字社会的到来，改变了人们的解纷场景。随着数字司法的领域不断延伸和拓展，如何让每一个社会主体接入到数字司法平台并平等保护每个主体的诉权始终是数字司法改革的重要方向。考虑到传统文化对基层群众诉讼行为的影响依然存在，为了适应数字司法趋势，让更多社会主体接入数字司法平台，必须创设与之配套的软环境。应该看到，数字司法治理相比以往的司法治理模式而言，需要一套软环境支撑。数字治理软环境的设施建设也是数字治理基础建设的重要组成部分。这里的软环境主要包括基层群众接入数字平台的基础设施要公平和开放。与此同时，基层群众所在社区要对那些不太能适应数字司法的弱势群众，要制定社区支持计划，帮助社区鳏寡老人、弱势群众借助数字平台的便利进行诉讼。而对于人民法院而言，要不断完善诉讼服务中心的软环境建设。例如，数字司法文化营造、数字基础设施优化调整等，积极宣传和引导基层群众选择数字平台开展多元解纷，不断提升诉讼服务质量。

---

〔1〕 李占国：《诉源治理的理论、实践及发展方向》，载《法律适用》2022 年第 10 期。

〔2〕 钱弘道：《诉源治理的基本内涵和数字化进路》，载《人民法院报》2022 年 10 月 27 日，第 8 版。

最后，完善多元解纷数字平台运用规则，构建包容共享的网络司法空间。数字运用规则是形成完善的数字治理基础设施的重要保障。法院应联合多个部门共同出台相关激励机制，整合各方解纷资源集聚线上，调动各方社会主体积极参与在线多元解纷平台建设，并在使用多元解纷数字平台时，以尊重当事人的程序选择权为根本，细化设置在线调解时限、诉非衔接程序等相关程序规定。在内部程序构造层面，法院还应根据不同矛盾纠纷的性质，进一步细化和完善在线司法的各项规则。与此同时，针对多元解纷主体中部分群体数字素养不高以及可能存在的数字鸿沟、数字歧视等问题，要推动基层社区组织支持部分群体接入网络司法空间，构建包容共享的数字治理软环境，尽可能扩大数字解纷的应用场景和人群接入范围，深入推进由数字到"数治"的转变。[1]

二、法官个体层面：提升数字司法能力

法官是具体开展诉源治理的个体，其对矛盾纠纷性质的把握、是否善于借助互联网技术、人工智能、大数据等数字技术分析矛盾纠纷演变的态势，以及是否能够从源头上化解矛盾纠纷，也直接关系到人民法院诉源治理数字化转型的成效。可以说，人民法院诉源治理数字化转型不仅需要完善数字治理基础设施，加强外部协同与沟通，也需要内部层面法官个体数字素养作为支撑。

当前，互联网的飞速发展不断地改变着人们的生活方式和

---

〔1〕 参见王裕根：《深化法院诉源治理数字化转型》，载《中国社会科学报》2023 年 6 月 7 日，第 6 版。

思维结构，也在不断地重塑基层社会治理结构，与此同时，社会治理方式也面临新的调整。区别于传统意义上的线下司法治理模式，通过网络表达意见、参与社会治理、实现个体权益已成为新时代基层司法治理的重要组成部分。面对互联网技术的飞速发展，作为法治建设的重要组成部分，如何将法官的专业知识延伸到网上，并在网上开展诉源治理，倒逼法官的数字司法素养不断提升。例如，为了应对网络社会发展给法官司法能力带来的挑战，人民法院主动进行改革，成立了互联网法院。互联网法院成立后，要求法官不仅要掌握专业的法律知识，还需要掌握一定的网络技术、信息技术原理，才能准确把握网络社会中的证据判断规则、法律适用方法以及矛盾纠纷演变的规律。

与此同时，在网络社会治理层面还应该认识到，转型期社会利益结构不断分化、群体性利益表达诉求越来越多元化和多样化，这给新时代基层司法实践带来新的挑战。特别是随着移动互联网和新媒体的发展，基层社会的广大群众越来越善于通过网络表达自己的利益诉求、参与基层资源分配甚至影响基层政府政策执行等，这都给新时代基层司法乃至基层社会治理提出了新挑战。从这个意义上讲，在数字社会与网络社会的双重背景下，法官在互联网司法能力方面还有较大的提升空间。因此，立足于新时代基层社会治理的环境变迁，法官应主动适应互联网技术的发展，不断调整自身回应基层群众诉求的方式，充分利用好网络媒介，努力践行新时代网上"枫桥经验"，走好网络群众路线，及时回应群众诉求，有效开展诉源治理。

习近平总书记指出，各级党政机关和领导干部要提高通过互联网组织群众、宣传群众、引导群众、服务群众的本领。并着重强调，各级党政机关和领导干部要学会通过网络走群众路线，经常上网看看，潜潜水、聊聊天、发发声，了解群众所思所愿，收集好想法好建议，积极回应网民关切、解疑释惑。[1]可见，在互联网技术飞速发展的今天，网络空间不仅是市民百姓交流信息的重要平台，也已成为保持党同人民群众血肉联系的重要桥梁和纽带。在新时代基层司法实践中，这表现为基层司法要利用网络媒介平台收集好群众的利益诉求和意见，同时要通过网络有效回应群众的利益关切。显然，相比传统的基层司法模式，基层群众通过网络表达自身的利益诉求，有利于打破基层司法的科层制管理模式，撬动司法系统更加平面化地感知群众的利益诉求，减少回应基层群众诉求的信息成本，从而有效实现基层群众的合理合法诉求。然而，与此同时也必须看到，就法官个体而言，基层法官在适应数字技术发展、践行网上"枫桥经验"的过程中，也将面临多重现实困境，主要表现在以下几个方面：

第一，"案多人少"的结构性矛盾制约了法官学习适应数字司法技术的时间精力。长期以来，法院面临"案多人少"矛盾，虽然法官员额制改革后，员额法官的工作量不断提高，在一定程度上缓解了长期以来积累的案件压力，但没有根本改变"案多人少"矛盾。[2]由于这一矛盾没有得到根本解决，使得许多法官还是疲于应付案件审理的压力。并且从时间分配上看，法官除了审理案件之外，还有其他非审判业务要处理，[3]如行政

---

〔1〕《习近平讲故事：要学会通过网络走群众路线》，载 http://cpc. people. com. cn/n1/2018/0913/c64094-30289863. html，最后访问日期：2023 年 7 月 23 日。

〔2〕艾佳慧：《转型中国法官薪酬与遴选制度的微观激励基础》，载《法制与社会发展》2021 年第 6 期。

〔3〕左卫民：《时间都去哪儿了——基层法院刑事法官工作时间实证研究》，载《现代法学》2017 年第 5 期。

性的管理工作，因此在时间安排上不太可能有太多的时间和精力来学习互联网司法技术。当然，法官学习适应新技术的时间安排也存在一定的区域差异。有研究表明，不同地区的经济发展水平不一样，法院受理的案件数量和类型也不一样，因此面临不同的办案压力和社会治理任务，在法官数量有限的情况下，将大数据技术运用到司法治理中的积极性和能力也存在差异。从总体上看，存在大数据技术的强赋能与弱赋能之别，这与地方法院的"技术开发度"和"治理依赖度"的组合有关。[1]因此，"案多人少"矛盾、面临较大的社会治理压力等因素在一定程度上制约了法官学习适应新技术的时间精力，并在不同地区还表现出一定的差异性。

第二，法官运用数字解纷平台开展多元解纷的考核激励机制不健全。当前，法官运用数字平台开展多元解纷分为需求驱动型和自主研发型。前者的运用具有灵活性，如"微调解""腾讯会议远程调解""诉事诉办"等，其运用频次与矛盾纠纷性质和法官办案经验相关；后者的运用与推广具有统一性，如最高人民法院的人民法院调解平台、浙江"共享法庭"、江西多元解纷 e 中心、四川和合智解 e 平台等，其推行与运用是自上而下的产物。从实践层面看，两类数字解纷平台的运用情况是考核法官工作业绩的重要指标。但是，部分法官为了完成上级考核任务，在运用数字平台解纷过程中，存在为了考核而运用的情况。这表现为，为了完成上级法院对法官数字解纷工作的考核要求，部分法官一般是在矛盾纠纷化解后将相关数据填至系统平台，

---

〔1〕 王翔：《大数据赋能的地方性差异——基于地方司法治理实践的比较分析》，载《中国行政管理》2022 年第 3 期。

而不是系统自动生成的数据。有时候为了完成数字解纷平台运用的考核，还需要在不同平台数据之间做些调整。可见，运用考核机制督促法官自觉运用数字解纷平台的手段和方式还需要进一步改进。

第三，法官在践行网上"枫桥经验"开展诉源治理时，面临网络技术能力和群众工作能力双重提升的现实挑战。基层群众在利用网络表达自身诉求的同时，也给基层法官通过网络动员相关社会力量参与处理基层群众反映的问题带来一定的机遇。如何抓住这种机遇不仅涉及基层法官用法治方式解决问题的能力，同时也涉及如何利用网络信息技术提升网上群众工作的能力。特别是在遇到法律与政策相冲突以及处理一些争议较大的纠纷时，如何抓住这种机遇在法治框架内进行网络司法动员、网络司法回应，及时把矛盾化解在萌芽状态，推动相关政策执行，这是新时代法官践行网上"枫桥经验"、走好网上群众路线的应有之义。然而在现实中部分法官在运用数字技术司法的过程中，还不善于走网上群众路线，在能力素养层面难以兼顾数字司法带来的高效性与通过践行网络群众路线实现司法判决可接受性的平衡。例如，部分法官认为数字技术平台只是一个多元解纷的媒介工具，而忽视了基层群众在数字技术平台表达意见、寻求公平正义、参与政策制定等方面的价值生产与传播能力，由此容易将数字技术仅仅认知为一种治理工具。

面对上述现实困境与挑战，为践行新时代网上"枫桥经验"，走好网上群众路线，不断提升法官数字司法素养开展诉源治理，可以从以下几个方面着手：

首先，完善数字技术供给与司法治理需求的对接机制，强化数字司法技术培训。借助数字技术赋能法官的诉源治理实践，关键是匹配治理需求。在"案多人少"的结构性矛盾制约下，法官之所以没有太多的时间精力和动力去学习适应数字技术，主要因为现实的矛盾纠纷调解对数字技术需求不大。为强化数字技术赋能诉源治理，一方面，要围绕法官治理需求精准供给数字技术平台。对于法官而言，数字技术平台的使用是为了更高效和便捷地化解矛盾纠纷，而不能因为数字技术平台的使用而浪费司法工作时间，影响司法工作效率。为此，技术平台公司在设计数字技术平台时，要建立与法官定期沟通和交流的制度机制，使数字技术平台的程序设置、网格支撑、便利程度等方面更加符合法官的调解工作实践，尤其是基层法官矛盾纠纷化解的工作实际。只有精准对接治理需求与技术供给，才能释放数字技术的社会治理效能，激发法官学习适应新技术的积极性。另一方面，法官自身要强化数字技术培训，不断学习人工智能、大数据技术、互联网技术等数字技术在司法当中的实际应用。在数字社会背景下，法官的专业知识显然不局限于法律知识，还应该主动学习智慧司法技术，不断提升自身的数字司法素养，从而将自身融入法院诉源治理数字化整体转型的实践中。

其次，完善分类考核机制，激发法官自觉运用数字解纷平台。从基层法官工作场域以及矛盾纠纷化解的需求来看，法官借助数字技术平台开展诉源治理存在多重激励机制。法官运用数字技术平台进行矛盾纠纷化解，一方面，源于法院系统自上而下的考核，另一方面，源于矛盾纠纷诉源治理的现实需求。然而，法官运用技术平台诉前调解的内部考核、法官在诉中采用司法调解方式结案的考核以及人民法院对调解组织、调解员、行业组织运用线上技术平台的考核激励，应该同步进行、分类考核、衔接有序，在设置相关考核指标时，应该针对不同角色在诉源治理中的实际作用分类设置相关考核指标。分类考核的目的是，将法官运用数字技术平台开展诉前调解的工作量也体现出来，同时能体现出法官与其他社会治理主体协同参与矛盾纠纷多元化解的基本方向。与此同时，鉴于基层矛盾纠纷的乡土底色，如果面对面地化解矛盾纠纷能起到良好效果，则该考核是一种柔性考核。为此，在制定诉源治理数字化考核指标时，应该兼顾矛盾纠纷的性质、不同地区法官办案数量、数字化运用能力，分类设置相关考核指标。在此前提下，还应兼顾定性考核材料的收集与整体把握。例如，通过实地走访了解法官在运用数字平台过程中的障碍，及时调整相关考核指标，尽可能让考核指标回归司法工作规律，切实反映出法官的办案实践。

最后，强化法官在线矛盾纠纷化解能力，推进新时代"网上枫桥经验"走深走实。近年来，最高人民法院不断推出"枫桥式人民法庭"建设的典型案例，其中不乏借助数字技术平台开展矛盾纠纷多元化解的经验。[1]这意味着，相比以往的司法治理，当下法官不仅要学会做群众工作，还需要兼顾在新时代背景下善于运用数字技术创新群众路线贯彻方式，及时化解矛盾纠纷，让群众感受到公平正义就在身边。因此，法官应该在贯彻群众路线时，要坚持以人民为中心，借助数字技术平台创新司法服务的方式，在矛盾纠纷化解中"让群众少跑路""让数据多跑路"，实现群众不出门即可化解矛盾纠纷，高效便捷地回

---

〔1〕《"打造枫桥式人民法庭 服务基层社会治理"典型案例——融入基层社会治理体系篇》，载 https://www. chinacourt. org/article/detail/2022/11/id/7001366. sht-ml，最后访问日期：2023 年 7 月 9 日。

应群众解纷需求。为此，最高人民法院应该制定相关制度措施，将走网上群众路线、践行新时代"网上枫桥经验"作为一种司法工作制度，不断规范和管理法官网上群众路线的开展方式，约束和激励法官积极有效地开展网上群众路线、践行新时代网上"枫桥经验"。对于那些取得明显实效的法官，可给予物质奖励；对于那些在走网上群众路线过程中浮于表面、不实质解决矛盾纠纷的法官应给予责任追究，及时纠正和防止在走网上群众路线的过程中出现形式主义和官僚主义的苗头和态势。[1]

在数字社会背景下，走网络群众路线，践行网上"枫桥经验"开展诉源治理，要求法官不断提升自身数字司法素养。通过提升法官自身的数字司法素养，有助于保障基层群众的合法利益得到及时有效的实现，推进人民法院诉源治理工作现代化。

本章小结

诉源治理是新时代司法治理改革的重要举措，也是坚持和发展新时代"枫桥经验"的重要创新。但在实践层面，"诉源治理"的内涵并没有形成统一的共识，理论界层面也在不同的语境中去使用其内涵。通过仔细爬梳诉源治理的政策话语流变，并结合人民法院诉源治理的实践，会发现"诉源治理"中的"诉"是指潜在或已发矛盾纠纷的利益"诉求"，但回应利益"诉求"并非仅是人民法院的职责，而应从共建共治共享的社会治理角度调动多方主体联动参与。诉源治理的整体实践在本质

---

〔1〕 参见王裕根：《走网上群众路线 提升基层司法能力》，载《人民法院报》2021 年 10 月 29 日，第 5 版

上反映了中国特色社会主义"政法"理念的实践创新。在法治路径构造层面，强化源头治理是诉源治理题中应有之义，而"枫桥经验"则是其基本实践方式，其最终目标是实现实质正义。为深化诉源治理的理念认识，还应加强实践经验研究，提炼相关理论命题，建构中国自主的法学知识体系。

在准确把握诉源治理的基本内涵及其法治意蕴前提下，还需要结合数字社会背景探讨其数字化转型的实践路径问题。应该看到，随着数字技术的发展，数字技术日益嵌入人民法院诉源治理中，数字技术与人民法院诉源治理组织模式日渐发生互动，表现为数字技术逐渐改变了司法解纷的场景，同时也整合了多元解纷力量。但在实践中，人民法院诉源治理数字化转型仍然面临多重困境，并且在人民法院整体层面和法官个体层面表现殊异。对人民法院整体而言，当前在推进人民法院诉源治理数字化转型中，面临诉源治理数据共享不够、基层群众对数字解纷平台认同不高、数字技术供给与人民法院实际治理需求之间不匹配等困境。为此，深化法院诉源治理数字化转型，应该坚持大司法理念、破除数据壁垒，不断完善数字司法治理的基础设施以及数字平台多元解纷规则。而对于法官个体而言，则面临主动学习数字司法技术的积极性不够、疲于应对自上而下的数字司法考核以及在运用数字技术开展网上群众工作的能力不足等方面的现实困境。基于此，要不断增强数字技术与法官工作实践的对接度，强化对法官数字司法技术的培训，建立相应的分类考核激励机制，出台相关制度推进法官践行新时代网上"枫桥经验"走深走实，从而促进数字技术与法院诉源治理深度融合，不断提升社会治理效能。

结　语

　　司法之理，不仅表现为司法工作本身需要回应的一些基本理念，还应更加突出具体司法实践中的法理追问，区别于在理论构建层面解读司法的基本原则与原理，本书试图以经典著作的司法理念解读为切入口，回到经典著作的司法理念与语境，从而深刻诠释司法实践中需要回应的一般理念。与此同时，在实践中深入考察司法理念，既深刻演绎了司法理念生成的合理性，也动态回应了司法实践的经验性问题。因此，本书首先回应了司法工作的一般理念，接下来则以具体司法实践来演绎司法理念，主要从司法政策、司法判决、司法治理以及司法改革等实践来阐释司法之理。

　　司法本身是一项实践性很强的技术工作，在司法过程中必须正确对待国家法与习惯的冲突，并准确适用习惯法，这是在更加微观层面贯彻司法公正的原则。与此同时，司法在适用国家法律的时候，要清醒地认识到国家法律之于社会整合的作用，尤其是国家法律在促进社会良善、维护社会团结等方面的重要功能。当然，司法实践是复杂的，总是会遇到疑难复杂的案件，面对疑难复杂的案件，司法总是绕不开道德考量。为此，本书结合《洞穴奇案》的语境再现了司法实践的复杂性，具体阐释了司法者的多元价值立场是如何影响司法判决的。

结合中国传统法律文化并深入思考司法实践中的理念就会发现，司法实践总是蕴含着丰富的伦理底色和文化观念。为了深刻揭示司法的伦理底色和文化观念，本书以先秦时期具体事例所揭示的法观念为引子，围绕中国传统社会中的法文化结构，呈现司法文化的历史阐释。就伦理底色而言，由于传统文化中的家庭孝道观念依然存在于广大民众心中，因此司法者在处理相关家事案件时就不得不考虑传统家庭社会中的伦理道德对司法判决可接受性的影响。与此同时，司法者在作出判决时，也总是受到当今社会文化观念的影响，这些文化观念既可以体现在社会舆论中，也反映在民众对司法判决评价过程的深层次思想意识。因此司法实践中必须深刻认识和回应传统社会中的法文化观念和道德观念。将优秀传统文化融入司法裁判实践中并通过判决弘扬优秀传统文化，可以看作是中国特色社会主义司法理念的最显著特征。

司法政策可以看作是调和政治、社会与法律关系的中间枢纽。在实践定位上，司法政策本身属于党的政策在司法领域的延伸，可谓规范性与灵活性并存。正因如此，在实践功能上，司法政策能够服务国家经济社会发展战略、弥补国家法律的漏洞、指引司法裁判，与此同时，司法政策能够推进社会治理，促进社会良序发展。以家事司法政策的历史演变为例，具体考察婚姻家事案件调解的司法政策的演变轨迹就会发现，司法政策总是要根据当时社会发展的实际情况进行调整，同时还要考虑司法审判内部监督管理与改革的需要，最终是为了服务不同时期的社会治理目标。这些演变规律与司法政策的实践功能亦相呼应。

司法判决凝结着司法者的审判智慧。考察司法判决的主要维度主要是通过分析司法判决的形成、社会影响及生效后的执行情况。从外在层面来看，司法判决的形成具有社会属性，一方面，司法者在作出判决的时候会受案件社会结构的影响，从而影响司法判决的公正性；另一方面，司法判决形成后会产生一定的社会影响，具体可以通过法律讯息传播的方式影响到不同个体或组织的行为选择，并且在一些专业性司法判决产生后，会产生引领社会价值、推进社会治理的效能。从内在层面看，在司法判决的形成过程中，本身需要加强裁判文书说理，通过融入社会主义核心价值观可以充分发挥司法判决的价值引领功能，同时运用指导性案例强化裁判文书的可接受性，这有助于在实践中尽可能避免同案不同判的现象。当前，对于司法判决面临执行难的问题，需要辩证看待：一方面，由于生效司法判决犹如国家法律一样，其生命力都在执行，因此需要把破解执行难问题摆在更加突出的位置来对待；另一方面，当前部分群众法律意识不强、对司法裁判的认同度不高，再加之还缺乏完善的社会信用体系，使得司法判决执行依然面临一些困境，但面对这些困境需要用辩证、联系、发展的眼光看待，正确区分"执行难"与"难执行"，不断借助社会力量综合施策，波浪式推进解决"执行难"问题。

司法治理主要围绕司法职能履行的角度来考察。司法职能可以分为核心职能和延伸职能，发挥司法的社会治理功能，要求司法机关在履行核心职能的基础上，要更加有效地发挥司法的延伸职能。司法的社会治理功能源于法律的社会治理之维，其更多体现在司法如何履行好自身的延伸职能方面。乡村社会在社会结构、人际关系、风俗习惯等方面都异于城市社区。通过司法的乡村治理，要求人民法庭在履行审判职能的基础上，积极延伸司法职能，服务乡村振兴战略实施，保障乡村社会良法善治。从实践层面看，通过司法引导和推进乡村矛盾纠纷多元化解是当前乡村司法治理的重要实践。与此同时，结合中央政策文件要求以及转型期乡村社会结构所发生的实际变化，未来乡村司法治理的主要方向是，激活内生性治理资源推进法治乡村建设，最终通过司法力量保障乡村社会构建自治、法治与德治相结合的治理体系。

最后一章涉及司法改革的前沿问题，主要围绕人民法院在数字社会背景下推进诉源治理的相关举措来展开。面对数字技术日益嵌入社会治理各领域中，人民法院也将智慧法院建设作为重要事项提上了日程。在此背景下，诉源治理数字化转型便成为司法治理改革的重要内容。不过，诉源治理本身并非指的是人民法院对诉讼案件进行治理，其重心内涵在"治理"。由此，诉源治理是一项系统工程，需要多个部门、组织、社会力量等共同参与。恰好数字技术的发展在一定程度上解决了以往诉源治理过程中部门之间信息不通、数据壁垒、联动不畅等问题，释放了数字技术深度嵌入社会治理的效能。从应用上看，数字技术赋能人民法院诉源治理主要体现在解纷场景和解纷力量的塑造上。在解纷场景方面，将从过去线下的实体场所逐步转为线上平台的多元解纷；在解纷力量层面，将从过去分散化的力量日益转变为数字平台的汇聚，并且融合了解纷组织与力量的自动推送、诉讼风险预估等功能。不过，数字技术赋能诉源治理仍然面临数据不共享、法官数字司法素养待提升等问题，为此，需要从人民法院整体层面和法官个体层面共同发力。就人民法院整体层面而言，应该不断完善数字司法的基础设施建设，包括但不限于进一步打通数据壁垒、扩大数据共享的范围等；就法官个体而言，当前首要的是提升自身的数字司法素养，加强自身数字司法的职业培训，不断提升数字司法能力，从而为深化法院诉源治理数字化转型提供基础保障。

新时代以来，在习近平法治思想引领下，人民法院工作从理念到实践、从体制到机制、从作风到能力都发生了深刻变革、实现了长足发展，为建设更高水平的平安中国、法治中国作出积极贡献，为全面建设社会主义现代化国家提供有力司法服务。[1]因此，全面准确理解中国特色社会主义司法之理，既需要深刻回应司法实践中需要坚守的一些基本理念，更需要结合正在发生的司法实践进行深刻阐释。本书力图在司法实践层面诠释司法之理，具体以司法政策、司法判决、司法治理与司法改革等方面进行切入。当然，司法之理的探讨，总是一个仁者见仁、智者见智的问题。本书试图抛砖引玉，期待更多对于中国特色社会主义司法制度及正在变革的司法实践的关注。

---

[1] 中共最高人民法院党组：《在习近平法治思想指引下阔步向前（深入学习贯彻习近平新时代中国特色社会主义思想）》，载《人民日报》2022 年 7 月 6 日，第 9 版。

参考文献

一、著作类

1. 习近平：《高举中国特色社会主义伟大旗帜 为全面建设社会主义现代化国家而团结奋斗：在中国共产党第二十次全国代表大会上的报告》，人民出版社 2022 年版。

2. 习近平：《论坚持全面依法治国》，中央文献出版社 2020 年版。

3. 习近平：《决胜全面建成小康社会 夺取新时代中国特色社会主义伟大胜利》，人民出版社 2017 年版。

4. 中共中央文献研究室、中共湖南省委《毛泽东早期文稿》编辑组编：《毛泽东早期文稿》，湖南人民出版社 2008 年版。

5. 邓小平：《邓小平文选》（第 3 卷），人民出版社 1993 年版。

6. 中共中央文献研究室编：《习近平关于全面依法治国论述摘编》，中央文献出版社 2015 年版。

7. ［美］卡多佐：《司法过程的性质》，苏力译，商务印书馆 2000 年版。

8. ［英］马林诺夫斯基：《原始社会的犯罪与习俗》，原江译，云南人民出版社 2002 年版。

9. ［美］埃里克森：《无需法律的秩序：邻人如何解决纠纷》，苏力译，中国政法大学出版社 2003 年版。

10. ［法］涂尔干：《社会分工论》，渠东译，生活·读书·新知三联书店 2013 年版。

11. ［美］萨伯：《洞穴奇案》，陈福勇、张世泰译，生活·读书·新知三联书店 2015 年版。

12. ［英］哈耶克：《法律、立法与自由》（第 2、3 卷），邓正来等译，中国大百科全书出版社 2000 年版。

13. ［美］E. 博登海默：《法理学：法律哲学与法律方法》，邓正来译，中国政法大学出版社 2017 年版。

14. ［美］马丁·P. 戈尔丁：《法律哲学》，齐海滨译，生活·读书·新知三联书店 1987 年版。

15. ［美］布莱克：《社会学视野中的司法》，郭星华等译，法律出版社 2002 年版。

16. ［美］劳伦斯·弗里德曼：《碰撞：法律如何影响人的行为》，邱遥堃译，中国民主法制出版社 2021 年版。

17. ［美］霍姆斯：《普通法》，冉昊、姚中秋译，中国政法大学出版社 2005 年版。

18. ［美］波斯纳：《超越法律》，苏力译，北京大学出版社 2016 年版。

19. ［法］卢梭：《社会契约论》，何兆武译，商务印书馆 1980 年版。

20. ［美］罗·庞德：《通过法律的社会控制：法律的任务》，沈宗灵、董世忠译，商务印书馆 1984 年版。

21. ［美］默顿：《社会理论和社会结构》，唐少杰等译，译林出版社 2015 年版。

22. ［美］格尔兹：《地方知识——阐释人类学论文集》，杨德睿译，商务印书馆 2014 年版。

23. ［美］曼瑟尔·奥尔森：《集体行动的逻辑》，陈郁、敦宗峰、李崇新译，三联书店上海分店、上海人民出版社 1995 年版。

24. ［美］L. 科塞：《社会冲突的功能》，孙立平等译，华夏出版 1989 年版。

25. ［美］伊森·凯什、［以色列］奥娜·拉比诺维奇·艾尼：《数字正义：当纠纷解决遇见互联网科技》，赵蕾、赵精武、曹建峰译，法律出版社 2019 年版。

26. ［古希腊］亚里士多德：《政治学》，吴寿彭译，商务印书馆 1965 年版。

27. 瞿同祖：《中国法律与中国社会》，中华书局 1981 年版。

28. 梁治平编：《法律的文化解释》，生活·读书·新知三联书店 1994 年版。

29. 刘星：《法律是什么：20 世纪英美法理学批判阅读》，广西师范大学出版社 2019 年版。

30. 苏力：《法律与文学：以中国传统戏剧为材料》，生活·读书·新知三联书店 2017 年版。

31. 刘作翔：《法律文化理论》，商务印书馆 1999 年版。

32. 张中秋：《中西法律文化比较研究》，法律出版社 2009 年版。

33. 汤鸣：《比较与借鉴：家事纠纷法院调解机制研究》，法律出版社 2016 年版。

34. 张希坡：《中国婚姻立法史》，人民出版社 2004 年版。

35. 陈苇：《中国婚姻家庭法立法研究》，群众出版社 2000 年版。

36. 王耀海：《商鞅变法研究》，社会科学文献出版社 2014 年版。

37. 付子堂主编：《法理学初阶》，法律出版社 2021 年版。

38. 王铭铭、王斯福主编：《乡土社会的秩序、公正与权威》，中国政法大学出版社 1997 年版。

39. 赵旭东：《权力与公正：乡土社会的纠纷解决与权威多元》，天津古籍出版社 2003 年版。

40. 朱晓阳：《罪过与惩罚：小村故事：1931－1997》，天津古籍出版社 2002 年版。

41. 费孝通：《乡土中国》，北京出版社 2011 年版。

42. 杨力：《诉源治理理论》，法律出版社 2022 年版。

43. 四川省成都市中级人民法院编著：《诉源治理：新时代"枫桥经验"的成都实践》，人民法院出版社 2019 年版。

44. 《中共中央关于全面推进依法治国若干重大问题的决定》，人民出版社 2014 年版。

45. 苏力：《送法下乡：中国基层司法制度研究》，北京大学出版社 2022 年版。

46. 张希坡：《马锡五与马锡五审判方式》，法律出版社 2013 年版。

47. 陈柏峰：《乡村司法》，陕西人民出版社 2012 年版。

48. 邵六益：《政法传统研究：理论、方法与论题》，东方出版社 2022 年版。

二、论文类

49. 习近平：《加快建设社会主义法治国家》，载《求是》2015 年第 1 期。

50. 习近平：《坚定不移走中国特色社会主义法治道路 为全面建设社会主义现代化国家提供有力法治保障》，载《求是》2021年第5期。

51. 孙海波：《中国司法回应道德的法理与路径选择》，载《法制与社会发展》2023年第5期。

52. 陈柏峰等：《对话梁治平：法律文化论再审视》，载《法律和社会科学》2016年第1期。

53. 孔祥俊：《论法律效果与社会效果的统一——一项基本司法政策的法理分析》，载《法律适用》2005年第1期。

54. 李红勃：《通过政策的司法治理》，载《中国法学》2020年第3期。

55. 龙宗智：《转型期的法治与司法政策》，载《法商研究》2007年第2期。

56. 冯磊：《论司法政策》，载徐昕主编：《司法》（第10辑），厦门大学出版社2016年版。

57. 刘武俊：《司法政策的基本理论初探》，载《中国司法》2012年第3期。

58. 宁静：《司法政策的法理思考》，广西师范大学2008年硕士学位论文。

59. 章志远：《我国司法政策变迁与行政诉讼法学的新课题》，载《浙江学刊》2009年第5期。

60. 齐恩平、李超：《党的政策、司法政策与民事司法嬗变》，载《学习论坛》2010年第12期。

61. 李大勇：《论司法政策的正当性》，载《法律科学（西北政法大学学报）》2017年第1期。

62. 方乐：《司法参与公共治理的方式、风险与规避——以公共政策司法为例》，载《浙江社会科学》2018 年第 1 期。

63. 胡桥：《中国能动司法内涵解析》，载《浙江工商大学学报》2010 年第 4 期。

64. 彭中礼：《法律渊源论》，山东大学 2012 年博士学位论文。

65. 杨建军：《通过司法的社会治理》，载《法学论坛》2014 年第 2 期。

66. 李炳烁：《通过司法的基层社会治理：解释框架与转型空间》，载《江苏社会科学》2018 年第 3 期。

67. 钱大军、薛爱昌：《司法政策的治理化与地方实践的"运动化"——以 2007—2012 年的司法改革为例》，载《学习与探索》2015 年第 2 期。

68. 蒋月：《构建婚姻家庭诉讼司法调解制度》，载《甘肃社会科学》2008 年第 1 期。

69. 任建新：《最高人民法院工作报告——1989 年 3 月 29 日在第七届全国人民代表大会第二次会议上》，载《中华人民共和国最高人民法院公报》1989 年第 2 期。

70. 徐国定：《冲突中的 90 年代婚姻家庭关系》，载《中国青年研究》1989 年第 3 期。

71. 汤鸣：《家事纠纷法院调解实证研究》，载《当代法学》2016 年第 1 期。

72. 马忆南：《婚姻法第 32 条实证研究》，载《金陵法律评论》2006 年第 1 期。

73. 谷佳杰：《中国特色诉讼调解制度之 70 年变迁与改革展望——基于司法政策对诉讼调解影响的分析》，载《山东大学学报（哲学社会科学版）》2019 年第 6 期。

74. 夏吟兰：《民法分则婚姻家庭编立法研究》，载《中国法学》2017 年第 3 期。

75. 孟宪范：《家庭：百年来的三次冲击及我们的选择》，载《清华大学学报（哲学社会科学版）》2008 年第 3 期。

76. 胡夏冰：《审判管理制度改革：回顾与展望》，载《法律适用》2008 年第 10 期。

77. 洪大用：《变与不变：新中国社会治理 70 年》，载《社会治理》2019 年第 2 期。

78. 李瑜青、张善根：《论在社会结构中的司法与超越——兼评布莱克的〈社会学视野中的司法〉》，载《甘肃政法学院学报》2008 年第 4 期。

79. 苏力：《法律活动专门化的法律社会学思考》，载《中国社会科学》1994 年第 6 期。

80. 范子英、赵仁杰：《法治强化能够促进污染治理吗？——来自环保法庭设立的证据》，载《经济研究》2019 年第 3 期。

81. 张继成：《可能生活的证成与接受——司法判决可接受性的规范研究》，载《法学研究》2008 年第 5 期。

82. 孙业礼：《核心价值观是最持久、最深沉的力量——学习习近平同志关于社会主义核心价值观的重要论述》，载《求是》2014 年第 19 期。

83. 顾培东：《判例自发性运用现象的生成与效应》，载《法学研究》2018 年第 2 期。

84. 胡铭：《司法公信力的理性解释与建构》，载《中国社会科学》2015 年第 4 期。

85. 谷佳杰：《中国民事执行年度观察报告（2017）》，载

《当代法学》2018 年第 5 期。

86. 雷磊：《社会主义核心价值观融入司法裁判的方法论反思》，载《法学研究》2023 年第 1 期。

87. 李红海：《案例指导制度的未来与司法治理能力》，载《中外法学》2018 年第 2 期。

88. 顾培东：《人民法庭地位与功能的重构》，载《法学研究》2014 年第 1 期。

89. 冯兆蕙、梁平：《新时代国家治理视野中的人民法庭及其功能塑造》，载《法学评论》2022 年第 1 期。

90. 郁建兴、任杰：《中国基层社会治理中的自治、法治与德治》，载《学术月刊》2018 年第 12 期。

91. 栗峥：《国家治理中的司法策略：以转型乡村为背景》，载《中国法学》2012 年第 1 期。

92. 栗峥：《乡土正义：鲁南周村的纠纷解决》，载《法制与社会发展》2010 年第 1 期。

93. 印子：《乡土正义的法治困境：田野纠纷的启示》，载《南京农业大学学报（社会科学版）》2018 年第 6 期。

94. 张青：《乡村治理的多元机制与司法路径之选择》，载《华中科技大学学报（社会科学版)》2020 年第 1 期。

95. 顾培东：《国家治理视野下多元解纷机制的调整与重塑》，载《法学研究》2023 年第 3 期。

96. 刘帮成：《"微腐败"的易发领域及诱因》，载《人民论坛》2023 年第 8 期。

97. 刘艳红：《中国反腐败立法的战略转型及其体系化构建》，载《中国法学》2016 年第 4 期。

98. 陈柏峰、董磊明：《治理论还是法治论——当代中国乡村司法的理论建构》，载《法学研究》2010 年第 5 期。

99. 苏力：《二十世纪中国的现代化和法治》，载《法学研究》1998 年第 1 期。

100. 四川省成都市中级人民法院课题组：《内外共治：成都法院推进"诉源治理"的新路径》，载《法律适用》2019 年第 19 期。

101. 张卫平：《"案多人少"问题的非讼应对》，载《江西社会科学》2022 年第 1 期。

102. 周苏湘：《法院诉源治理的异化风险与预防——基于功能主义的研究视域》，载《华中科技大学学报（社会科学版）》2020 年第 1 期。

103. 曹建军：《诉源治理的本体探究与法治策略》，载《深圳大学学报（人文社会科学版）》2021 年第 5 期。

104. 竺乾威：《新公共管理到整体性治理》，载《中国行政管理》2008 年第 10 期。

105. 程金华：《中国法院"案多人少"的实证评估与应对策略》，载《中国法学》2022 年第 6 期。

106. 顾培东：《试论我国社会中非常规性纠纷的解决机制》，载《中国法学》2007 年第 3 期。

107. 李占国：《诉源治理的理论、实践及发展方向》，载《法律适用》2022 年第 10 期。

108. 熊浩：《知识社会学视野下的美国 ADR 运动——基于制度史与思想史的双重视角》，载《环球法律评论》2016 年第 1 期。

109. 张文显：《新时代中国社会治理的理论、制度和实践创新》，载《法商研究》2020 年第 2 期。

110. 喻中：《论"治 - 综治"取向的中国法治模式》，载

《法商研究》2011 年第 3 期。

111. 王裕根：《基层政府综合治理的体制基础与实践机制——以一起林权纠纷为个案分析》，载《中国农村研究》2018年第 1 期。

112. 容志、陈奇星：《"稳定政治"：中国维稳困境的政治学思考》，载《政治学研究》2011 年第 5 期。

113. 谌洪果：《"枫桥经验"与中国特色的法治生成模式》，载《法律科学（西北政法大学学报）》2009 年第 1 期。

114. 黄文艺：《"平安中国"的政法哲学阐释》，载《法制与社会发展》2022 年第 4 期。

115. 陆益龙：《乡村民间纠纷的异化及其治理路径》，载《中国社会科学》2019 年第 10 期。

116. 张文显：《新时代"枫桥经验"的核心要义》，载《社会治理》2021 年第 9 期。

117. 李林：《推进新时代"枫桥经验"的法治化》，载《法学杂志》2019 年第 1 期。

118. 王裕根：《迈向合作治理：通过法律规制平台经济的制度边界及优化》，载《河北法学》2021 年第 1 期。

119. 熊浩：《认真对待情绪：论纠纷化解的感性向度》，载《政治与法律》2023 年第 5 期。

120. 郑智航：《"技术—组织"互动论视角下的中国智慧司法》，载《中国法学》2023 年第 3 期。

121. 于建嵘：《从刚性稳定到韧性稳定——关于中国社会秩序的一个分析框架》，载《学习与探索》2009 年第 5 期。

122. 黄新华、陈宝玲：《治理困境、数字赋能与制度供给——基层治理数字化转型的现实逻辑》，载《理论学刊》

2022 年第 1 期。

123. 艾佳慧：《转型中国法官薪酬与遴选制度的微观激励基础》，载《法制与社会发展》2021 年第 6 期。

124. 左卫民：《时间都去哪儿了——基层法院刑事法官工作时间实证研究》，载《现代法学》2017 年第 5 期。

125. 王翔：《大数据赋能的地方性差异——基于地方司法治理实践的比较分析》，载《中国行政管理》2022 年第 3 期。

三、报刊类

126. 陈佩瑶、王裕根：《无需法律的内在秩序——读〈原始社会的犯罪与习俗〉》，载《人民法院报》2021 年 6 月 18 日，第 7 版。

127. 王裕根：《埃米尔·涂尔干的刑罚思想——读〈社会分工论〉》，载《人民法院报》2018 年 11 月 30 日，第 6 版。

128. 王裕根：《疑案处断解读"法律是什么"》，载《检察日报》2019 年 12 月 14 日，第 3 版。

129. 严悦文、王裕根：《作为社会结构中的法律——读〈中国法律与中国社会〉》，载《人民法院报》2023 年 2 月 10 日，第 5 版。

130. 胡娴：《探寻法律发展的文化基因——读〈法律的文化解释〉》，载《人民法院报》2019 年 12 月 13 日，第 6 版。

131. 秦德君：《提高社会治理的政策效率》，载《深圳特区报》2012 年 11 月 6 日，第 B11 版。

132. 王裕根：《司法裁判需关注案件的社会结构——读布莱克的〈社会学视野中的司法〉》，载《人民法院报》2019 年 7 月 19 日，第 5 版。

133. 王裕根、张志坚：《提高环境司法审判效能的三个维度》，载《人民法院报》2018 年 8 月 1 日，第 8 版。

134. 王裕根、张志坚：《推动社会主义核心价值观融入裁判文书说理》，载《人民法院报》2019 年 2 月 14 日，第 8 版。

135. 孙航：《深入学习贯彻习近平法治思想 切实加强案例指导 确保严格公正司法》，载《人民法院报》2022 年 1 月 14 日，第 1 版。

136. 王裕根、付可心：《从商鞅徙木立信说开去》，载《人民法院报》2023 年 2 月 24 日，第 7 版。

137. 宁杰、孙航：《加强人民法庭建设 促进基层社会治理》，载《人民法院报》2019 年 5 月 25 日，第 1 版。

138. 王裕根：《充分发挥人民法庭在乡村治理中的职能作用》，载《人民法院报》2019 年 7 月 29 日，第 2 版。

139. 胡娴：《推进多元解纷机制 提升司法治理能力》，载《人民法院报》2020 年 6 月 15 日，第 2 版。

140. 姚建宗：《乡村社会的司法治理》，载《人民法院报》2012 年 1 月 12 日，第 5 版。

141. 王裕根：《激活村里"人和力"助推法治乡村建设》，载《人民法院报》2020 年 11 月 23 日，第 2 版。

142. 王裕根：《"三治融合"之法社会学阐释》，载《中国社会科学报》2021 年 4 月 14 日，第 5 版。

143. 《中共中央国务院关于实施乡村振兴战略的意见》，载《人民日报》2018 年 2 月 5 日，第 4 版。

144. 薛永毅：《"诉源治理"的三维解读》，载《人民法院报》2019 年 8 月 11 日，第 2 版。

145. 钱弘道：《诉源治理的基本内涵与数字化进路》，载

《人民法院报》2022 年 10 月 27 日，第 8 版。

146. 郭彦：《共建共赢 内外并举 全面深入推进诉源治理》，载《人民法院报》2016 年 12 月 28 日，第 8 版。

147. 薛永毅：《彰显融入社会治理责任担当》，载《检察日报》2022 年 7 月 28 日，第 3 版。

148. 王聪：《诉源治理的现实困境与完善路径》，载《人民法院报》2022 年 9 月 29 日，第 5 版。

149. 胡恋梅、王裕根：《通往实质正义的诉源治理》，载《人民法院报》2023 年 12 月 1 日，第 7 版。

150. 王裕根：《走网上群众路线 提升基层司法能力》，载《人民法院报》2021 年 10 月 29 日，第 5 版。

151. 王裕根：《深化法院诉源治理数字化转型》，载《中国社会科学报》2023 年 6 月 7 日，第 6 版。

152. 中共最高人民法院党组：《在习近平法治思想指引下阔步向前（深入学习贯彻习近平新时代中国特色社会主义思想)》，载《人民日报》2022 年 7 月 6 日，第 9 版。

四、网络资源类

153.《最高法全面完成司法解释清理并发布首批民法典配套司法解释 废止 116 件司法解释及规范性文件》，载 http://www. court. gov. cn/zixun/xiangqing/282451. html，最后访问日期：2023 年 7 月 23 日。

154. 1978 年~1984 年间的相关司法政策，参见《最高人民法院关于贯彻执行民事政策法律的意见（节录)》，载 http://www. law-lib. com/law/law_ view. asp？ id = 43872，最后访问日期：2023 年 8 月 25 日。

155. 1984 年以后的相关司法政策，参见《中华人民共和国最高人民法院公报》，载 http://gongbao. court. gov. cn/Periodicals-Dic. html，最后访问日期：2023 年 8 月 25 日。

156. 中国国家统计局官网，载 http://www. stats. gov. cn，最后访问日期：2023 年 2 月 16 日。

157. 《周强：用心用情解决好人民群众在执行领域急难愁盼问题》，载 http://www. court. gov. cn/zixun/xiangqing/381871. html，最后访问日期：2023 年 7 月 21 日。

158. 林珊：《罗源县人民法院探索创新全流程车辆智慧执行模式》，载 http://www. pafj. net/html/2022/zhihuizhengfa_ 120 7/2 4981. html，最后访问日期：2023 年 7 月 21 日。

159. 《中共中央、国务院关于实施乡村振兴战略的意见》，载 https://www. pkulaw. com/chl/a6b7e29eb561b45dbdfb. html?keyword = % E4% B8% AD% E5% 85% B1% E4% B8% AD% E5% A4% AE% E5% 9B% BD% E5% 8A% A1% E9% 99% A2% E5% 85% B3% E4% BA% 8E% E5% AE% 9E% E6% 96% BD% E4% B9% A1% E6% 9D% 91% E6% 8C% AF% E5% 85% B4% E6% 88% 98% E7% 95% A5% E7% 9A% 84% E6% 84% 8F% E8% A7% 81&way = listView，最后访问日期：2023 年 10 月 18 日。

160. 《中共中央、国务院关于加强和完善城乡社区治理的意见》，载 https://www. pkulaw. com/chl/ee5e7482a36e73bcbdfb. html?keyword = % E4% B8% AD% E5% 85% B1% E4% B8% AD% E5% A4% AE% E5% 9B% BD% E5% 8A% A1% E9% 99% A2% E5% 85% B3% E4% BA% 8E% E5% 8A% A0% E5% BC% BA% E5% 92% 8C% E5% AE% 8C% E5% 96% 84% E5% 9F% 8E% E4% B9% A1% E7% A4% BE% E5% 8C% BA% E6% B2% BB% E7% 90% 86% E7% 9A%

84％E6％84％8F％E8％A7％81&way＝listView，最后访问日期：
2023 年 7 月 2 日。

161.《2022 年最高人民法院工作报告——2022 年 3 月 8 日在
第十三届全国人民代表大会第五次会议上》，载 http：//www. china-
court. org/article/detail/2022/03/id/6563667. shtml，最后访问日期：
2023 年 8 月 3 日。

162.《最高人民法院工作报告——2023 年 3 月 7 日在第十四
届全国人民代表大会第一次会议上》，载 http：//www. gongbao.
court. gov. cn/Details/0cf2ab48 a3d2a9cd604af4991aa7d7. html，最后
访问日期：2023 年 8 月 3 日。

163.《法院＋工会成功化解劳资纠纷 筑牢和谐防线》，载 ht-
tp：//www. jmzgh. gov. cn/news/detail/7527，最后访问日期：2023 年 8
月 3 日。

164.《［聚焦］泉州市新成立 37 家行业性、专业性人民调
解委员会》，载 https：//mp. weixin. qq. com/s/－7wroZPWmN8WoY
C4fi2cYg，最后访问日期：2023 年 8 月 3 日。

165.《中央全面依法治国委员会印发〈关于加强法治乡村建设
的意见〉》，载 http：//www. moj. gov. cn/pub/sfbgw/qmyfzg/202101/
t20210122_150391. html，最后访问日期：2023 年 6 月 24 日。

166.《最高法发布第四批新时代人民法庭建设案例》，载 ht-
tp：//www. china. court. org/article/detail/2022/11/id/7001367. shtml，
最后访问日期：2023 年 6 月 24 日。

167.《把非诉讼纠纷解决机制挺在前面 推动行政争议多元
化解 ——最高人民法院行政审判庭负责同志就〈关于进一步推
进行政争议多元化解工作的意见〉答记者问》，载 https：//
www. chinacourt. org/article/detail/2022/01/id/6493626. shtml， 最

后访问日期：2023 年 6 月 23 日。

168.《习近平：把"枫桥经验"坚持好、发展好 把党的群众路线坚持好、贯彻好》，载 http：//www. xinhuanet. com/politics/2013 − 10/11/c_117677084. htm，最后访问日期：2023 年 4 月 9 日。

169. 莫纪宏：《以"全过程"为尺度 推进国家治理体系和治理能力现代化》，载 http：//www. chinanews. com. cn/gn/2022/07 − 02/9794220. shtml，最后访问日期：2023 年 6 月 24 日。

170.《最高检制发八号检察建议 助推安全生产溯源治理》，载 https：//www. spp. gov. cn/spp/xwfbh/wsfbh/202203/t20220318 _ 549461. shtml，最后访问日期：2023 年 6 月 24 日。

171.《浙江 2.4 万个"共享法庭"协奏社会治理和谐曲》，载 https：//legal. gmw. cn/2022 − 05/16/content_35736415. htm，最后访问日期：2023 年 5 月 7 日。

172.《最高人民检察院工作报告——2022 年 3 月 8 日在第十三届全国人民代表大会第五次会议上》，载 https：//www. spp. gov. cn/spp/gzbg/202203/t20220315_549267. shtml，最后访问日期：2023 年 4 月 22 日；《最高人民检察院工作报告——2023 年 3 月 7 日在第十四届全国人民代表大会第一次会议上》，载 https：//www. spp. gov. cn/spp/gzbg/202303/t20230317_ 608767. shtml，最后访问日期：2023 年 4 月 22 日。

173.《最高人民法院工作报告——2023 年 3 月 7 日在第十四届全国人民代表大会第一次会议上》，载 http：//gongbao. court. gov. cn/Details/0cf2ab48a3d2a9cd604af4991aa7d7. html，最后访问日期：2023 年 7 月 7 日。

174.《"打造枫桥式人民法庭 服务基层社会治理"典型案例——融入基层社会治理体系篇》，载 https：//www. chinacourt. org/article/detail/2022/11/id/7001366. shtml，最后访问日期：2023 年 7 月 9 日。

五、外文文献

175. R. Pound，"My Philosophy of Law"，in C. Morris eds. ，*The Great Legal Philosophers—Selected Readings in Jurisprudence*，University of Pennsylvania Press，1971.

176. Nientiedt D. ，"Hayek's treatment of legal positivism"，*European Journal of Law and Economics*，Vol. 51，No. 3，2021.

177. ROGER C. ，"A socio-legal quest：from jurisprudence to sociology of law and back again"，*Journal of Law and Society*，Vol. 50，No. 1，2023.

后　记

　　早在本科时期，学校安排去人民法院进行司法见习，当时对司法的认知也确实是处于"见习"阶段。犹记得近距离、长时段、深入地接触司法实践是在硕士即将毕业时期，当时学校安排到指定实习基地进行毕业实习。有幸的是，在实习过程中与基层法官结下了深厚的友谊，与他们在友善交流氛围中体会了法官作判决需要考虑哪些因素、法官如何调解家事案件、法官如何对待指导性案例等审判经验智慧。与此同时，相较理论而言，我在实习过程中对法官也表达了自身对司法实践的困惑。可以说，第一次感受到了书本上的司法与行动中的司法的差距，并逐步转为一些思维线索指引我在司法实践中作出深度的理论反思。实习结束后，我和一位法官共同撰写的调研文章发表在《人民法院报》上。这是第一次将自己的实践成果发表在《人民法院报》上，也开启了我对司法实践的思考与探索的新旅程。在此之后，带着实习困惑，在攻读博士期间借助深入农村做社会调查的机会，实地了解乡村社会的人民法庭及其运作，尤其是将乡村司法实践纳入到乡村治理现代化视域下考察之后，对基层司法实践的理解愈加深刻。正是经过多年对司法理念与实践的思考，逐步形成了本书在书中表达的有关司法之理的一些拙见。

　　特别感谢恩师中南财经政法大学法学院陈柏峰教授及于龙刚副教授、刘杨副教授等基层法治研究所团队成员。我们一起在农村调研过程中，是他们的鼓励和帮助让我有动力和勇气去深入调研乡村社会的人民法庭，每次与他们交流和讨论，他们的点拨总是让人对乡村司法的研究议题形成新的认识和启发。

　　感谢人民法院的一线法官和司法管理者，每一次去人民法院调研具体问题时，他们总是不厌其烦、深入浅出地讲述一些实务中的道理，边听边记，令人受益匪浅。在此特别感谢他们牺牲宝贵的办案时间接待我，并与我深入交流与探讨，有时我们相互启发，更多的是我从中逐步填补了对司法实务的空白，并形成累积性的经验质感。

　　本书中的绝大多少文章都发表在专业报刊的理论版上。在此，由衷感谢《中国社会科学报》《人民法院报》《检察日报》等报刊的学术编辑，正是因为他们的鼓励和支持，使得我持续关注司法理念的及其具体实践，并将相关文章能够得以发表。也正因此，激发了我持续关注司法实践的前沿法理问题。

　　本书受江西高校人文社科项目《新时代人民法庭参与乡村矛盾纠纷化解的实践机制与路径优化研究》（FX20201）资助，在此感谢评审专家对本项目的支持。同时特别感谢江西师范大学政法学院的领导和同事对我的帮助，尤其是任教以来给了我宽松的科研环境，总是不断激励我进行学术创新，多出高质量的科研成果。本书的出版，亦离不开学院的鼎力资助，正是因为学院对青年学人的大力支持，才得以顺利出版。

　　最后，感谢我的爱人。本书的部分章节内容也是在与她的交流中不断得到充实和完善。特别是我在忙于自己的科研写作时，是她分担了很多家庭事务，尤其是宝宝出生后，为了我能够专心做好科研，她在宝宝身上付出了很多心血。

王裕根

2024 年 1 月